Peter Rudolph | Sylvia Dormann | Gudrun Jecht
Ich gehe ein Stück Deines Weges mit Dir

Peter Rudolph | Sylvia Dormann |
Gudrun Jecht

Ich gehe ein Stück Deines Weges mit Dir

Transaktionsanalytische Pädagogik zwischen Heilung und Bildung

Die Autor_innen

Peter Rudolph ist erfahrener Supervisor und Weiterbildner sowie lehrender Transaktionsanalytiker innerhalb der DGTA im Anwendungsfeld Beratung.

Sylvia Dormann ist geprüfte Transaktionsanalytikerin und gehört innerhalb der DGTA der Fachgruppe Bildung an.

Dr. Gudrun Jecht ist lehrende Transaktionsanalytikerin innerhalb der DGTA im Anwendungsfeld Psychotherapie. So arbeitet sie auch als ärztliche Psychotherapeutin. Ihr Schwerpunkt liegt im psychosozialen Bereich und in der Arbeit mit Kindern.

Dieses Buch ist erhältlich als:
ISBN 978-3-7799-6289-2 Print
ISBN 978-3-7799-5590-0 E-Book (PDF)

1. Auflage 2021

in der Verlagsgruppe Beltz · Weinheim Basel
Werderstraße 10, 69469 Weinheim

Herstellung: Ulrike Poppel
Satz: Christine Groh, Frankfurt/Main
Druck und Bindung: Beltz Grafische Betriebe, Bad Langensalza
Printed in Germany

Weitere Informationen zu unseren Autor_innen und Titeln finden Sie unter: www.beltz.de

Vorwort und Gebrauchsanleitung

Transaktionsanalytisch fundierte Pädagogik in der stationären Kinder- und Jugendhilfe – das ist für uns ein Thema, das es wert ist, in einem Buch gezeigt, reflektiert und gewürdigt zu werden!

Seit (unterschiedlich langen) Jahrzehnten begleiten wir Kinder, Jugendliche und Einrichtungen der Kinder- und Jugendhilfe. Dieser Arbeitsbereich ist herausfordernd und fachlich anspruchsvoll. Hier fließen pädagogische Themen ebenso ein wie sonder-, sozial- und heilpädagogische, psychologische, psychiatrische, somatisch-medizinische, juristische ebenso wie bürokratische Aspekte. Es ist eine in hohem Maß interprofessionelle Arbeit. Die Handelnden sind menschlich wie fachlich in hoher Weise gefordert – und stehen zugleich unter einem enormen wirtschaftlichen Druck.

Es ist wichtig, dass all diese Beiträge nicht zusammen *supercalifragilisticexpialigetisch* werden, wie Mary Poppins es formulieren würde. In der Praxis führen die unterschiedlichen Ansätze manchmal zu einer hilfreichen Vielfalt von Perspektiven und manchmal zu einem diffusen Nebeneinander von unterschiedlichen Ansätzen, deren Neben- und Miteinanderwirkungen schwierig und undurchschaubar scheinen.

Daher ist das Buch als Handbuch gedacht, das helfen soll, den herausfordernden Alltag wahrzunehmen, zu reflektieren und ihn achtsam und zielführend zu gestalten. Es werden die Praxis von der Aufnahme des Kindes und den entsprechenden Ziel- und Vertragsklärungen, das gemeinsame und vernetzte Verstehen und die konkrete Arbeit mit dem Kind und der Familie thematisiert.

Die Teile des Buches können daher auch je nach Bedarf und Wunsch gelesen werden. Wer sich mit den theoretischen Erläuterungen und den Mühen der Diagnostik erst einmal nicht abgeben will, kann direkt in die Alltagsbeschreibungen eintauchen und bedarfsweise Erläuterungen zu den Modellen und Begriffen holen. Die vielen Fälle, die wir aus unserer Praxis einfügen, sind auch ohne das theoretische Wissen verständlich – die Erläuterungen geben Informationen zum theoretischen Hintergrund.

Wir nutzen dabei die Transaktionsanalyse als Roten Faden, um durch den Alltag der Stationären Kinder- und Jugendhilfe zu führen – und hoffen so, eine schlüssige, konsistente Werkzeugkiste zur Verfügung zu stellen. Selbstverständlich sind auch andere Verfahren hilfreich und notwendig, um die Tiefe und Komplexität der Arbeit zu verstehen und zu gestalten. Am Rande werden z. B. psychoanalytische, systemische, traumapädagogische Konzepte, ohne die viele Themen und Aufgaben nur schwer zu bewältigen wären, deutlich.

Wir haben uns für die Transaktionsanalyse entschieden, weil

- sie aus der Humanistischen Psychologie kommt und tief überzeugt ist, dass Menschen liebenswert sind, unabhängig davon, was sie gemacht haben,
- sie davon überzeugt ist, dass Menschen in sich die Kraft haben, zu sich zu kommen, eine gute Entwicklung anzustreben, und dies erreichen können, wenn man sie lässt und unterstützt,
- sie die Ressourcen der Menschen und Familien sieht, anerkennt und für Entwicklungsarbeit nutzt,
- sie das Recht des Menschen auf Entwicklung anerkennt und zu unterstützen hilft,
- sie davon ausgeht, dass Menschen in der Lage sind, zu denken und ihr Denken in Handlung umzusetzen.

Die gerade beschriebenen Punkte sind unsere zentrale und wichtige Gemeinsamkeit, da wir alle drei unterschiedliche berufliche Hintergründe und eine Sammlung bunter Erfahrungen gesammelt haben. Dies schlägt sich auch in den Texten nieder, so dass beim Lesen sicher manche Unterschiede deutlich werden.

Die vielen Beispiele, die wir benennen, haben wir in der Praxis erlebt, sie sind anonymisiert und verfremdet, so dass der Schutz der beteiligten Personen gewährleistet ist. Manche der Personen sind stolz, in diesem Buch einen Platz gefunden zu haben. Wir danken den Kindern, Jugendlichen und ihren Eltern, dass sie das Vertrauen hatten, mit uns zu arbeiten, so dass wir ihre und unsere Entwicklung hier beschreiben konnten.

Wir danken auch allen Unterstützern und den geduldigen Angehörigen, die auf gemeinsame Zeit mit den AutorInnen verzichten mussten! Unsere Zusammenarbeit war geprägt von Freude an der Zusammenarbeit, von gegenseitiger Wertschätzung, anregenden Diskussionen und Würdigungen der jeweiligen Stärken in den verschiedenen Beiträgen.

Wir wünschen Ihnen, den LeserInnen, dass Sie sich und Ihre Arbeit darin wiedererkennen, dass Sie Anregungen bekommen, sich mit Ihrer Arbeit weiterzuentwickeln – und Freude und Bewegtheit darüber, dass so viel gute Begegnung, Bewältigung und Entwicklung möglich ist.

Inhalt

Kapitel 1
Einführung 12

Beispiel aus der Praxis 13
1.1 Alltag als heilendes Milieu 14
1.2 Überblick 15
1.3 Stationäre Jugendhilfe – damals und heute 16
Einige Schlaglichter der Geschichte – sozusagen die Schultern, auf denen wir stehen 17
1.4 Wer wir sind 19
1.5 Unsere Grundüberzeugungen 20
Menschen erleiden manchmal viel 20
Probleme sind Lösungen 21
1.6 Wie wir den Menschen sehen – das Menschenbild der Transaktionsanalyse 22
1.7 Erziehung, Bildung und Heilung 23
Erziehung 23
Bildung 24
Was ist unter Identität zu verstehen? 24
Heilung 25
Krank – gesund 27
Erziehung – Bildung – Heilung 28

Kapitel 2
Diagnostik und Handlungsplanung im sozial- und heilpädagogischen Feld 29

2.1 Wahrnehmen, fragen, verstehen, annehmen und zielgerichtet handeln – sozial- und heilpädagogische Diagnostik 29
2.1.1 Ebenen der Diagnostik 30
2.1.2 Qualitätsmerkmale der Diagnostik 32
2.1.3 Diagnostik und Handlungsplanung im Überblick 33
2.2 Kommunikation und Beziehungsgestaltung 33
2.2.1 Persönlichkeitsmodell: Ich-Zustände, Funktions- oder Verhaltensmodell und Transaktionen 33
2.2.2 Passivität als Strategie – aktive Formen, das eigene Unglück zu gestalten 39
2.2.3 Umgang mit Gefühlen/Emotionale Kompetenz 42
2.2.4 Grundbedürfnisse – warum wir tun, was wir tun 52

2.2.5 Analyse kommunikativer Muster. ‚Spiele‘ 64
2.2.6 Das Prinzip des guten Grundes – die Drei Schritte Transaktion 69
2.3 Die Person – innerpsychische Aspekte 71
2.3.1 Skript und Bezugsrahmen 72
2.3.2 Grundbotschaften und Einschärfungen 74
2.3.3 Antreiber/Gegeneinschärfungen 76
2.3.4 Skripttypen 78
2.4 Der Kontext – systemische Aspekte 79
2.4.1 Bezugsrahmen und Loyalität 79
2.4.2 Symbiosen und Netzwerksymbiosen 81
2.4.3 Ordnung und Struktur als Grundbedürfnis 83
2.5 Diagnostik am Beispiel 85
2.5.1 Kommunikation – Hypothesen 86
2.5.2 Innerpsychische Dynamik 87
2.5.3 Kontext 89

Kapitel 3
Veränderung – Wachstum 90

3.1 Physis und Autonomie 90
3.2 Erlaubnis, Schutz und Stärke Permission, Protection und Potency – die drei P's (vgl. Crossman 1966; Steiner 1982) 91
Erlaubnis 92
Schutz 92
Stärke 93
3.3 Trübung und Ent-Trübung 95
Eltern-Ich-Trübung 96
Kind-Ich-Trübung 97
3.4 Neu-Entscheidungen 99
Die Entwicklung von neuen Weisen des Denkens, Fühlens und Handelns – im Sinne von Neu-Entscheidungen 100
3.5 Themenbereiche der Neu-Entscheidung 101
3.6 Integration neuer Erfahrungen/Re-Childing und Re-Parenting 102
Regression im Gruppenalltag 104
3.7 Integration neuer Eltern-Ich-Anteile/Re-Parenting 104
Wurzeln würdigen – Umgang mit Elternbildern 106

Kapitel 4
Wachstum und Entwicklung – Kreisläufe der Kraft(-Entwicklung) 109

Stadium 1: Die Kraft zum Da-Sein 111
- Wesentliche Aspekte der Situation 111
- Grundbedürfnisse in dieser Phase sind 111
- Hilfreiche Erlaubnisse, bzw. Botschaften in dieser Phase 111
- Möglichkeiten, um die Kraft zum Da-Sein zu entwickeln 111
- Einschränkungen des Kreislaufs in diesem Stadium 112
- Einige Methoden, um die Entwicklung der Kraft zum Da-Sein zu stimulieren 113

Stadium 2: Die Kraft zum Tun 113
- Wesentliche Aspekte dieser Phase 113
- Grundbedürfnisse in dieser Phase 114
- Hilfreiche Erlaubnisse bzw. Botschaften in dieser Phase 114
- Einschränkungen des Kreislaufs in diesem Stadium 114
- Einige Methoden, um die Entwicklung der Kraft zum Tun zu stimulieren 114

Stadium 3: Die Kraft zum Denken 115
- Wesentliche Aspekte der Situation 115
- Grundbedürfnisse in dieser Phase sind 115
- Hilfreiche Erlaubnisse bzw. Botschaften in dieser Phase 116
- Natürliche Möglichkeiten, um die Kraft zum Denken zu entwickeln 116
- Einschränkungen des Kreislaufs in diesem Stadium 116
- Einige Methoden, um die Entwicklung der Kraft zum Denken zu stimulieren 116

Stadium 4: Die Kraft zur Ich-Findung (Identität) 117
- Wesentliche Aspekte der Situation 117
- Grundbedürfnisse in dieser Phase sind: 117
- Hilfreiche Erlaubnisse, bzw. Botschaften in dieser Phase 117
- Natürliche Möglichkeiten, um die Kraft zur Ich-Findung zu entwickeln 118
- Einschränkungen des Kreislaufs in diesem Stadium 118
- Einige Methoden, um die Entwicklung der Kraft zur Ich-Findung zu stimulieren 119

Stadium 5: Die Kraft zum Geschicktsein 119
Wesentliche Aspekte der Situation 119
Grundbedürfnisse: 119
Hilfreiche Erlaubnisse bzw. Botschaften in dieser Phase 120
Natürliche Möglichkeiten, die Kraft zum Geschicktsein zu entwickeln 120
Stadium 6: Die Kraft zur Erneuerung 120
Wesentliche Aspekte der Situation 120
Grundbedürfnisse 121
Hilfreiche Erlaubnisse bzw. Botschaften in dieser Phase 121
Natürliche Möglichkeiten, die Kraft zur Erneuerung zu entwickeln 122
Einschränkungen des Kreislaufs in diesem Stadium 122
Stadium 7: Die Kraft zur Wiederaufbereitung 122
Wesentliche Aspekte der Situation 122
Grundbedürfnisse 123

Kapitel 5
Alltag als Raum der Begegnung und Entwicklung 124

5.1 Jeder Augenblick ist die Beste aller Gelegenheiten 124
5.2 Die pädagogische Beziehung 124
5.3 Ziele entwickeln – Verträge gestalten 125
Ziele in diesen Verträgen 131
Erziehungsverträge – einige notwendige Anmerkungen 132
Situative Verträge 133
Not-Verträge/Lebensvertrag 134
Schließlich 135
5.4 Zuhören – wahrnehmen, verstehen und antworten 136
Bedingungen für gutes Zuhören: Schutz – Vertraulichkeit – Selbstverantwortung 138
Zuhören und Verändern 139
Zuhören und Heilen 141
5.5 Umgang mit Gefühlen 142
Umgang mit authentischen Gefühlen 143
Kreative Formen 145
Umgang mit Ersatzgefühlen 145
Umgang mit übernommenen Gefühlen 146
Gefühle – und überhaupt: Die PädagogIn als Person 146

5.6 Umgang mit Bedürfnissen 147
Versorgung der PädagogInnen – über die Zuwendung der Zuwendenden 151
5.7 Umgang mit Regeln 152
5.8 Die Gruppe als Lebens- und Beziehungsraum 154
5.9 Gruppe als sozialer Ort der Re-Inszenierung 157
5.10 Rahmen, Rituale und der Tag in seinem Ablauf 159
Rahmen und Rituale 159
Der Tag in seinem Ablauf 165
5.11 Elternarbeit 167
Elternarbeit und Elternberatung 168

Kapitel 6
Schließlich 175

Sachregister 177

Literatur 182

Kapitel 1
Einführung

Beispiel aus der Praxis

In der Teambesprechung einer Wohngruppe berichtete eine Mitarbeiterin folgende Situation: Das Mädchen Lilli hatte sich geweigert, nach einem Konflikt in ihr Zimmer zu gehen. Die Kollegin, eine klare und konsequente junge Frau, hatte sie mehrmals aufgefordert – das Mädchen reagierte provokant und abwertend und blieb beharrlich im Flur stehen.

Die Kollegin sagte: „Ich war drauf und dran, L. am Arm zu packen und ins Zimmer zu befördern, ich war so wütend. Ich bin dann ins Büro gegangen, hab die Tür hinter mir zugemacht und musste erstmal ein paar Minuten allein sein, ich weiß nicht, ich war so ... verzweifelt, ja, verzweifelt war ich."

Ihre Fragen an die KollegInnen waren: „Was kann ich machen in so einer Situation? Wie macht ihr das, wenn L. sich so verhält?"

Gemeinsam schauten wir in die Geschichte des Mädchens und nutzten dabei verschiedene Modelle der Transaktionsanalyse, um die Situation tiefer zu verstehen: Das Mädchen Lilli, 13 Jahre alt, lebte erst seit einigen Wochen in der Wohngruppe. Davor hatte sie mit ihrer Mutter allein gelebt, ihren Vater kannte sie nicht. Die letzten Jahre stritten Mutter und Tochter viel. L. missachtete die Regeln des Zusammenlebens und die Mutter reagierte oft darauf, indem sie ihre Tochter abwertete, sie beleidigte, sie auch schlug. Im Kennenlerngespräch vor der Aufnahme hatte die Mutter geschildert, wie hilflos sie sich oft fühlte. Als die Mutter berichtete, weinte sie still vor sich hin, während ihre Tochter scheinbar unbewegt neben ihr saß und mit einem wütenden Gesichtsausdruck zu ihr schaute.

Hier verstanden wir, dass die Kollegin vermutlich die Verzweiflung der Mutter in sich gespürt hatte. Sie hatte komplementär und einfühlsam auf die Transaktionen des Kindes reagiert und so die Mutter des Kindes ‚in sich erlebt'.

Schon während der Darstellung des Falles wirkte die Kollegin deutlich erleichtert. Das Gefühl des Versagens war ihr neu gewesen und sie konnte gut sehen, dass dies nicht zu ihr gehörte. Die Verzweiflung, die noch zu Beginn der Falldarstellung deutlich spürbar gewesen war, war verschwunden, und die Kollegin konnte klar und mit Kraft gemeinsam mit dem Team schauen, welche Handlungsmöglichkeiten sie bei der nächsten herausfordernden Situation anwenden könnte.

In diesem Beispiel werden viele Aspekte von dem deutlich, was wir unter gelingender Kinder- und Jugendhilfe im stationären Rahmen verstehen. Ziel ist nicht das Einhalten der Regeln, sondern die Entwicklung des Kindes. Diese Entwicklung wird aus einer tiefen Wertschätzung und einem vertieften Verstehen des Kindes und seiner Entwicklung her unterstützt. Beziehung wird dabei als gemeinsame und gegenseitige Beziehung und Begegnung verstanden. Das Kind ist nicht Objekt im pädagogischen Prozess, sondern Partner im Rahmen seiner Möglichkeiten.

Die tiefere Qualität dessen, was in dieser Situation passiert ist, wollen wir in diesem Buch verständlich machen und Anregungen geben, die eigene Praxis weiterzuentwickeln.

1.1 Alltag als heilendes Milieu

> „Und so ist es auch die erste und vornehmste Übung im Alltag, zu lernen, den Gehalt der Augenblicke ernst zu nehmen, in denen ein Ungreifbares uns anrührt." (Dürckheim 1984, S. 28)

Das stationäre pädagogische Setting ist eines, das Erziehung, Bildung und Heilung verbindet. Es befähigt Kinder und Jugendliche, ihren Alltag anzunehmen und angemessen die Aufgaben und Herausforderungen zu bewältigen. Es unterstützt sie, sich als Mensch mit ihren Potenzialen zu finden und zu formen. In der stationären Wohngruppe findet sowohl die Erziehung statt, die mit ‚educatio' (Aufzucht, Disziplinierung, Zivilisierung) gemeint war, als auch die Bildung, die die Reifung des Einzelnen zu seinem Potenzial meint und zugleich zu einem tieferen Bild von Reifung führt (Textor 1999).

Neben diesem Bildungsauftrag findet zugleich eine heilende Bewältigung von Verletzungen statt, wenn PädagogInnen damit in guter, offener und lösender Weise umgehen. Belastete und oft traumatische Geschichte wird in diesem Alltag nicht verdrängt, sondern bewältigt. Es findet offen oder verdeckt eine Auseinandersetzung mit den belastenden Inhalten der Kinder statt. Die Kinder setzen sich mit den Gefühlen, Erinnerungen und Einstellungen ihrer Vergangenheit auseinander und entwickeln in diesem Prozess neue Fähigkeiten, reifen manchmal nach und werden heiler an Leib und Seele.

Die Kompetenz der PädagogInnen ist hier sehr gefragt, diese Tiefendimension des Alltags zu erfassen. Ohne ein Wissen der ‚übertragenen Verzweiflung der Mutter', bzw. ohne die Kompetenz, diese Dimension wahrzunehmen, hätte die Pädagogin im Beispiel überhart und damit ohnmächtig und wiederholend reagiert.

Der Alltag der stationären Wohngruppe ist eine Bühne zur Bearbeitung der unendlich vielen Dramen, die die Kinder aus ihren Lebensläufen mitbringen. Die Beziehung, die sie zum Kind leben und gestalten, ist so immer eine Doppelte:

Es ist die Beziehung der konkreten Personen, in der es um Gesehen-Sein, um Zuwendung und Grenzen, um Anforderungen und Abgrenzungen im Hier und Jetzt geht. Hier geht es darum, einen gelingenden, altersgemäßen Alltag zu entwickeln, Regeln einzuhalten und Alters- und Fähigkeitsgemäße Ziele zu entwickeln und zu erreichen – z. B. regelmäßig zur Schule zu gehen und den Platz in der Wohngruppe relativ störungsfrei einzunehmen. Hier wird das Kind zur Person, das seine eigene Weise findet, gelingend in der Welt zu sein.

Zugleich ist die pädagogische Beziehung der Raum, um alte, frühe Beziehungs- und Welterfahrungen auf die Probe zu stellen. Hier werden alte Muster wiederholt, ohne dass dies offen ist. Es werden Dramen, Zurückweisungen und Verletzungen erlebt und gelebt, die von außen kaum sichtbar sind. Es geht oft um das Bewältigen bisher unaushaltbarer Gefühle, um existenzielle Angst vor Verlassen- oder Verletzt-Werden. Die Dynamik dieser Themen ist oft frühkindlich existenziell aufgeladen. Sich zu verändern heißt hier für das Kind, existenzielle Risiken auf sich zu nehmen (in seinem Erleben). Diese Beziehung ist oft labil und zerbrechlich. Sie verändert sich manchmal in Sekunden und muss immer wieder überprüft werden.

Heilend wird dieses Milieu nicht durch das Aushalten von schwierigen Verhaltensweisen und einer Korrektur dieser dysfunktionalen Muster, sondern

- durch das professionelle Verstehen der Tiefe und Dramatik, die sich in dem schwierigen Verhalten ausdrückt,
- durch wertschätzende, empathische und standhaltende Beziehung mit und in einer schützenden Alltagsstruktur und
- durch reflektierte Maßnahmen/Interventionen, die das Kind ermutigen, sich selbst zu spüren und sich zunehmend zu zeigen und zuzumuten mit seiner Not und seiner Vitalität.

Von PädagogInnen wird hier menschliche Reife, umfangreiches fachliches Wissen und vielfältige Methodenkompetenz erwartet, um dieses heilende Milieu zu öffnen und zu gestalten.

1.2 Überblick

Stationäre Kinder- und Jugendhilfe kann ein bedeutsames, wirksames und heilsames Arbeitsfeld sein, in dem Kinder, Jugendliche und ihre Familien sich menschlich entwickeln, Dramen und Verletzungen bewältigen und sich ausrichten und vorbereiten können für ein gelingendes Leben in ihren unterschiedlichen Umwelten. Ob Kinder- und Jugendhilfe diese Qualität erreicht, hängt von vielen Aspekten ab. Wir thematisieren in unserem Buch die Aspekte, die von den beteiligten Pädagoginnen und ihren Vorgesetzten beeinflussbar sind – nämlich:

1) Wie denken transaktionsanalytische PädagogInnen über sich und ihre Arbeit?

- *das Menschenbild* der Transaktionsanalyse, in dem die Selbstwirksamkeit, die Selbstheilungsfähigkeit und die Selbstverantwortung des Menschen die Grundlage sind für die Begegnung von Menschen in ihren unterschiedlichen Rollen.
- *das Arbeitsfeld* als einen Raum, in dem eine Verbindung von Erziehung, Bildung und Heilung stattfindet – und die Gestaltung eines heilenden Milieus.

2) *Wie denken die Pädagoginnen über die Kinder und ihre Familien?* Hierzu stellen wir vor, wie wir mit transaktionsanalytischen Modellen, in wertschätzender ressourcenorientierter Weise Kinder und ihre Familien aus verschiedenen Perspektiven verstehen können. Diese Perspektiven sind etwas vereinfacht gesprochen

- die Perspektive der Kommunikation und des Verhaltens,
- die Perspektive der innerpsychischen Dynamik
- und die Perspektive der systemischen Vernetzung.

3) *Wie handeln die PädagogInnen auf der Grundlage dieses Menschenbildes und des Verstehens konkret?* Wir stellen aus dem Alltag vielfältige konkrete Beispiele für die Umsetzung eines transaktionsanalytisch-heilpädagogischen Konzeptes vor. Diese Beispiele beziehen sich

- auf die Arbeit mit den Kindern,
- auf die Arbeit mit dem Setting
- und auf die Arbeit mit dem Team und den MitarbeiterInnen.

Unser Anliegen ist es, die Brillanz, die Tiefe und Wirksamkeit und die Herausforderung dieser Arbeit zu zeigen. Wir wollen Kollegen und Kolleginnen ermutigen, sich auf diesen Weg des Miteinander-Wachsens zu begeben – und ihre Gruppen zu heilsamen Orten zu gestalten.

1.3 Stationäre Jugendhilfe – damals und heute

Jugendhilfe ist keine neue Erfindung, sondern etwas, was schon immer in den unterschiedlichsten Formen stattgefunden hat. Es ist eine Grundfrage von Gesellschaft, wie sich eine größere Gemeinschaft um Kinder und Familien kümmert, die mit der Versorgung der Kinder überfordert sind. Wie formiert sich Gesellschaft als Ganzes? Wie sondert Gesellschaft die aus, die den Erwartungen nicht entsprechen, und weist ihnen dabei einen Platz zu? Diese Aussonderung sagt mehr über die aus, die aussondern, und ihre Menschenbilder, ihre Wertevorstellungen und Offenheiten, als über die, die ausgesondert werden.

Einige Schlaglichter der Geschichte – sozusagen die Schultern, auf denen wir stehen

781 wurde in Mailand von der Kirche das erste Findelhaus gebaut. Dieses und auch spätere Findelhäuser hatten schon so etwas wie eine Babyklappe. In Köln gab es ein solches Haus seit 1341 und in Augsburg seit 1471. Diese Häuser waren bei aller Härte und bei aller Ausbeutung ein Fortschritt für Kinder, da ihnen dort grundsätzlich das Recht auf Versorgung zugesprochen wurde. Außerhalb dieser Einrichtungen war es auch üblich, Kinder zu verleihen oder zu verkaufen.

Das Rasphuis war ein Zucht- und Armenhaus in Amsterdam, das 1596 gegründet wurde und für Kinder und junge Erwachsene gedacht war. Es wurde – durch strenge Überwachung, geistliche Seelsorge und ein System von Verboten und Verpflichtung – versucht, die Häftlinge zu einem ‚guten Lebenswandel' zu erziehen.

Robert Seethaler setzte in seinem Roman ‚Ein ganzes Leben' den Verding-Kindern, die als Arbeitskräfte an wohlhabenderen Bauernhöfen in der Schweiz ein hartes und entbehrungsreiches Leben hatten, ein einfühlsames Denkmal. Charles Dickens schrieb über die gleiche Zeit über das Leben des Findelkindes und Waisenjungen Oliver Twist, der im Armenhaus einer englischen Kleinstadt aufwächst.

Kinder- und Jugendhilfe des 18. und 19. Jahrhunderts schwankte zwischen der strengen Barmherzigkeit christlicher Einrichtungen und der Ausbeutung der Kinder als billige Arbeitskräfte in der zunehmenden Industrialisierung.

Nach vielen Skandalen in staatlichen und kirchlichen Heimen einerseits und Erfahrungen mit einigen reformpädagogischen Ansätzen andererseits formulierte das Reichsjugendwohlfahrtsgesetz (1922) das Recht jedes Kindes auf Erziehung. Das hinderte die meisten Einrichtungen nicht daran, bruchlos in die von den Nationalsozialisten geforderte Ausrichtung der Kinder- und Jugendhilfe mit einzuschwenken. Kinder- und Jugendhilfe diente der Förderung der „rassisch wertvollen und gesunden Erbmasse des Deutschen Volkes" (Kappeler/Hering 2017, S. 13). Die Einrichtungen unterteilten die Kinder in ‚nützliche', ‚brauchbare', ‚noch brauchbare' und ‚unbrauchbare' Kinder – und führten sie letztlich der Isolation, Zwangssterilisation und Vernichtung zu.

Kinder- und Jugendhilfe in der BRD und der DDR setzten die Traditionen mehr oder minder ungebrochen fort. Kinder und Jugendliche waren auch hier Entbehrungen, Repressionen, Demütigungen und schweren Schädigungen ausgesetzt. Untersuchungen und Berichte, die selbst der Bundesregierung zugänglich gemacht wurden, blieben ohne Auswirkungen. Die Kinder blieben ‚schwer erziehbar', ‚kriminell', ‚verwahrlost' – defizitär und falsch. Ende der 1960er und 1970er Jahre kam es zu massiven Protesten von PädagogInnen und auch (ehemaligen) Heimkindern. Hier wurde massiv die gängige pathologisierende und entwürdigende Heimerziehung aufgedeckt und kritisiert. Es dauerte noch Jahrzehnte, bis das Kinder- und Jugendhilfegesetz in Kraft trat (Oktober 1990). Mit ihm wurde ein Angebote- und ‚Leistungsgesetz' für Kinder, Jugendliche und ihre Eltern geschaffen, das auf Unterstützung und Hilfsangebote setzt. Das Inkrafttreten des KJHG wurde auch als Paradigmenwechsel in der Kinder- und Jugendhilfe in Deutschland angesehen.

Was folgte, war ein zunehmender Wandel von einer Verwahrpädagogik, die Eltern ersetzte. Oft wurde bis dahin eine hilflose ‚Schwarze Pädagogik' der Eltern durch eine strukturierte ‚Schwarze Pädagogik' (Miller 1983) des Systems ersetzt. Es kam mehr und mehr zu einer differenzierenden Pädagogik, deren Grundanliegen es ist, Familien darin zu unterstützen, ihre Kinder angemessen und so gut wie möglich zu erziehen, ohne dabei das Kindeswohl aus dem Auge zu verlieren.

Viele der pädagogischen Großeinrichtungen schafften diesen Wandel jedoch nicht oder kaum. So kam es gerade in den 70er und 80er Jahren des 20. Jahrhunderts zu vielfältigen Gründungen von kleinen und mittleren Einrichtungen. Viele PädagogInnen, die lange gearbeitet hatten, haben die Chance ergriffen und Einrichtungen gestaltet, in denen sie Kinder- und Jugendhilfe neu definieren konnten. Die staatlich anerkannte Fachschule für Heilpädagogik im Ev. luth. Wichernstift in Ganderkesee (Norddeutschland) war einer der Orte, an die erfahrene PädagogInnen kamen, um sich für eine Pädagogik der Begegnung und des Miteinander-Entwickelns zu qualifizieren.

Der Umfang der Kinder- und Jugendhilfe ist dabei gewaltig geworden. Da die statistische Erfassung dieses Umfangs zum einen schwierig ist und zum anderen für unser Anliegen hier nicht wirklich von Bedeutung, hier nur wenige Zahlen: Die Ausgaben für die Kinder- und Jugendhilfe für die Einrichtungen stiegen von 32,04 Milliarden Euro im Jahr 2012 auf 45,12 Milliarden Euro im Jahr 2016 (Berufsgenossenschaft für Gesundheit und Wohlfahrtspflege 2018). Im Jahr 2015 waren weit über 1 Million Kinder betroffen von Maßnahmen der Kinder- und Jugendhilfe. Über 200.000 Kinder wurden fremd untergebracht – und das heißt, dass andere Maßnahmen nicht wirksam genug waren oder als nicht wirksam genug eingeschätzt wurden. Die Leistungen in 2015 betrafen (www.akjstat.tu-dortmund 2017)

- 447.360 Kinder im Rahmen der Erziehungsberatung
- 392.201 Kinder in Ambulanten Hilfen
- 212.744 Kinder in Fremdunterbringungen und
- 88.430 Eingliederungshilfen gemäß § 35a SGB VIII

Kinder- und Jugendhilfe ist in Deutschlang ein gewichtiger Bereich, in dem Kinder und Jugendliche ihren Weg ins Leben finden und Eltern sich als Eltern und Familie erleben und gestalten können. Die Einrichtungen und PädagogInnen, die sie dabei unterstützen, formen Gesellschaft mit, indem sie Antworten auf zentrale Fragen des Lebens täglich tausend- und zehntausendfach geben, wie z. B.: Sind Menschen in Ordnung und achtenswert? Darf und kann ich mich für mich und andere einsetzen und etwas bewirken? Ist es in Ordnung, empfindsam und achtsam und zugleich erfolgreich und stark zu sein?

1.4 Wer wir sind

Sylvia Dormann, Krankenschwester, Heilpädagogin und TransaktionsanalytikerIn.
Ich habe nach meiner Ausbildung zur Krankenschwester einige Jahre in einem psychiatrischen Krankenhaus gearbeitet. Als Heilpädagogin war ich tätig als Gruppenleitung bei einem großen Jugendhilfeträger, habe 10 Jahre mit Jungen und Mädchen im stationären Gruppenalltag gearbeitet. Seit einigen Jahren gebe ich Vertiefungsunterricht an einer Fachschule für Sozialpädagogik, berichte anhand von Fallbeispielen aus meiner Arbeit in der Jugendhilfe und zeige auf, welche Möglichkeiten uns bei der Diagnostik mit den Modellen der Transaktionsanalyse zur Verfügung stehen.

Seit 2013 bin ich selbstständig mit einer Jugendhilfeeinrichtung. In meiner Einrichtung leben bis zu 14 Mädchen im Alter zwischen 6 und 18 Jahren in zwei Wohngruppen.

Ich möchte in diesem Buch einen Einblick geben, wie ich mit meinen Teams im stationären Jugendhilfealltag mit den Mädchen arbeite.

Meiner Arbeit liegt die Annahme zu Grunde, dass „emotionale Störungen“ und daraus resultierende Krisen die Folge früherer Erfahrungen und der damit verbundenen kindlichen Verarbeitungsmöglichkeiten sind. Jeder Mensch trägt somit Konflikte in sich, die er im späteren Leben immer wiederholen wird, bis er eine andere Lösung findet. Ich schaue darauf, was die Mädchen und jungen Frauen geprägt hat, was ihr Denken, Fühlen und Handeln heute bestimmt und was sie für einen positiven Veränderungsprozess benötigen.

Dr. Gudrun Jecht, Kinderärztin und Fachärztin für Psychotherapie und Psychosomatik, Lehrtrainerin und Lehrtherapeutin für Transaktionsanalyse.
Als Kinderärztin arbeitete ich nach meiner Facharztausbildung in ganz unterschiedlichen Bereichen: Frühförderung, Heilpädagogische Tagesstätte, Gesundheitsamt, als Lehrkraft für Gesundheitslehre an einer Fachakademie, in Privatpraxis und in einer Klinik für Haut- und Allergieerkrankungen. Nach der psychotherapeutischen Weiterbildung für tiefenpsychologische Psychotherapie arbeitete ich über 30 Jahre in eigener Kassenpraxis für Kinder, Jugendliche und Erwachsene. Zentraler theoretischer Hintergrund meiner Arbeit war und ist für mich Transaktionsanalyse. Als Supervisorin begleite ich kinderärztliche und psychotherapeutische Behandlungen von ambulant oder in Kliniken arbeitenden

Kolleg*innen. In meinem gesamten beruflichen Leben lag und liegt mir die Betreuung von Kindern und Jugendlichen sowohl im unmittelbaren Kontakt als auch theoretisch und supervisorisch am Herzen.

Peter Rudolph, Diplom-Sozialwissenschaftler, Psychologischer Berater, Heilpraktiker für Psychotherapie, Lehrtrainer und Lehrtherapeut für Transaktionsanalyse. In den letzten 30 Jahren habe ich im Bereich der Kinder- und Jugendhilfe in unterschiedlichen Rollen gearbeitet. Ich war (und bin) Supervisor im stationären und ambulanten Bereich, habe Coachings und Maßnahmen zur Organisationsentwicklung entworfen und begleitet. Ich war Dozent und Schulleiter einer Fachschule für Heilpädagogik und habe erfahrene ErzieherInnen und HeilerziehungspflegerInnen zu HeilpädagogInnen mit ausgebildet.

Ich habe erlebt, dass stationäre Jugendhilfe ein professionelles, interdisziplinäres Setting sein kann, das auch bei schweren und schwersten Belastungen von Kindern und Jugendlichen und ihren Familien

- haltgebend sein kann und standhält,
- unterstützend und erlaubnisgebend den Weg für Entwicklung, (Nach-)Reifung und Heilung öffnet,
- auch für Eltern Räume gibt, geliebt zu werden, zu lieben und Kompetenzen zu entwickeln
- und für MitarbeiterInnen geschützte Räume anbietet, damit sie ihre herausfordernde, anspruchsvolle Tätigkeit in Beziehungen und Begegnungen leisten können.

Diese Qualitäten sind nach meiner Erfahrung nicht selbstverständlich in der stationären Jugendhilfe – aber möglich und auch oft vorhanden. Wenn es sie gibt, sind sie das Resultat kompetenter Führung und gelingender Organisationsentwicklung – einschließlich guter Personalentwicklung.

1.5 Unsere Grundüberzeugungen

Menschen erleiden manchmal viel

Kinder und Jugendliche, die in die stationäre Jugendhilfe kommen, haben Belastendes erlebt. Das Spektrum reicht von Vernachlässigung, Verstrickung in elterliche Konflikte über Gewalt und Missbrauch bis hin zu jahrelanger Folter. Wer die Berichte der Deutschen Kinderhilfe oder die polizeilichen Kriminalstatistiken hierzu durchblättert und auch wer die Fälle in der Jugendhilfe aufmerksam und ehrlich anschaut, sieht, dass das Ausmaß der Gewalt gegen Kinder und Jugendliche erschreckend hoch war und ist.

Kinder, die nach § 34 KJHG[1] stationär untergebracht werden, haben Leidvolles erlebt und keinen elterlichen Rahmen, der sie zu diesem Zeitpunkt ausreichend schützen und fördern kann.

Diese Erfahrungen drücken sich oberflächlich in dysfunktionalem/störendem Verhalten aus, zugleich ist das Kind in seiner gesamten Entwicklung betroffen. Sein Selbstbild, sein Selbstwertempfinden, seine Beziehungs- und Bindungsfähigkeit, seine Bilder der Welt und anderer Menschen sind geprägt und eingeschränkt von diesen Erfahrungen. Sein dysfunktionales Verhalten ist Ausdruck einer langjährigen Entwicklung, die sich in seiner Persönlichkeit ausdrückt – und zugleich hat sein Verhalten ihm geholfen, unter diesen Umständen zu überleben und sich zu orientieren.

Probleme sind Lösungen

Die Probleme der Kinder und Jugendlichen sind einerseits Probleme, die verändert werden müssen, zugleich waren sie Lösungen für die Zusammenhänge, in denen sie entstanden sind, und sie sind auch *noch* eine Form, sich gegenwärtig im Gleichgewicht und handlungsfähig zu erleben (siehe im Folgenden ‚gelingende Identität'). Veränderungsversuche, die ausschließlich das Verhalten betreffen, bleiben so oberflächlich und respektlos (‚rückschaulos'). Das Kind, das eine existenzielle Angst davor hat, sich einzulassen und deswegen z. B. nicht mit anderen am Tisch sitzen will, kann zwar dazu gebracht werden, mit anderen am Tisch zu sitzen. Zugleich wird über diese Anpassung das Problem der Missachtung seiner Not wiederholt, so dass ein tieferes Lernen von Gemeinschaft nicht möglich ist.

---

1 § 34 Heimerziehung, sonstige betreute Wohnform
Hilfe zur Erziehung in einer Einrichtung über Tag und Nacht (Heimerziehung) oder in einer sonstigen betreuten Wohnform soll Kinder und Jugendliche durch eine Verbindung von Alltagserleben mit pädagogischen und therapeutischen Angeboten in ihrer Entwicklung fördern. Sie soll entsprechend dem Alter und Entwicklungsstand des Kindes oder des Jugendlichen sowie den Möglichkeiten der Verbesserung der Erziehungsbedingungen in der Herkunftsfamilie

- eine Rückkehr in die Familie zu erreichen versuchen oder
- die Erziehung in einer anderen Familie vorbereiten oder
- eine auf längere Zeit angelegte Lebensform bieten und auf ein selbständiges Leben vorbereiten.

Jugendliche sollen in Fragen der Ausbildung und Beschäftigung sowie der allgemeinen Lebensführung beraten und unterstützt werden.

1.6 Wie wir den Menschen sehen – das Menschenbild der Transaktionsanalyse

Unsere Erfahrungen bestätigen uns immer wieder in unseren Grundüberzeugungen über Menschen. In dieser Form wurden diese Überzeugungen auch von Eric Berne und anderen Vertretern der humanistischen Psychotherapie entwickelt:

- *Jeder Mensch ist im Grund liebenswert, so, wie er ist* (in seiner Existenz), d. h. nicht jedes Verhalten ist O.K. Jeder Mensch ist es wert, zu leben und geliebt zu werden. Seine Liebe ist es auch wert, angenommen zu werden.
- *Jeder Mensch kann denken.* Das schließt die Lernfähigkeit sowie die Veränderungsfähigkeit mit ein. Menschen können Ideen über sich selbst entwickeln und darin auch Bewertungen und Ziele haben. Auch ein Kind kann wahrnehmen, dass es sich immer allein macht, weil es Angst hat, verletzt zu werden. Es kann den Wunsch nach Nähe ebenso wie die Angst vor Verletzung spüren und denken, kann Bilder von geschützter Nähe entwickeln und sich entscheiden, sich auf solche neuen Erfahrungen einzulassen.
- *In diesem Sinn können Menschen Entscheidungen treffen und damit über ihr eigenes Schicksal im Rahmen ihrer Möglichkeiten selbst entscheiden.* Das Kind/der Jugendliche hat damit selbst die Verantwortung für sein eigenes Leben (im Rahmen seiner Möglichkeiten).
- *Jeder trägt die Verantwortung für sich selbst.* Das betrifft auch Kinder im Rahmen ihrer Möglichkeiten und ist kein Widerspruch dazu, für andere Sorge zu tragen. Veränderung kann nur darüber geschehen, dass das Kind sich selbst entscheidet, etwas Neues auszuprobieren. Als PädagogInnen können wir zahlreiche Möglichkeiten nutzen, das Kind einzuladen, zu ermuntern, zu ermutigen, sich neu zu entscheiden – die eigentliche Entscheidung findet im Kind statt.
- Die *Autonomie*, die Berne als Ziel seiner Arbeit sah, spiegelt sich für ihn in der Möglichkeit, *als autonomer Mensch Spontaneität, Bewusstheit und Intimität zu leben.* Dies bedeutet Selbständigkeit im Kontakt zu anderen und nicht einen rücksichtslosen Egoismus.
- *Grundlage für jede professionelle Arbeit auch mit Kindern und Jugendlichen, insofern sie transaktionsanalytisch fundiert ist, ist die Arbeit innerhalb eines Vertrages,* mit dem beide Seiten einverstanden sein müssen und das Prinzip, dass die Kommunikation frei und offen ist. Das gilt auch für Situationen, in denen die Zusammenarbeit nicht freiwillig zustande kommt, wie z. B. im Rahmen von Jugendforensischer Psychiatrie, wo junge Erwachsene unter Zwang untergebracht sind. Der Entwicklungsteil des Prozesses, die Frage, verändert sich der Patient nachhaltig, kann nur stattfinden unter der Bedingung der gegenseitigen Zustimmung.

1.7 Erziehung, Bildung und Heilung

Kinder- und Jugendhilfe findet im Spannungsfeld von Erziehung, Bildung und Heilung statt. Bevor wir zu dem Thema des ‚Heilenden Milieus' kommen, wollen wir diese drei Handlungsfelder etwas genauer darstellen.

Erziehung

Erziehung ist ein Prozess, in dem das Kind zum Zögling wird, zum zu erziehenden Wesen – zum Educandus. Mit Erziehung beschreiben wir den Prozess, in dem Kinder, Jugendliche und manchmal Erwachsene auf eine gesellschaftliche Situation hin sozialisiert werden. Es geht um Vermittlung und Aneignung von Fähigkeiten, Gewohnheiten, Einstellungen, die die Person befähigen, zufriedenstellend am gesellschaftlichen Leben teilzunehmen. Kinder werden z. B. dazu erzogen, zu einer bestimmten Zeit aufzustehen, sich in einer bestimmten Weise vorzubereiten, zur Schule zu gehen und an ihr in bestimmter Weise teilzunehmen. Sie erleben dann bestimmte Bewertungen als Erfolg, setzen sich angemessene Ziele und versuchen diese Ziele (z. B. Schulabschluss) zu erreichen. Sie denken, fühlen und handeln in einer bestimmten Weise, die es ihnen im gelungenen Fall erlaubt, erfolgreich und selbstbestimmt (im Rahmen der sozialen Normen) an Schule teilzuhaben.

Erziehung in diesem Sinn ist keine Dressur, die das Kind äußerlich in die Anpassung zwingt, sondern ein Prozess der strukturierten, angeleiteten Sozialisation, in dem das Kind sich Kompetenzen aneignet und Haltungen entwickelt und verinnerlicht.

Komplex und herausfordernd wird dieser Prozess unter anderem dadurch, dass das, was zu vermitteln ist – Normen, Kompetenzen, Rollen, Haltungen –, in einer modernen oder postmodernen Gesellschaft kaum eindeutig zu definieren ist.

Was ist das gute und zu erwartende Maß an Aufgeschlossenheit, Gewissenhaftigkeit, Geselligkeit, Rücksichtnahme und emotionaler Verletzlichkeit (Fünf-Faktoren-Modell der Persönlichkeitspsychologie)? Was sind die passenden Einstellungen in einer Arbeitswelt, deren Innovationszyklen immer kurzlebiger werden? Was können Eltern ihren Kindern noch an bedeutsamen Weltbildern vermitteln?

Erziehung als ein Prozess, in dem Antworten vermittelt werden, die auf den Erfahrungen der Älteren beruhen, kann nicht mehr unbedingt davon ausgehen, passende Antworten auf die Fragen von heute und morgen zu haben. Gerade im Bereich der Kinder- und Jugendhilfe haben wir es oft mit Eltern zu tun, die verunsichert sind in Bezug auf ihre Rolle als Vorbilder. Die selbst erlebten Entmutigungen und frühen Prägungen geben ihnen wenig Kraft und Überzeugung, für ihre Kinder als kraftvolle, einladende Vorbilder zu wirken.

Die Aufgabe auch der stationären Kinder- und Jugendhilfe besteht hier darin, Eltern zu unterstützen, normative Bilder zu entwickeln, die es den Kindern ermöglichen, im Leben ihren Platz einzunehmen, angemessene Möglichkeiten zu finden, ohne ihren Eltern dabei untreu zu werden. Es ist für Eltern, die z. B. keinen Schulabschluss und in ihrer Schullaufbahn vielfältige Entmutigungen und Beschämungen erlebt haben, eine Herausforderung, dem Kind eine klare Erlaubnis zu geben, schulisch erfolgreich zu sein und mit Freude an der Schule teilzuhaben.

Bildung

Während Erziehung die Befähigung des Einzelnen zur Teilhabe an der Gesellschaft zum Ziel hat, hat Bildung einen anderen Ansatz – und andere Wurzeln.

Unter Bildung wurde im 14. Jahrhundert ein Prozess verstanden, der darauf abzielte, die ‚Gottesebenbildlichkeit' des Menschen zu fördern. „Der Mensch sei als Ebenbild Gottes geschaffen, der Bildung falle die Aufgabe zu, dem Imago Dei zu seiner Verwirklichung zu helfen ...; so wird Bildung zum religiösen Endzweck des Menschen" (Textor 1999, S. 527). Meister Eckhart (1260–1327) meinte mit „Bilden" das „*Einbilden*" des *Bildes* Gottes in die menschliche Seele.

Einige Jahrhunderte später spricht Wilhelm von Humboldt (1767–1835) von Bildung als einem Prozess, der der zunehmenden ‚Verzweckung' des Menschen Widerstand leiste und eine allseitige, ganzheitliche Menschenbildung zu fördern habe.

Bildung dient der Entfaltung des Menschseins und der eigenen Individualität. Zwar diene sie auch der gesellschaftlichen Anpassung und Nützlichkeit – hier aber im Sinne einer kritischen Auseinandersetzung gemeint. Bildung in diesem Sinn fragt auch nach gelingender und erfüllender Identität.

Kompetenzentwicklung dient hier einerseits dem Sozialisationsprozess, der angemessene und für die Gesellschaft nützliche Kompetenz fördert, aber andererseits dient sie auch der einzelnen Person zur Ich-Findung und Ich-Gestaltung. In einer modernen und postmodernen Gesellschaft wird diese Frage zur alltäglichen Leistung: Wer will ich sein? Wie will ich mich formen und leben, um zufrieden, erfüllt und wirksam zu sein? Wer bin ich und was ist meine Identität? Gelingt es der einzelnen Person, sich identisch zu fühlen und für sich eine gelingende, ausreichend stabile Identität zu entwickeln?

Was ist unter Identität zu verstehen?

Erik Erikson sieht „das Kernproblem der Identität in der Fähigkeit des Ichs, angesichts des wechselnden Schicksals Gleichheit und Kontinuität aufrecht zu erhalten" (Keupp 2002, S. 51 f.). Er definiert Identität als einen Prozess, „der im

Kern des Individuums lokalisiert ist und doch auch im Kern seiner gesellschaftlichen Kultur" (Keupp 2002, S. 51).

Auch Jürgen Habermas betont, dass Identität immer von neuem hergestellt, konstruiert werden muss, wobei das Eigene immer auch mit dem Anderen verbunden werden muss.

Dem Einzelnen kommt die Aufgabe zu, sich selbst und sein Leben passend zu den äußeren Umständen und passend zu seiner Geschichte und seinen inneren Bedürfnissen zu gestalten – mit all den Freiheitsrisiken, die damit verbunden sind. Die Freiheit, werden zu können, der man sein will, wird eingeschränkt von der unausgesprochenen Notwendigkeit, die Persönlichkeit den sozioökonomischen Bedingungen anzupassen. Die Ausfallkosten trägt im Zweifel das Subjekt. „Identitätsarbeit in der Spätmoderne … ist eine aktive Leistung der Subjekte, die zwar risikoreich ist, aber auch die Chance zu einer selbstbestimmten Konstruktion enthält" (Keupp 2002, S. 52). Gelingt dies, erlebt die Person

> „Kohärenz und Authentizität als eher innere Qualitätsmerkmale und Anerkennung und Handlungskompetenz als eher äußerliche Qualität." (Keupp 2002, S. 62).

Gelingende Identität ist heutzutage ein fortdauernder, kreativer und individueller Akt – und Bildung ist ein gesellschaftlicher Prozess, der Menschen hierzu ermutigen und anleiten kann.

Insbesondere für Kinder und Jugendliche im Bereich der Kinder- und Jugendhilfe ist dies eine herausfordernde Aufgabe.

Wie wollen sie ihre unterschiedlichen Erfahrungen, die sie mit sich selbst in den Feldern Familie, Schule, Arbeit, Freizeit machen, zu einem kohärenten Selbst formen? Wie wollen sie sich selbst treu bleiben, wenn die Normen in den unterschiedlichen Feldern manchmal diametral gegensätzlich sind? Wie sollen sie Handlungskompetenz entwickeln, wenn sie massive Entmutigungen und Kränkungen erlebt und sich in der Entmutigung ‚eingerichtet' haben?

Die Beantwortung der Frage ‚Wer bin Ich?' im Sinn einer ausreichend stabilen Identität ist für Kinder und Jugendliche eine massive Herausforderung und zugleich eine bedeutende Grundlage für erfolgreiche Entwicklung. PädagogInnen sind hier wichtige und hilfreiche UnterstützerInnen, wenn sie diese Aufgabe als Teil ihrer Arbeit anerkennen und aktiv fördern.

Heilung

Heilung ist etwas, das im pädagogischen Alltag meist der Psychotherapie zugeordnet wird. Interventionen, die darauf abzielen, dass sich das Kind tiefer mit sich und seiner Geschichte auseinandersetzt oder auch tiefere Gefühle dabei zulässt, werden als therapeutisch definiert – und damit für den pädagogischen

Bereich ausgeschlossen. Montuschi, ein italienischer Transaktionsanalytiker, fragt, inwieweit Skriptinterventionen (zur tieferen Persönlichkeitsveränderung) im pädagogischen Alltag passend sind. „Ist es zu befürworten, während des Schulalltags im Skript von Schülern zu intervenieren? Oder sollte Skriptarbeit auf den klinischen Bereich beschränkt bleiben?" (Montuschi 2008, S. 72) Er verweist darauf, dass das übliche Verständnis von Pädagogik dieses tiefere Intervenieren ausschließt – um in seinen Ausführungen dann doch Möglichkeiten zu zeigen, wie auch in Schulen mit Kindern so gearbeitet werden kann, dass sie auch in ihren tieferen Entwicklungsthemen gesehen und gefördert werden können.

Aus unserer Erfahrung ist es wichtig, dass PädagogInnen wahrnehmen, wie sehr Kinder und Jugendliche mit ihrer ganzen Person in den Einrichtungen sind. Die Schwere ihrer Probleme, die oft krankheitswertigen Charakter hat, findet statt, ob wir das nun wahrnehmen oder nicht. Gerade die stationäre Jugendhilfe, die Kinder über lange und intensive Lebenszeiten und Lebensräume begleitet, hat die Möglichkeit, hier wirksam zu sein und heilende Entwicklung zu unterstützen.

Der Respekt vor der Schwere der Probleme ist berechtigt – unabhängig davon, ob es sich um Angststörungen, Bindungsstörungen, Posttraumatische Belastungsstörungen oder andere Formen chronifizierter Belastung handelt. Wir plädieren nicht für leichtfertigen Umgang, aber für eine Wahrnehmung der Tatsache, dass diese Belastungen im pädagogischen Alltag stattfinden und Antworten suchen und finden, die entweder in Richtung Verbesserung, Linderung, Heilung gehen oder in Richtung Chronifizierung und Verschlimmerung. Wir plädieren dafür, diese Aspekte wahrzunehmen und Formen eines heilsamen Umgangs damit zu gestalten und zu leben. Wie das aussehen kann, darauf gibt dieses Buch, so hoffen wir, einige Antworten.

Unter Heilung verstehen wir einen Prozess, bei dem die körperliche oder seelische Ganzheit und Integrität (wieder-)hergestellt wird. Die Ganzheit der körperlichen und psychischen Funktionen steht wieder zur Verfügung. Eine Einschränkung dieser Ganzheit durch physische oder psychische Belastungen, wie z. B. ein Beinbruch oder eine Dissoziation, wird überwunden. Der Begriff ‚Heil' heißt im Englischen *whole*, im Schwedischen *Hel* und im Gotischen *Hails* und bedeutet jeweils: ganz, unversehrt, vollständig. Diese zwei Seiten greift Heinrich Hagehülsmann (Hagehülsmann in Schnorrenberg 1999) auf, wenn er davon schreibt, dass Heilung ein Prozess ist, der diese beiden Seiten hat:

- Die Heilung von etwas, das man nicht will – von der Krankheit, der Belastung, dem Unwohlsein weg; und
- die Heilung zu etwas – zu einer Ganzheit, zu einem Zustand der Entwicklung und Reifung.

Um von Heilung im ersten Sinn zu sprechen (Heilung von etwas) muss es also eine Verletzung, eine Beeinträchtigung des ‚Wohlseins' gegeben haben – sei es ein Beinbruch, ein Infekt oder eine psychisch nachwirkende und tiefere Belastung. Es muss etwas gegeben haben, von dem die Person heilen/genesen will. Das heißt auch Auseinandersetzung mit der Schädigung und ihren Folgen. Das Kind, das z. B. unter einer ‚Bindungsstörung des Kindesalters mit Enthemmung (F94.2)' leidet, braucht in seinem Genesungsprozess auch Raum, zu trauern um das Erlebte. Dabei umfasst diese Trauer unterschiedliche vielgestaltige Phasen und Aspekte. Hier ist auch Angst, Wut, Schmerz, Sehnsucht und vieles andere möglich (Cornell 2017). Diese Trauer braucht, damit sie heilsam sein kann, auch den standhaltenden, interessierten wohlwollenden Anderen, der zuhört, Halt geben kann und ein ausreichendes, professionelles Verständnis dieses Prozesses zur Verfügung hat.

In diesem ‚Zuhören' entsteht interessanterweise bereits die andere Bewegung – die Heilung zu etwas. Das Kind, das z. B. diese Bindungsstörung hat, entwickelt mit Hilfe des wohlwollenden, fähigen Anderen eine Erfahrung, in der es Nähe authentisch und angemessen zulassen und steuern kann. Es lernt, sich selbst zu spüren, sich zu verbalisieren und zuzumuten. In dem Wahrnehmen, Spüren und Erzählen der Zurückweisungen, Übergriffe und Verletzungen entsteht eine Erfahrung, die bereit und fähig macht zu selbstbestimmteren Bindungserfahrungen.

> „Das bedeutet für das konkrete Handeln … (der Professionellen, PR) immer wieder die auftretenden Merkmale abhängiger oder eingeengter Beziehung im gegenwärtigen Prozess zu fokussieren, um hier neue Muster zu finden, Lösungsansätze für die … Zielvorstellung zu erarbeiten und Ressourcen zu mobilisieren" (Hagehülsmann/Hagehülsmann 2008, S. 66).

Krank – gesund

Heilung in diesem Sinn hat keine klare Trennung von krank und gesund. Das Kind, das unter Bedingungen von Vernachlässigung und Gewalt eine Bindungsstörung entwickelt, reagiert mit einer vitalen, sinnvollen, differenzierenden und schützenden ‚Gestalt' auf diese Verhältnisse. Es wappnet sich optimal, um in dieser Situation innerlich und äußerlich adäquat zu überleben. Dass dieses Muster in einem anderen Kontext dysfunktional ist, nimmt nicht weg, dass es funktional war und oft noch sinnvolle Funktionen hat. Die Entwicklung zu einem Bindungsverhalten hin, das sich fähigkeits- und altersgemäß auf die äußere Wirklichkeit einlässt – und ebenso fähig mit der inneren Wirklichkeit umzugehen lernt –, lässt sich mit den Begriffen krank und gesund nur unzureichend beschreiben und markieren (ab hier ist es krank und dort gesund). Das Heil

(-er)-Werden des Kindes ist ein Prozess, der Bewältigung von Altem, Schmerzhaften und Entwickeln von Neuem, Reiferen beinhaltet. Diese Offenheit des Gesundheitsbegriffs ist ein wichtiges Merkmal humanistischer Psychotherapie.

> „So verzichten beispielsweise viele der zur Humanistischen Psychologie zählenden Therapieformen … bewusst auf jede exakte Grenzziehung zwischen dem, was ‚normal' oder ‚gesund' bzw. in der Umkehrung ‚krank' oder ‚anormal' genannt wird. Stattdessen nehmen sie fließende Übergänge an und betonen die Fähigkeit jedes Menschen zu Wachstum und Selbstverwirklichung" (Hagehülsmann 1999).

Erziehung – Bildung – Heilung

Es macht daher keinen Sinn, diese drei Bereiche zu unterscheiden in einer (linearen) Weise – bis hierhin ist es Erziehung, dann Bildung und ab dort Psychotherapie. Die drei Bereiche sprechen jeweils den Menschen in seiner Ganzheit an. Erziehung ist nicht möglich, ohne dass der Beinbruch oder die Bindungsstörung mit versorgt wird. Erziehung basiert auf einer Vorstellung von Bildung und auch Psychotherapie umfasst den ganzen Menschen. Es sind unterschiedliche Bezugsrahmen mit unterschiedlichen Arten, auf den Mensch zu schauen und darin Ziele zu formulieren.

Zugleich umfassen auch Erziehung und Bildung das Bewältigen z. B. traumatischer Geschichte und Psychotherapie umfasst auch z. B. die Befähigung zum regelmäßigen Schulbesuch. Es sind unterschiedliche psychosoziale Zugänge zum Menschen in seiner Ganzheit – mit unterschiedlichen Zielen, Konzepten, Sprachen, Kulturen, Gesetzen und Fähigkeiten.

Abb. 1: Tiefe (M. Christoph 2017)

Kapitel 2 Diagnostik und Handlungsplanung im sozial- und heilpädagogischen Feld

2.1 Wahrnehmen, fragen, verstehen, annehmen und zielgerichtet handeln – sozial- und heilpädagogische Diagnostik

Brauchen PädagogInnen eigentlich Diagnostik? Ist das nicht ein medizinisches Denken, in dem Menschen stigmatisiert und meistens noch verletzt werden? Eigentlich ist doch klar, dass ein Kind, das stiehlt und abhaut, aufhören soll, zu klauen und abzuhauen – wie soll da Diagnostik helfen?

Diagnostik ist ein Begriff, der in der sozial- und heilpädagogischen Praxis selten offen gebraucht wird, obwohl vertiefendes, strukturiertes, zielorientiertes Verstehen (und genau das ist Diagnostik) meistens praktiziert wird. Diagnostik mit seinen unterschiedlichen Mustern, Fragestellungen, Einschätzungen und daraus abzuleitenden Hypothesen ist professionelles Handeln. Im pädagogischen Handeln ist Diagnostik die Klarheit und die Entwicklung von Handlungsoptionen, die dadurch möglich sind, unverzichtbar ein Instrument, ein Kind, eine/n Jugendlichen in seinem gegenwärtigen Handeln und seinem Geworden-Sein zu verstehen.

Unsere Erfahrung ist, dass Diagnostik ein strukturiertes, überprüfbares Verstehen unterstützt. Es hilft, gemeinsam mit dem Kind und den Angehörigen feinfühlig und beharrlich zu suchen, zu forschen, was sind eigentlich die Themen, Probleme und Aufgaben, die das Kind hat – und in denen es wachsen will. Es hilft, Ziele und Maßnahmen gut und fein auf das Kind und seine Bedingungen abzustimmen. Zugleich lädt es die PädagogInnen ein, sich mit ihrem Denken und ihren Einschätzungen offen zu zeigen. Auf diese Weise wird auch das Denken der PädagogInnen, das sonst ungenannt wirkt, sichtbar und reflektierbar.

In einer Wohngruppe wird Tim vorgestellt, 12 Jahre. Er lebt seit seinem 4. Lebensjahr erst in einer Pflegefamilie und später in verschiedenen Wohngruppen. Aus der Familie wurde er genommen, da die Mutter aufgrund ihrer Suchterkrankung nicht in der Lage war, eine ausreichende Versorgung aufrechtzuerhalten. Mit den verschiedenen Partnern, die sie in dieser Zeit hatte, kam es immer wieder zu gewalttätigen Eskalationen. Sein Vater war manchmal präsent, nahm aber keine verlässliche Verantwortung für seinen Sohn.

Tim verlässt immer wieder die Wohngruppen, lebt dann auf der Straße, explodiert bei Spannungen in der Gruppe auch gewalttätig, verletzt sich auch manchmal selber und stiehlt in der Gruppe Geld von anderen, was die Gruppe stark gegen ihn aufbringt.

Das pädagogische Team nimmt sich Zeit, Tim zu verstehen, und nimmt wahr, dass Tim Nähe schlecht aushält, dass er provokant eskaliert – und dazu einlädt, ihn wieder wegzuschicken (rauszuschmeißen). Er erlebt sich selbst, aber auch alle anderen als wertlos. Er schwankt zwischen tiefer Wut, massiver Angst und kindlicher Bedürftigkeit – und findet in Flucht und Gewalt kurzfristige Entlastung und Sicherheit.

Im Ermitteln seiner Lebensgeschichte wird deutlich, dass Tim genau so über sich denkt, wie seine Eltern über sich und ihn gedacht haben – auch sie sind überzeugt, dass sie nichts wert sind und unfähig, irgendetwas zu schaffen. Die ersten 4 Jahre von Tim waren geprägt von mangelnder Versorgung, dauernden auch gewalttätigen Eskalationen, von denen auch Tim unmittelbar betroffen war.

Diese frühen Gewalt-, Vernachlässigungs- und Verlusterfahrungen scheinen sich in ihm ‚festgesetzt' zu haben. Es wirkt, als würde er die Situation der explosiven Gewalt und der Verlassenheit immer wieder provozieren.

Die PädagogInnen ‚durchwandern' dabei 4 Perspektiven der Diagnostik – nämlich:

Tab. 1: Perspektiven der Diagnostik

Perspektive	Fragt nach
die Verhaltensperspektive	Wie verhält sich das Kind? Was sind die konkreten Verhaltensweisen?
die soziale Perspektive	Welche sozialen Muster praktiziert das Kind? Was löst es in mir, ‚dem anderen' aus?
die historische Perspektive	Was ist die Geschichte des Problems? Welche anamnestischen Informationen habe ich über das Problem?
die phänomenologische Perspektive	In welcher Geschichte steckt das Kind ‚fest'? Welche Situation ‚reinszeniert' es? ‚Wer' ist das Kind in diesem Moment?

2.1.1 Ebenen der Diagnostik

Das Team entwickelt aus seinen Beobachtungen und Informationen im Gespräch auch mit Tim Einschätzungen über den Entwicklungsstand und die Entwicklungsaufgaben von ihm. Diese Einschätzungen kreisen um drei Bereiche:

- Wie verhält sich Tim in Beziehungen? Wie kommuniziert er?
- Wie wirkt seine Geschichte in ihm nach? Was ist wichtig für seine intrapsychische Dynamik?
- Wie wirkt sein sozialer/systemischer Kontext?

Bei der *Ebene der Beziehung* geht es um Fragen der zwischenmenschlichen Kommunikation, um Beziehungsmuster, um offene und verdeckte Botschaften – wie wird das Problem kommuniziert? Dies ist die Ebene, die unmittelbar und fortlaufend wahrgenommen wird.[2]

Weder die Kontexte (z. B. Herkunftsfamilie, andere Institutionen ...) noch intrapsychische Aspekte sind unmittelbar erlebbar. Sinnvolle Problemdefinitionen sollten daher von diesem (beobachtbaren) Aspekt her begonnen werden, bevor die beiden ‚Schlaufen' dazugenommen werden.

Bei der *Ebene der Person* geht es um die Fragen der intrapsychischen Dynamik, der persönlichen Entwicklung/Themen, des persönlichen Verhaltens. Traumatisierungen, Verlassenheitserlebnisse, o. ä. können hier wichtige Themen sein. Individualdiagnostik und tiefenpsychologische Modelle können hier Mittel der Wahl sein.

Bei der *Ebene des Kontextes* geht es um Fragen nach dem System, der Familie, bzw. den sozialen Systemen, in denen das Problemverhalten auftritt, bzw. um deren Regeln, Rolle, Struktur und Kultur. Wie sind die Zusammenhänge der beteiligten Personen? Welche Bedeutung hat der Konflikt/das Problem vor dem Hintergrund der Familie? Auf dieser Ebene tendieren wir eher dazu, von der Person ‚wegzudenken'. Nicht der schwierige Jugendliche ist das Ziel der Arbeit, sondern die ‚Entdeckung' von sozialen Hintergründen, vor denen das Problem Sinn macht.

Im Rahmen von Diagnostik schauen wir nicht nur auf das einzelne Verhalten, sondern verstehen das Verhalten als Teil von Beziehungs- und Kommunikationsmustern, die mit bestimmten Einstellungen verbunden sind, z. B. „Alle Menschen sind nichts wert." Wir schauen über die gegenwärtigen Verhaltensweisen hinaus auf die unbewältigten Lebensereignisse, die das Kind in seiner Gegenwart immer noch belasten und prägen, und wir schauen auf die systemischen Bedingungen, die für das Kind von Bedeutung sind und sowohl Belastung als auch Ressource für die Entwicklung sein können.

Aufgrund dieses Hinschauens entwickeln PädagogInnen ein tieferes Verstehen von Tim und seinen Problemen. Es geht nicht mehr nur um einen Jungen, der gewalttätig explodiert, sondern auch z. B. um einen Jungen, der massive Angst hat, sich einzulassen. Er hat eine ‚frühe Entscheidung' getroffen, sich nicht einzulassen, um sich so davor zu schützen, den unaushaltbaren Schmerz des Verlassen-Werdens zu spüren. Dieses Skriptmuster ist so stark in ihm, dass jeder Moment, in dem er sich überhaupt authentisch zeigt, ein Erfolg ist.

2 S. Schmidchen hat in seinem Buch ‚Klientenzentrierte Spiel- und Familientherapie' eine Liste der behandelbaren Verhaltensweisen aufgeführt, die für diesen Bereich sehr anregend und effektiv ist (s. S. 17).

Die PädagogInnen haben auf diese Weise eine feinere und tiefere Weise, Tim zu verstehen, und können Ziele feinschrittiger definieren. Wenn Tim z. B. eine Woche geblieben ist, können sie ihm für diese Leistung ihren Respekt zeigen. Wenn er sich in der Freizeit auf Momente von unbeschwertem, authentischem Beisammensein mit der Gruppe erlaubt, können die PädagogInnen ihm das wertschätzend spiegeln.

Sinnvolle Diagnostik hilft PädagogInnen, Probleme so zu definieren/verstehen, dass wesentliche Lösungsschritte des Kindes sichtbar werden. Bei Tim geht es in absehbarer Zeit z. B. nicht darum, dass er seine Fluchten einstellt, sondern darum, dass er seine Anwesenheiten bewusster, selbstbestimmter und lebendiger wahrnimmt und ausbaut.

Diagnostik hilft auf diese Weise auch, aus den Geschichten und Narrativen von Menschen, die sich als versagend erleben, Narrative des Erfolges und der Entwicklung zu machen.

2.1.2 Qualitätsmerkmale der Diagnostik

Grundsätzlich gehen wir als TransaktionsanalytikerInnen davon aus, dass jeder Mensch O.K., lernfähig und selbstverantwortlich im Rahmen seiner Möglichkeiten ist. Diagnostik ist daher im psychosozialen Handeln nicht als ‚geheimes Herrschaftswissen' anzusehen oder sogar einzusetzen, sondern als Instrument, um zielorientiert Menschen in ihren Entwicklungsprozessen zu unterstützen.

Die Kritik an einer ‚Herrschafts'-Diagnostik formulierte Claude Steiner recht deutlich: „Jede psychiatrische Diagnose, wenn sie nicht eindeutig organischen Ursprungs ist, ist eine Entfremdung." (Steiner 1968) Ebenso, wie schon Alfred Adler es praktizierte, formulierte auch Berne: „Alles, was nicht wert ist, vor einem Patienten gesagt zu werden, ist überhaupt nicht der Rede wert" (Berne 1968a).

Diagnostik in der Transaktionsanalyse ist daher eine *„interaktive Diagnose"* (Hennig/Pelz 1977), d. h. der Klient wird in den Prozess der Diagnostik mit einbezogen. Sein Denken, seine Wahrnehmung und Empfindungen sind Teil der Diagnosefindung (siehe hierzu auch die Ausführungen über die Vertragsbildung). Es gehört zum diagnostischen Prozess dazu, sich z. B. mit der Jugendlichen über die Wahrnehmung und Einschätzung von ihr zu unterhalten, sie z. B. zu fragen, wie sie sich einschätze mit ihrer Fähigkeit, Frustration auszuhalten, oder wie weit sie denke, dass z. B. ihre Mutter sie brauche, um sich nicht verloren zu fühlen.

Diagnostik in der Transaktionsanalyse ist nicht nur dialogisch, sondern auch *prozessorientiert*, also ein fortlaufender Prozess. Es werden nicht einmal bestimmte Einstellungen/Probleme oder Strukturen festgestellt, die dann während der gesamten Behandlung die Basis sind, sondern der diagnostische Focus (Kommunikation, Kontext, intrapsychische Strukturen) kann verändert werden, ebenso wie auch unterschiedliche Ebenen, bzw. Niveaus des Problems sichtbar werden können (z. B. Antreiber, Einschärfungen, Engpassgrade). Die diagnostischen Aussagen zu den unterschiedlichen Ebenen müssen dabei durchaus nicht immer gleich oder konsistent sein, sondern sollten möglichst Übereinstimmungen, können aber auch bedeutsame Unterschiede haben. Hier sollte eine wesentliche Übereinstimmung vorhanden sein, eine bruchlose Diagnostik, die in den unterschiedlichen Bereichen einsetzbar ist, ist aber unwahrscheinlich.

2.1.3 Diagnostik und Handlungsplanung im Überblick

Ebenen und Ablauf: Aus diffusen Sichtweisen des Problems, wie z. B. „Das Kind ist immer schwierig. Man kommt nicht klar mit ihm."), werden bearbeitbare Probleme entwickelt in den *Bereichen Beziehung, Intrapsyche und externer Kontext.* Hierfür werden jeweils miteinander abgestimmte Ziele und Maßnehmen entwickelt. Die beteiligten Personen werden eingebunden in diese Maßnahmen,

- um andere Beziehungsmuster mit dem Kind zu entwickeln,
- um belastete Geschichte zu verstehen und mit dem Kind zu bewältigen
- und um die Eltern oder den bedeutsamen Kontext zu unterstützen, andere Bedingungen für das Kind zu entwickeln.

Diese werden nach einer abgesprochenen Zeit ausgewertet. Gegebenenfalls werden die Ziele und Maßnahmen angepasst und wieder durchgeführt. Im Erfolgsfall wird der Abschied angemessen gestaltet.

2.2 Kommunikation und Beziehungsgestaltung

2.2.1 Persönlichkeitsmodell: Ich-Zustände, Funktions- oder Verhaltensmodell und Transaktionen

Menschen handeln in unterschiedlichsten Weisen. Der gleiche Jugendliche, der eine schulische Belastung, z. B. eine schlechte Note, angemessen verarbeitet, indem er sich z. B. ärgert und sich vornimmt, besser zu arbeiten, rastet an anderer Stelle bei Kleinigkeiten aus und lädt ein, ihn zu behandeln wie ein rebellisches Kind. Eric Berne benannte diese unterschiedlichen Anteile unserer Person als ‚Ich-Zustände'.

Ich-Zustände sind zunächst mal einzelne Teile oder auch Aspekte unserer Persönlichkeit, die hier im Funktionsmodell zusammengeführt werden. Innerhalb dieser Ich-Zustände denken, handeln und fühlen wir stimmig/konsistent.

Eric Berne (Berne 2006/1961) unterschied dabei auf der Verhaltensebene zunächst drei Ich-Zustände, nämlich:

- das *Eltern-Ich:* der Teil/Ich-Zustand, aus dem heraus ich handle, wenn ich anderen oder mir selber gegenüber elternhafte Haltungen einnehme. Im Eltern-Ich ist alles Denken, Fühlen und Verhalten gespeichert, was ein Mensch von seinen Eltern oder anderen Bezugspersonen übernommen hat. (Abgekürzt im Text: EL)
- das *Erwachsenen-Ich:* der Ich-Zustand, aus dem heraus ich handle, wenn ich anderen oder mir selber gegenüber gegenwarts- und zielorientiert handle, denke und fühle. (Abgekürzt im Text: ER)
- das *Kind-Ich:* der Ich-Zustand, aus dem heraus ich handle, wenn ich Haltungen einnehme, die alte kindliche Strategien, Erfahrungen (Um geliebt zu sein, muss ich immer ...) und Themen widerspiegeln. (Abgekürzt im Text: K)

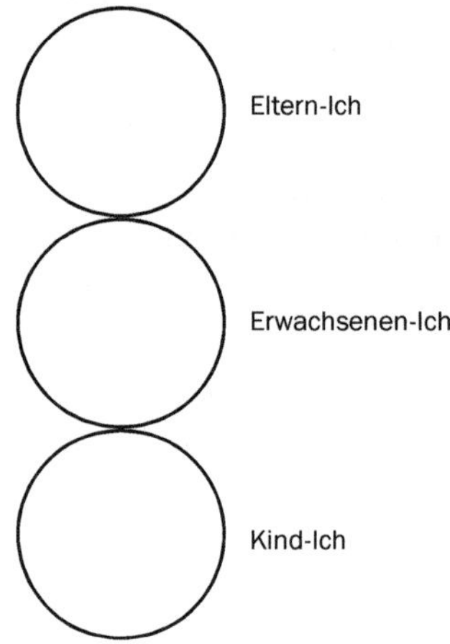

Abb. 2: Ich-Zustandsmodell

Definition der Ich-Zustände (PR)

- Ein Ich-Zustand ist Teil eines Gesamtsystems aus mindestens drei Ich-Zuständen. Er repräsentiert einen Teilaspekt unserer Persönlichkeit, der strukturell und funktional mit den anderen zusammenhängt.
- Ein Ich-Zustand ist ein zusammenhängendes internes und konsistentes System von Gefühlen und Gedanken, die sich in bestimmten Handlungsweisen und Körperreaktionen (anderen und mir selbst gegenüber) äußern.
- Jeder Mensch hat alle diese Aspekte/Teile von Persönlichkeit und jeder Ich-Zustand hat seinen positiven Sinn. Schwierig ist die Fixierung auf einen der Ich-Zustände.

Funktionsmodell der Ich-Zustände

Mit dem Funktionsmodell werden innere und äußere Haltungen von Menschen in Kommunikation und Beziehung beschrieben. Die Ebene des Verhaltens im Hier und Jetzt wird hiermit erfasst.

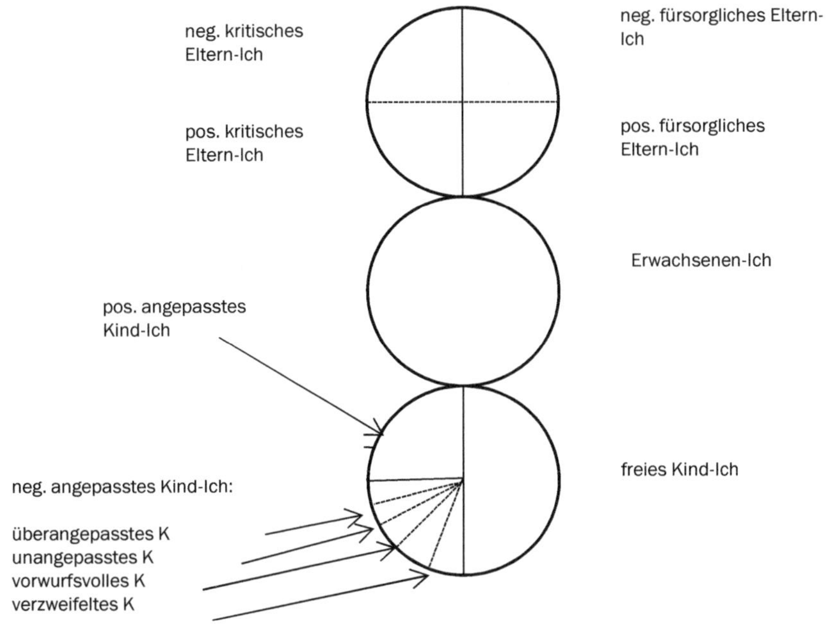

Abb. 3: Funktionsmodell Taibi Kahler (1978)

Handeln wir aus einer Haltung

- *des kritischen Eltern-Ich,* so setzen wir Grenzen, Normen, Werte, geben Orientierung in positiver oder negativer Weise;
- *des fürsorglichen Eltern-Ichs,* so ermutigen, schützen, nähren, versorgen wir und geben Halt in positiver oder negativer Weise;
- *des Erwachsenen-Ich,* so denken fühlen und handeln wir in Übereinstimmung mit unseren Möglichkeiten und Zielen;
- *des positiv angepassten Kind-Ichs,* so sind wir in der Lage, uns in bestimmten Situationen anzupassen, ohne uns innerlich aufzugeben;
- *des negativ angepassten Kind-Ichs,* so handeln wir überangepasst, unangepasst, vorwurfsvoll oder dramatisierend. Wir fordern andere auf, uns zu begrenzen und – letztlich – zurückzuweisen;
- *des freien Kind-Ichs,* so denken, fühlen und handeln wir in einer intuitiv, kindhaft gesteuerten Form mit Kontakt zu intensiven Gefühlen.

Transaktionen

Eine Transaktion ist definiert als kleinste vollständige Kommunikationseinheit, bestehend aus einem Stimulus (Worte, Gestik, Mimik) und der Reaktion darauf (Berne 1975, S. 367). Es gibt drei Grundmuster der Transaktionen:

1) Komplementäre/Parallele Transaktion
2) Gekreuzte Transaktion
3) Verdeckte Transaktion

Komplementäre/Parallele Transaktionen

1 „Ich weiß nicht welches mein Zimmer ist."
2 „In diesem Gang die zweite Tür links, die grüne"

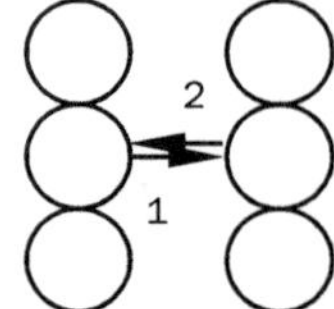

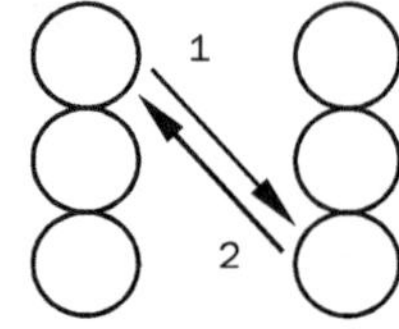

1 „Was hast Du denn diesmal verbockt?"
2 „Ach ich mach immer alles falsch"

Abb. 4: Parallele Transaktionen

> **1. Kommunikationsregel**
>
> Solange die Botschaften parallel verlaufen, kann sich die Kommunikation ungestört, unendlich lange fortsetzen.

Bedeutung für die pädagogische Praxis: Probleme, ebenso Lösungen, sind nicht irgendwie da, sondern sie werden kommuniziert. Mit dem Modell der komplementären Transaktionen können wir fragen: Wie sind die unterschiedlichen Personen an bestimmten Situationen beteiligt? Was ist ihr Anteil, nicht ihre Schuld? Es hilft, Handlungsmöglichkeiten zu finden.

Gekreuzte Transaktionen

Beispiel a	Beispiel b
1 „Wie viel Uhr haben wir?"	1 „Ich weiß gar nicht, was ich tun soll!?"
2 „Oje, das weiß ich auch nicht, ich habe mal wieder keine Uhr dabei!"	2 „Und was erwartest Du jetzt von mir?"

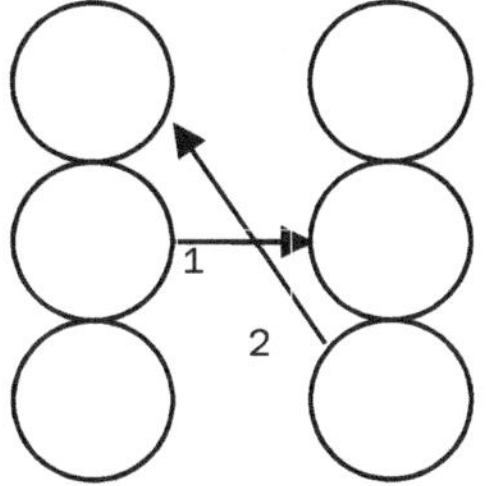

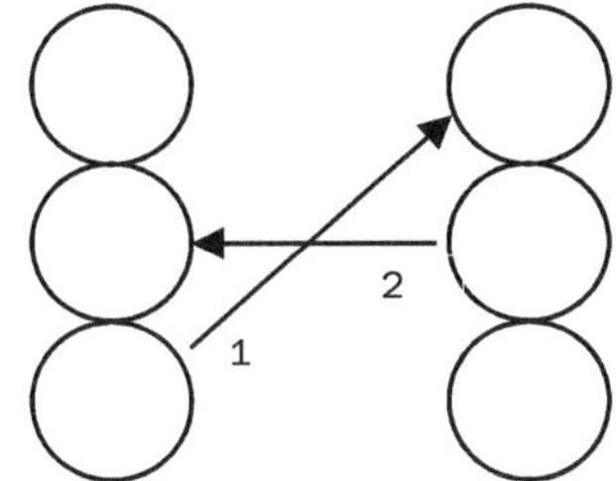

Abb. 5: Gekreuzte Transaktionen

Wenn wir das differenzierte Funktionsmodell nach Taibi Kahler (1978) nutzen, können wir auch die gekreuzte Transaktion in der Eltern-Ich-/Kind-Ich-Transaktion beobachten:

Beispiel c:

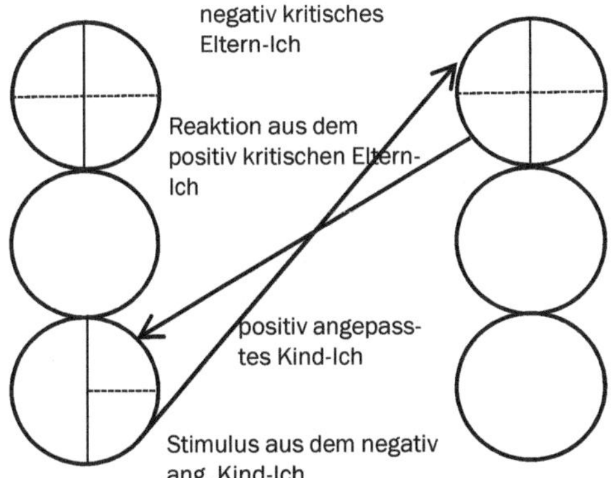

Jugendlicher: Mir ist so schlecht. Ich kann nicht zur Schule gehen. Was soll ich nur machen?

PädagogIn: Du kommst jetzt erst mal zum Frühstück und dann schauen wir, was Du brauchst, damit Du zur Schule gehst.

Abb. 6: Gekreuzte Transaktionen 2

2. Kommunikationsregel

Eine gekreuzte Transaktion führt zu einer Unterbrechung der Kommunikation und es beginnt etwas Neues.

Bedeutung für das pädagogische Handeln: Im Beispiel A reagiert eine der Jugendlichen, die im Erwachsenen-Ich angesprochen wird, aus dem Kind-Ich. Auf diese Weise spricht sie das Eltern-Ich an und versucht so, elterliche Unterstützung zu bekommen – ohne dies offen zu benennen. Das kann eine Einladung zu abhängigen, symbiotischen Verhaltensweisen sein.

Hier ist es sinnvoll, wie im Beispiel B mit einer gekreuzten Transaktion zu antworten und erneut das Erwachsenen-Ich anzusprechen. Andernfalls bekommt die Jugendliche Zuwendung für ein Kommunikationsmuster, das nicht lösungsorientiert ist und damit die Entwicklung zur Selbstständigkeit behindert.

Die Pädagogin sollte eine Wahrnehmung dafür entwickeln, dass auf diese Weise entweder ein Problemverhalten verstärkt oder aber Selbstständigkeit durch Ansprechen des Erwachsenen-Ichs gefördert werden kann. Sie lädt die Jugendliche so zu einer sich und andere wertschätzenden Beziehung ein und eröffnet dadurch auch ein anderes Weltbild.

Verdeckte Transaktionen

Hier laufen zwei komplementäre Transaktionen gleichzeitig, eine auf der sozialen (inhaltlichen) Ebene und eine ‚stumme' (Mimik, Gestik, Stimmklang, Körperhaltung) auf der psychologischen (Beziehungs-)Ebene, die nicht kongruent mit der inhaltlichen Ebene ist.

1: „In zwei Jahren werde ich hoffentlich super verdienen." (soziale Ebene)	2: „Wie willst Du das erreichen?" (soziale Ebene)
1a: „Kindlich zweifelnde Stimme und gebeugte Haltung." (psychologische Ebene)	2a: „Zurückweisende Bewegung mit dem Arm und kritische Stimme?!" (psychologische Ebene)

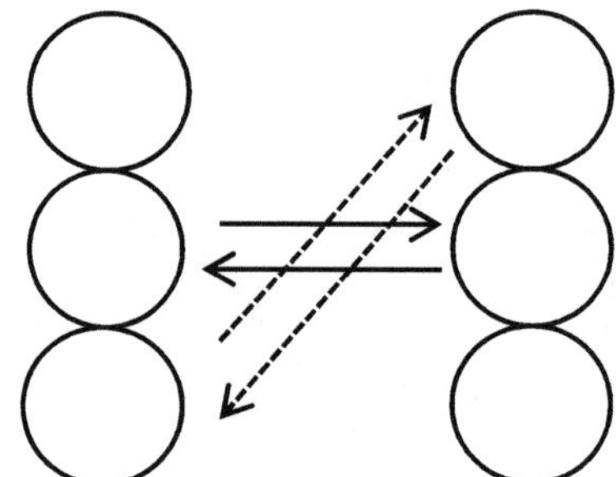

Abb. 7: Verdeckte Transaktionen

3. Kommunikationsregel

Der Ausgang des Gespräches wird durch die psychologische und nicht durch die soziale Ebene des Gespräches, bzw. durch die Beziehungsebene und nicht durch die Inhaltsebene, bestimmt.

Bedeutung für das pädagogische Handeln: Das Konzept der verdeckten Transaktion ermutigt und regt an, stärker auf den nonverbalen Teil der Kommunikation zu achten. Mit der gleichen inhaltlichen Aussage kann zu vielen Beziehungsmustern eingeladen werden. Bei diesem Kommunikationsmuster ist der Inhalt meist nur das Vehikel, über das die verborgenen Beziehungswünsche ausagiert werden.

Blockierende oder tangentiale Transaktionen

Eine gänzlich andere Form der Transaktionen sind die *blockierenden* und *tangentialen Transaktionen* (vgl. Schiff et al. 1975).

Im Gespräch mit einer Jugendlichen fragt die Pädagogin: „Was willst Du am Wochenende machen?“. Darauf die Jugendliche: „Das Wochenende ist ja total kurz!“.

Die Jugendliche berührt (tangiert) die Frage, weicht der direkten Antwort aber aus, um nicht direkt antworten zu müssen. Sie vermeidet so die Diskussion oder Auseinandersetzung mit der möglicherweise beängstigenden Frage, was sie denn möchte. Die blockierende Transaktion könnte lauten: „Spar Dir die Frage!“. Damit ist jedes weitere Gespräch erst mal blockiert.

Die Bedeutung für das pädagogische Handeln ergibt sich hier ebenso wie bei den verdeckten Transaktionen. Das Auftreten einer solchen tangentialen oder blockierenden Transaktion können wir auch als Hinweis für eine Fragestellung verstehen, die ein wichtiges Thema der Jugendlich berührt, sonst müsste sie nicht ausweichen. Dies wahrzunehmen und es behutsam zu spiegeln und zu konfrontieren, ist Aufgabe der Pädagogin.

2.2.2 Passivität als Strategie – aktive Formen, das eigene Unglück zu gestalten

Auf der Ebene des Verhaltens erleben wir Kinder und Jugendliche immer wieder so, dass bestimmte dramatische, verletzende, missachtende Situationen entstehen. Sie wiederholen Muster, mit denen sie ihr eigenes ‚Unglück‘ wieder und wieder erschaffen. Diese Strategien wurden von Schiff et al. (1975) als Passivität bezeichnet. Passives Verhalten meint ein Verhalten, das nicht der Lösung anstehender Probleme dient, also nicht zielorientiert ist, sondern das gesetzte Ziel vermeidet und der Aufrechterhaltung einer dysfunktionalen Symbiose dient. Hierbei wird unterschieden zwischen den internen und externen *Mechanismen der Passivität:*

Interne Mechanismen

1. Abwertung

Wenn wir Wirklichkeit oder Teile von ihr abwerten, dann blenden wir bestimmte Aspekte der Wirklichkeit aus.

Abwertung im Schiff'schen Sinne bedeutet, dass Anteile von uns selbst, von anderen und der Situation missachtet werden. Aspekte, die nicht zu unserer ‚Problemsicht‘ passen, ignorieren wir in unterschiedlichen Formen. Wenn ein

Kind z. B. denkt, dass es ganz hilflos ist und niemand ihm helfen kann, dann blendet es meist seine eigenen Fähigkeiten oder auch die Unterstützungsbereitschaft von anderen Menschen aus und interpretiert die Situation als aussichtslos.

Es gibt *vier mögliche Ebenen der Abwertung* (am Beispiel des Themas ‚Problem'):

- *die Existenz des Problems* – das Kind vermeidet es z. B., seine Angst zu spüren, alleine in die Schule zu gehen.
- *die Bedeutung des Problems* – das Kind spürt zwar seine Angst, wertet aber die Massivität seiner Angst und seine Erfahrung, dass es schon mehrmals wegen seiner Angst aus der Schule weggelaufen ist, ab.
- *die Lösbarkeit des Problems* – das Kind spürt zwar die Angst und seine Bedeutung, aber es sieht keine Chancen zur Lösung. ‚Angst ist da, da kann man nichts machen!'
- *die eigenen Fähigkeiten und Möglichkeiten, das Problem zu lösen* – das Kind spürt die Angst und seine Bedeutung, weiß, dass es grundsätzlich Lösungsmöglichkeiten gibt, aber ist überzeugt, dass es diese Möglichkeiten für es selbst nicht gibt.

Bei der Bewältigung von Problemen ist es notwendig, diese Ebenen zu beachten. Ein Kind, das sein Problem nicht sieht (Existenz), wird noch keine Notwendigkeit erleben und dadurch keine Bereitschaft haben, das Problem zu lösen. In diesem Sinn ist die Abwertungshierarchie auch eine diagnostische Hilfe und damit ein Lösungsansatz.

2. Die Grandiosität

Die Grandiosität übertreibt oder untertreibt Merkmale von Personen oder Situationen. Grandiosität kompensiert Gefühle und Gedanken von Unzulänglichkeit (Angst) und verhindert das Setzen von erreichbaren Zielen. Die Person konstruiert sich die Wirklichkeit so, dass sie niemals tatsächlich Erfolg haben kann. Im grandiosen Denken übernimmt die Person in bestimmten Situationen keine Verantwortung für ihre Entscheidungen und für ihr Handeln, sondern erklärt, dass diese Situation oder andere für ihr Handeln/ihr Verhalten verantwortlich sind.

Beispiel: Jugendlicher: „Ich bin super in Sport, ich kann alle schlagen – ich bin doch kein Weichei!" Auf diese Weise schafft der Jugendliche sich einen Druck, aus dem er die Leistung, die er dann schafft, auch nicht wertschätzt. Er wehrt zwar seine Angst ab, aber organisiert sich die Bestätigung eben dieser Angst durch Maximierung oder Minimierung seiner Ansprüche.

3. Denkstörungen

a) *Überdetaillieren:* Überdetaillieren bedeutet, dass man sich selbst und andere mit zu vielen Details überflutet, überdifferenziert und auf diese Weise Verwirrung bei sich und anderen stiftet, die unterschiedliche Funktionen haben kann, wie z. B. Ablehnung oder Retter auf den Plan zu rufen. Auch dadurch wird der Bezugsrahmen aufrechterhalten.
b) *Übergeneralisierung* bedeutet, dass das Problem übertrieben groß definiert wird. *Beispiel:* Aus der Frage, wer zuständig ist, die Küche sauber zu machen, wird die Frage, ob die Gruppe überhaupt in der Lage ist, ordentlich zu leben. Aus einer durchschnittlichen, lösbaren Frage wird eine existenzielle Bedrohung gemacht.
c) *Verwechslung von Phantasie und Realität* besteht, wenn Jugendliche Phantasiegeschichten erzählen und glauben, es sei Realität.

Diese internen Mechanismen bedeuten ein *Umdeuten (Redefinieren) der Stimuli*, die von außen kommen. Die externe Wirklichkeit wird so der subjektiven Wirklichkeit angepasst. Sie sind an den externen Mechanismen beobachtbar.

Externe Mechanismen

Passives Verhalten

a) *Nichtstun:* Das zeigt sich oft auch in konkretem Nichtstun. Die Person wirkt blockiert, wie erstarrt und lethargisch, sie wirkt hilflos und fordert auf diese Weise andere auf, für sie zu sorgen oder zu handeln.
   Beispiel: Das 12-jährige Mädchen, das weiß, dass es am nächsten Tag eine Klassenarbeit zu schreiben hat, bereitet sich nicht vor, ‚vergisst' die Arbeit und vermeidet unbewusst den Kontakt mit der Pädagogin, die sie möglicherweise erinnern könnte.
b) *Überanpassung:* Die Person richtet sich bei überangepasstem Verhalten nicht nach den eigenen Zielen und Bedürfnissen, sondern nach den phantasierten/vermuteten Zielen und Erwartungen der anderen. Dies führt meist dazu, dass die Person mit überangepassten Verhaltensweisen keinen eigenen Beitrag zur Situation gibt und so anders handelt, als es der Situation entspricht.
   Beispiel: Die 12-Jährige bereitet sich auch hier nicht vor, sondern räumt ihr Zimmer und ihre Schulsachen so auf, wie sie vermutet, dass die Pädagogin das haben will. Sie richtet sich nach den vermuteten Erwartungen der Pädagogin und nicht nach ihren Lernbedürfnissen.
c) *Agitiertes Verhalten:* Hiermit ist ein Verhalten gemeint, das aktiv wirkt und letztlich ziellos ist. Das Handeln dient eher einer Spannungsabfuhr als dem

Erreichen von Zielen – und baut doch gerade so Spannung weiter auf. Daher führt agitiertes Verhalten eher zu einer Eskalation als zur Entspannung. *Beispiel:* Das Mädchen fängt viele unterschiedliche Aktivitäten an, indem es sich mit anderen Mädchen verabredet, ihr Zimmer aufräumen und zugleich ihre Kleidungssachen alle noch mal anschauen will.

d) *Außer Gefecht setzen oder Gewalt:* Diese ‚passive Strategie' kann sich z. B. ausdrücken in Selbstverletzung, Erbrechen, (sofern keine körperlichen Ursachen vorliegen), Selbstmord oder Gewalt an anderen. Beispiele für Gewalt nach außen sind Verletzungen von anderen, Mord und Gewalt gegen Dinge und Vandalismus. Das erwachsene Denken und Fühlen, das Erwachsenen-Ich, ist in diesen Situationen nicht verfügbar. Die Person erlebt sich manchmal wie fremdbestimmt („Es kam halt so über mich".) und die Situation wird dadurch nicht gelöst.
Beispiel: Das Mädchen trifft sich mit anderen, älteren Jugendlichen, verhält sich provozierend und sexualisiert und riskiert auf diese Weise, verletzt oder missbräuchlich behandelt zu werden.

Umgang mit passivem Verhalten

Alle diese Verhaltensweisen finden nicht bewusst statt. Es macht also keinen Sinn, jemandem vorzuwerfen, er oder sie würden sich ‚passiv' verhalten. Menschen handeln in dieser Weise, weil es vertraute, bewährte Muster sind, die in früherer Zeit als Lösung entwickelt wurden – und die sich im Verlauf der Zeit eingeschliffen und bewährt haben. Sie werden unter Stress und Angst quasi automatisch ‚ausgelöst'.

Allerdings ist es sehr wohl möglich, diese Verhaltensweisen wahrzunehmen, sie als unangemessen zu erkennen und sie zu verändern. Wie leicht oder aufwendig dieses Erkennen und Verändern gelingt, hängt davon ab, wie schwer und bedeutsam die zugrunde liegenden Ursprungserfahrungen und Prägungen sind.

2.2.3 Umgang mit Gefühlen/Emotionale Kompetenz

Gefühle beeinflussen neben dem Denken wesentlich unser Leben. Daher ist der gute und angemessene Umgang mit den vielen, tiefen und unterschiedlichen Gefühlen der Kinder und Jugendlichen, ebenso wie mit den eigenen Gefühlen, einer der Königinnenwege im Leben und damit auch in der Pädagogik. Der kompetente Umgang mit Gefühlen hilft, die Welt, sich selbst und andere tiefer zu verstehen und sich in Beziehung zu anderen zu öffnen. Das Kind bzw. der Jugendliche hat meist gelernt, dass es sich mit seinen Gefühlen nicht geschützt und erleichternd zeigen kann. Es hat oft gelernt, dass es keinen Trost, kein

Verstehen, keinen Halt und kein gutes Mitempfinden gibt, sondern stattdessen Zurückweisung, Beschämung, Verletzung in unterschiedlichen und intensiven Formen. Diese Verletzungen sind oft so nachhaltig, dass das Kind seine Gefühle noch nicht einmal spürt und auch wenn es sie spürt und benennen kann, nicht klar zeigt.

Der Umgang mit diesen Gefühlen und ihre Bewältigung/Erlösung gehört notwendig zu gelingender Entwicklung und Reifung dazu. Zwei Aspekte sind hierbei für PädagogInnen von besonderer Bedeutung:

- Wir sind mitfühlende Wesen, ob wir das wollen oder nicht. Insbesondere der Ausdruck von Gefühlen anderer bringt uns auch in Kontakt mit eigenen Gefühlen und fordert uns mit unserer Fähigkeit, mit Gefühlen umzugehen. Wenn wir Angst oder Widerstände gegen eigene Angst, Trauer, Liebe usw. haben, werden wir dem Kind nicht helfen können, das eigene Gefühl zu leben, zu bewältigen und zu integrieren. Die eigene emotionale Kompetenz ist notwendige Voraussetzung, um mit Kindern und Jugendlichen wesentliche Entwicklungsprozesse begleiten und unterstützen zu können. Die Frage, die wir zu Beginn jeder Supervision stellen: „Wie geht es Ihnen in Ihrer Arbeit im Moment?“, fordert die Kompetenz der Pädagogin, sich spüren, verstehen und verbalisieren zu können – und diese Kompetenz gilt es zu entwickeln und zu pflegen.
- Das Fühlen und Äußern von Gefühlen ist nicht pädagogisch oder therapeutisch wegen der Tiefe oder Intensität von Gefühlen. Der Ausdruck von Gefühlen muss nicht in den therapeutischen Rahmen verlegt werden, weil diese Gefühle besonders intensiv sind oder weil es sich um frühe, auch regressive Gefühle handelt. Auch die intensive frühe Trauer um den Verlust der früh gestorbenen Mutter oder die tiefe Angst vor der eigenen Verlorenheit angesichts der suchtkranken/psychisch kranken Eltern gehören auch und gerade in den pädagogischen Raum. Das Kind spürt und erlebt diese Gefühle im Hier und Jetzt in der pädagogischen Situation, also im täglichen Leben, in dem es notwendig ist, mit diesen Gefühlen umzugehen.

Beispielsweise erinnert ein Kind, das sich mit der Gruppe zum Abendbrot setzen soll, die Situationen der Gewalt zwischen seinen Eltern, die es als Kleinkind erlebt hat. Die daraus folgende Angst und vielleicht auch Trauer und Wut gehören in den pädagogischen Raum, damit das Kind erlebt, dass es sich mit seinem emotionalen Erleben wieder zeigen kann und Unterstützung und Halt erfährt. Wie diese Äußerung von Gefühlen angemessen und erfolgreich unterstützt werden kann, wird im Praxiskapitel dargestellt.

Allgemeine und neurobiologische Aspekte

Gefühle sind im weitesten Sinne *psycho-physiologische Reaktionen* auf die Befriedigung oder Nicht-Befriedigung unserer Bedürfnisse. Gefühle sind seelische körperliche Reaktionen auf Ereignisse, dem Verhalten anderer auch in Bezug auf den Umgang mit den Grundbedürfnissen. Nach Schneider (1995) ist das Äußern von Gefühlen in sich selbst ein Grundbedürfnis. Wird dieses Grundbedürfnis nicht befriedigt, so kommt es – wie bei mangelnder Befriedigung aller Grundbedürfnisse – zu Gereiztheit, fehlender Lebendigkeit, Niedergeschlagenheit und Lustlosigkeit, ja sogar zu psychosomatischen Erkrankungen.

Gefühle und Gedanken sind vernetzt. Der Satz ‚Jetzt geht's nicht ums Fühlen, sondern ums Denken!' ist so gesehen einfach falsch und nicht hilfreich. Denken, Fühlen und entsprechende Handlungsmöglichkeiten sind ein Miteinander, das stets aufeinander bezogen ist. Ob in bestimmten Situationen das Denken oder das Fühlen unser Handeln bestimmt, ist immer wieder in der pädagogischen Arbeit eine wichtige Entscheidung. Wenn wie im Beispiel oben ein Kind den täglichen Ablauf dadurch stört, dass es mit früheren Gefühlen in Kontakt kommt, könnte die Mitarbeiterin darüber ärgerlich sein und mit dem Kind schimpfen. Mit ihrem Wissen über das Kind kann sie darüber nachdenken und Verständnis für das Kind zeigen, das dadurch eine wichtige Erfahrung machen kann. Insofern setzen wir uns nicht mit Gefühlen allein hier und in unserer Praxis auseinander, sondern mit ‚Denkfühlhandeln' oder ‚Fühldenkhandeln'.

> „Soziale Erfahrungen, also Erfahrungen im Zusammenleben mit anderen werden deshalb so tief im Hirn verankert, weil sie mit einer Aktivierung emotionaler Zentren in besonders früh angelegten, entwicklungsgeschichtlich älteren Hirnregionen einhergehen. Gefühle sind kein überflüssiges Relikt aus unserer Stammesgeschichte, sondern entscheidende Trigger für alle Lernprozesse und in der Beziehungsgestaltung. Ohne Aktivierung der emotionalen Zentren ist das Gedächtnis wenig aktiv, es bleibt ‚nichts im Hirn haften' und wenn Gefühle im Spiel sind, bleibt allzu leicht auch das haften, was lieber schnell wieder vergessen werden sollte, weil z. B. eine Angstbahnung die weitere Nutzung des Gehirns in später oftmals fataler Weise behindert" (Hüther 2003).

Wenn wir also Gefühle betrachten als integralen Teil eines Geflechtes, in dem Denken, Fühlen, Körper und Handeln eine Einheit bilden, dann ist es wichtig, dass alle diese Dimensionen in nachhaltigen Veränderungsprozessen beteiligt sind – und dass diese Veränderung Zeit und adäquate Beziehung braucht.

Aufgaben von authentischen Gefühlen

Ärger – Aufgabe: Schutz und Einsatz für sich oder andere

Eine Person will etwas Bestimmtes und wird durch andere oder durch Umstände an ihrem Vorhaben gehindert. Wenn ein Kind z. B. von einem anderen geschubst wird, so ist eine angemessene Reaktion darauf, sich zu ärgern. Die Funktion des Ärgers besteht darin, sich zu wehren und den Ärger dem Gegenüber auszudrücken und deutlich zu machen, dass er das nicht will! Ärger - so verstanden - ist damit auch das Gefühl der Hoffnung, ein Einstehen für sich selbst und ein Ringen um Entwicklung. Solange ich mich noch über einen anderen ärgere, habe ich noch Erwartungen an ihn oder sie - so ist Ärger auch mit Beachtung verbunden. Solange ich mich darüber ärgere, dass jemand über meine Grenze tritt, nehme ich mich selbst wahr und habe, wenn ich mich wehre, das Zutrauen, etwas bewirken zu können. Je *autonomer* eine Person ist, desto differenzierter kann sie mit dem notwendigen Ausdruck ihres Ärgers umgehen. Stärkere Formen des Ärgers sind Wut, Zorn und Hass.

Die Intensität dieser Gefühle ist unterschiedlich, alle haben aber die gleiche Funktion, nämlich den Schutz und die Hoffnung, etwas bewirken zu können. Der Auslöser betrifft die Person durch Verletzung der persönlichen Grenze, Abwertung, Kränkung und Ignorieren von Bedürfnissen. Der konstruktive Ausdruck dieser Gefühle dient der Selbstbehauptung und dem Einsatz für andere.

Trauer – Aufgabe: Loslassen und ankommen

Beispiel: Wird bei einem Kind der Elternbesuch häufiger und konstant abgesagt, so kann es sein, dass das Kind die Hoffnung darauf aufgibt. Dieser Schritt - der Verlust der Vorfreude, der Hoffnung auf den Elternbesuch - ist der Auslöser für Trauer. Trauer ist das Gefühl, das dem Kind hilft, loszulassen und sich auf die reale Situation einzustellen. Die Trauer, die Reaktion auf Verlust hilft, die Wirklichkeit so anzuerkennen, wie sie ist, Abschied von dem Wunsch zu nehmen - und nicht in der Vergangenheit und damit an vergeblichen Hoffnungen hängenzubleiben. Nur wenn ich getrauert und losgelassen habe, bin ich offen für neue Dinge. Ich habe dann sozusagen die Hände frei.

Ungelebte Trauer führt zur „Lethargie" oder anderen Vermeidungsreaktionen. Je nach Persönlichkeit und Umständen werden diese Ersatzreaktionen mittelfristig, häufig erst nach längerer Zeit verdrängt und bleiben im Hintergrund wirksam.

Ein *stimmiger Ausdruck von authentischer Trauer* kann sehr unterschiedlich sein. Man kann die Trauer einfach nur aussprechen oder es kann zu einem tiefen Weinen kommen, in kurzen Momenten oder bis zu längeren Phasen. Wichtig sind die innere Erlaubnis und die sinnvolle Überlegung, bei welchen

Menschen man wie viel bereit ist, von seiner Trauer zeigen. Wir können unsere *Trauer leichter annehmen,* wenn wir im Kontakt sind und Trost bekommen. Für die Kinder und Jugendlichen kann es eine wertvolle und mächtige Erfahrung sein, in der Trauer gesehen, nicht beschämt zu werden, sondern Trost zu bekommen. Sie können in der zugelassenen Trauer spüren, wie wichtig ihnen ihr Wunsch ist, die Eltern zu sehen – und erleben sich dennoch nicht verloren, wenn sie anerkennen, dass diese momentan nicht (verlässlich) da sind. Zudem können sie in der Phase des Abschieds wertvolle Intimität erleben, wenn sie dazu stehen, dass sie traurig sind.

Schmerz – Aufgabe: heil werden, ganz werden

Schmerz ist das Empfinden, mit dem wir ausdrücken, dass wir in einem Teil unserer selbst verletzt oder beeinträchtigt sind. Das Kind, das z. B. die Hoffnung auf verlässliche Eltern aufgeben muss, ist in der Verarbeitung dieses Erlebens nicht nur wütend und traurig, sondern auch in seinem Selbst verletzt. Es erlebt diesen Verlust als schmerzvoll und als eine Verletzung und Missachtung seiner körperlichen und seelischen Unversehrtheit, Ganzheit oder Identität.

Die Funktion des Schmerzes besteht darin, diesen Schmerz deutlich zu machen und wenn möglich im weiteren Leben im weitesten Sinne *eine Form von Wiedergutmachung* zu erleben. Die notwendige Wiedergutmachung geschieht häufig durch das ausdrückliche Sehen und Anerkennen der Person. Es ist wichtig, das Kind/den Jugendlichen wertschätzend zu spiegeln. Auch den Schmerz können wir anderen nicht abnehmen – aber ihnen helfen, ihn zu bewältigen, indem wir ihn sehen, eine Zeit lang mittragen – im Sinne eines Containings.

Damit Verletzung und der dazu gehörige Schmerz jedoch von anderen gesehen werden können, ist es notwendig, sie zu zeigen. Auch hier ist es, wie bei der Trauer, wichtig, zu entscheiden, wer bereit ist, der Person hilfreich zur Seite zu stehen. Nur auf diese Weise kann das Zeigen von Schmerz zum heilsamen Prozess beitragen.

Angst – Aufgabe: Schutz

Beispiel: Aus Angst vor der Zurückweisung durch die Eltern zieht das Kind sich innerlich zurück, wird rebellisch und erlebt sich, als hätte es gar keine Lust mehr auf die Eltern. Die Angst vor der Zurückweisung hilft dem Kind, die Schmerzen, die es erlebt, wenn es hofft und dann zurückgewiesen wird, zu vermeiden. Diese Form der Vermeidung ist für die Situation schmerzmindernd, aber keine Lösung des Themas. Dennoch ist es sinnvoll, die Funktion der Angst zu sehen und zu würdigen: Angst weist auf Gefahr hin, die in der heutigen Situation nicht gegeben ist, gibt der früheren Gefahr Bedeutung und hilft, die Gefahr zu vermeiden.

Um bei aktueller Bedrohung oder Bedrohung aus der Geschichte Angst zu bewältigen, brauchen Menschen Kontakt. Das Kind, das Angst hat, dass es allein gelassen oder bedroht wird, braucht eine Person, die ihm Kontakt, Halt und Resonanz gibt. Es hilft nicht, dem Kind zu sagen, dass es keine Angst haben muss, denn es hat schon Angst. Das Kind, ebenso wie Erwachsene, benötigen als Unterstützung

- Personen, die nachfragen und ihnen zuhören („Erzähl mal, was Dir Angst macht."),
- die verständnisvoll sind („Wenn Du glaubst, dass ein Drache unter Deinem Bett liegt, verstehe ich, dass Du Angst hast!"), und
- Schutz und Erklärung zur Bewältigung („Bei uns liegen keine Drachen unter dem Bett, ich bin ganz sicher!")

Scham – Aufgabe: Schutz der Würde

Scham ist ein soziales Gefühl, das schon früh in der Kindheit entwickelt wird. Es besteht ein Zwiespalt zwischen Zeigelust und Scham (vgl. Freud 1995). Scham wird auch als Gefühl der Wertlosigkeit oder des Ungeliebt-Seins beschrieben (vgl. Erskine 1995), sie macht auch deutlich, wie wichtig es Menschen ist, mit anderen verbunden zu sein.

„Scham ist ein sehr peinigendes Gefühl, das eng mit Körperreaktionen verbunden ist, z. B. Erröten. Wer sich schämt, der ‚igelt' sich ein, möchte im Erdboden versinken. ... Sie trennt die Menschen (jedenfalls solange sie unbewusst ist)" (Marks 2016). Auf diese Weise ist Scham auch ein Gefühl, das uns hilft, unsere Würde zu schützen (vgl. Marks 2015).

Freude – Aufgabe: Gemeinschaft und Intimität zulassen

Freude ist die Emotion, die auf angenehmen Situationen oder Erinnerungen beruht, sie wird mit Lachen, Schmunzeln oder ‚stillem Vergnügen' ausgedrückt. Dieses Lachen aus Freude heraus ist ‚ansteckend' und stiftet Verbundenheit. Sie fördert Gemeinschaft und öffnet den Raum der Beziehungen für Nähe, Intimität und auch Liebe. Freude löst angenehme, warme Körpergefühle aus. Sie ist auf diese Weise ein Gefühl, das wirkungsvoll und nachhaltig zu heilsamen Veränderungen einlädt – und das zugleich häufig Angst auslöst. Das Zulassen von Nähe (als einer Folge von Freude) führt oft zu starker Angst, weil Nähe früher zu Verletzungen geführt hat – und zugleich gibt es eine Sehnsucht nach eben dieser Nähe. Die Angst vor dem bisher nicht Gelebten und doch Gewünschten ist häufig beobachtbar. Es ist nötig, diese zum Thema zu machen und Schutz und Erklärung zu geben.

Aufgabe von PädagogInnen kann es sein, Erfahrungen der Freude und Nähe zu stimulieren – und diese Empfindungen dann auch angemessen zu verbalisieren – z.B.: „Ich habe den Eindruck, das freut Dich sehr, dass wir jetzt hier sind – und ich freu mich, dass Du das so offen zeigst!".

Lachen ist ein wichtiges Thema, denn nicht jedes Lachen ist ein lustiges Lachen. Menschen lachen immer wieder auch dann, wenn ihnen etwas unangenehm ist oder sie über etwas hinweggehen wollen, z. B. über Ärger oder Trauer. Ein wichtiges Unterscheidungsmerkmal zum freudvollen Lachen ist, dass wir uns nicht eingeladen fühlen, mitzulachen, und es auch ein unangenehmes Körpergefühl auslöst.

Unterschiedsmerkmale von Gefühlen

Im Umgang mit Gefühlen ist es hilfreich und notwendig, zu wissen, dass Gefühl nicht gleich Gefühl ist – und daher auch nicht jedes Gefühl in der gleichen Weise zu bewältigen ist. Folgende Unterscheidungen von Gefühls-‚Arten' haben sich in der Praxis als sinnvoll erwiesen:

Aktuelle vs. ‚alte' Gefühle

Menschen, die sich mit einer aktuellen Frustration oder Belastung auseinandersetzen, spüren dabei möglicherweise z. B. Trauer, Ärger oder Angst, die dem Anlass angemessen ist. Es handelt sich dann um ein *aktuelles authentisches Gefühl.* Manchmal aber stößt die gegenwärtige Situation auch ein Spüren von Gefühlen aus der Vergangenheit an – die Frau spürt beim zehnten Zuspätkommen ihres Mannes nicht nur den Ärger über die aktuelle Situation, sondern auch den Ärger, den sie zehn Mal herunter geschluckt hat – und explodiert jetzt, über die chronische Missachtung, die sie darin erlebt.

Das Kind, das in der Gruppe einen Konflikt mit einem anderen Kind hat, spürt dabei möglicherweise die Angst vor der Gewalt, die es vor Jahren in seiner Familie erlebt hat.

Beide, die Frau und das Kind spüren zwar *authentische,* aber *‚alte' Gefühle.* Gefühle, die sie in ihrer Vergangenheit erlebt haben, die noch nicht bewältigt sind. Beide brauchen einerseits die Resonanz, im Sinne einer wertschätzenden Spiegelung, zugleich aber auch die Klärung, dass die Intensität ihrer Gefühle mit anderen Situationen zu tun hat, z. B. mit Verständnis und Information: „Ich versteh, dass Dir der Konflikt so viel Angst macht, denn früher hast Du furchtbar viel Angst erleben müssen, wenn Streit war."

Authentische vs. Racket-/Maschen-Gefühle

Racket- oder auch Ersatzgefühle (vgl. English 1971/1972) sind gelernte Gefühle, weil die authentischen Reaktionen nicht möglich schienen oder gefährlich waren. Das Kind, das keine Beachtung bekommt, wenn es traurig ist, lernt dann möglicherweise in seiner Familie, dass Ärger eher ein Gefühl ist, mit dem es in der Familie gesehen wird. Ein Gefühl, das in der Familie in der Beziehung als bedrohlich angesehen wird, wird dann ersetzt durch ein anderes. Dieses andere Gefühl – das Ersatzgefühl – hilft, den Kontakt zu gestalten, Zuwendung zu ‚organisieren' und in Beziehung zu bleiben, ohne das eigene, authentische Erleben einbringen zu können. Mit diesem Racket-Gefühl sind dann auch ein entsprechendes Denken und Handeln und entsprechende Rollen verbunden. Racket-Gefühle können wir im Erleben nicht von authentischen Gefühlen unterscheiden. Wir können lernen, sie uns bewusst zu machen.

Ein Problem bei Racket-Gefühlen ist, dass sie die Person in bestimmten Mustern fixieren. Auf diese Weise werden immer wieder unbewusst Situationen hergestellt, die ähnlich den früheren ablaufen und von den bekannten Gefühlen begleitet werden. Das Kind, das gelernt hat, wütend anstatt traurig zu sein, wird immer wieder wie in einem Zwang, Konflikte beginnen, um so eine darunter liegende Trauer zu vermeiden.

Während authentische Gefühle lösend sind und danach wieder etwas Neues anfangen kann, sind Racket-Gefühle eher gleichbleibend und chronifizierend. Sie führen z. B. zu Dauerärger, Dauertrauer oder Dauerangst, aber helfen nicht bei der Bewältigung von Aufgaben im aktuellen Leben und werden daher leider in der Hoffnung auf Lösung immer wieder wiederholt.

Ein anderer Aspekt ist, dass Racket-Gefühle nicht mitempfunden werden können, da sie nicht zum Hier und Jetzt gehören (vgl. Goulding 1981). Da sie ‚verschobene' Reaktionen auf die Wirklichkeit sind, lösen sie bei der Pädagogin auch keine mitempfindenden Gefühle aus, wie das bei authentischen Gefühlen der Fall ist. Die Wahrnehmung des Nicht-Mitempfindens ist eine wichtige Information für die Pädagogin, weil sie dann die Angemessenheit des Gefühls noch einmal stärker reflektieren kann.

Auch bei Racket-Gefühlen ist es meist sinnvoll, sie verständnisvoll zu verbalisieren, um die Person mit ihrem Eigenerleben zu wertschätzen. Allerdings ist es wichtig, diese Gefühle nicht zu verstärken, sondern z. B. zu fragen, ob da auch noch andere Gefühle seien, und dem Kind in passender Weise zu erklären, welches Gefühl zur Situation passender sein könnte.

Judith, 13 Jahre, kam schimpfend aus der Schule: Sie sei geärgert worden, von einem Mädchen in ihrer Klasse, das sei in letzter Zeit öfter passiert. Die Diensthabende Pädagogin rief in der Schule an, dort sagte ihr die Klassenleitung, dass die Streitereien in der Klasse überschaubar seien und Judith relativ wenig involviert sei in den Konflikten der anderen.

Ein paar Tage später kam Judith weinend aus der Schule, diesmal hielt sie ihren Arm, sie sei geschupst worden, der Arm täte weh. Ja, sie sei zu einer Lehrerin gegangen, jedoch habe diese sich nicht gekümmert.

Die PädagogInnen der Wohngruppe reagierten aufgebracht: warum das Mädchen in der Schule nicht geschützt würde und warum denn die Schule das Ganze bagatellisieren würde usw. In der Teamsitzung schauten sich die PädagogInnen die Situation von Judith genauer an:

- Judith lebte seit 6 Monaten in der Wohngruppe, davor hatte sie seit ihrem 2. Lebensjahr in einer Erziehungsstelle gelebt. Die Erziehungsstelleneltern beendeten aber die Zusammenarbeit mit Judith. Sie distanzierten sich von ihr und es gab selten Kontakt. Judith hatte keinen Kontakt zur Herkunftsfamilie, sie kannte weder ihre Eltern noch ihre Geschwister. Die beiden Erziehungsstellenmütter waren ihre „Eltern", die anderen Kinder in der Erziehungsstelle ihre Geschwister. Judith fragte fast jeden Abend nach dem WG-Telefon und nutzte auch ihr Handy, um eine Nachricht an ihre ‚Eltern' zu schreiben, eine Antwort erhielt sie selten.
- Judith sprach über ihre ‚Familie' immer positiv, sie schien nie ärgerlich oder traurig. Wurde sie gefragt, wie sie es fände, dass die Eltern sich so selten melden, dann entschuldigte sie deren Verhalten. (Mama arbeitet viel, Mama muss ja auch die Kleinen ins Bett bringen, usw.)

In der Teamsitzung wurde klar, dass Judith ihre Trauer und ihren Ärger noch nicht anders ausdrücken konnte als über „den Umweg" des Konfliktes mit z. B. C. Sie schien noch keine Worte dafür zu haben, was ihr widerfahren war. Sie erlaubte sich noch nicht, das Verhalten der Erziehungsstelleneltern kritisch zu hinterfragen – vermutlich aus Angst, dann ganz allein zu sein.

Eigene vs. fremde bzw. übernommene Gefühle

Manchmal identifizieren sich Kinder mit dem Erleben ihrer Eltern oder anderer wichtiger Bezugspersonen. Sie spüren dann möglicherweise ein Gefühl in sich (Trauer, o. a.), das zwar authentisch ist (es ermöglicht Mitempfinden), aber nicht eigenes Empfinden ist. Wenn eine Mutter z. B. ein Kind verloren und diese Trauer nicht bewältigt hat, so bleibt sie konstant in dieser Trauer. Das anschließend geborene Kind wächst auf mit der um ein anderes Kind trauernden Mutter und findet keinen liebenden Kontakt zu dieser Mutter, der auch so beantwortet wird. Weder wird seine Liebe genommen, noch empfängt es die Liebe der Mutter (ausreichend). Eine Lösung kann in dieser Situation sein, dass das Kind sich mit der Mutter und dieser Trauer identifiziert und sich auf diese Weise mit ihr verbindet.

Auch in diesem Fall ist der Ausdruck des Gefühls nicht die Lösung und Bewältigung, sondern einerseits das Gesehen-Werden mit diesem Gefühl, dem Verstehen, dass es ein übernommenes ist, und der Abgrenzung von der Person, mit der sich das Kind identifiziert hat. Möglicherweise ist es sinnvoll, dem Kind zu erklären, dass die Mutter so besetzt war, dass sie keinen Raum hatte für ihn/sie – und dass es selbst nicht immer traurig sein muss. Das könnte den Weg des Kindes öffnen für eigene Wut auf die nicht liebend erlebte Mutter und die Trauer um das eigene Nicht-geliebt-worden-Sein.

Emotionale Kompetenz (Steiner in Kornyeyeva 2017)

Eine emotional kompetente Person findet sich auch in schwierigen, emotional aufgeladenen Situationen zurecht. Um unsere emotionalen Fähigkeiten verfügbar haben zu können, benötigen wir unter anderem folgende Fertigkeiten:

1) Die eigenen Gefühle kennen
2) Einfühlsamkeit besitzen
3) Den Umgang mit den eigenen Gefühlen aus dem ER steuern zu können

1) *Die eigenen Gefühle kennen:* sie wahrnehmen und benennen können. Dies ist eine Fähigkeit, die leichter klingt, als sie ist. Das Erkennen der eigenen Gefühle entsteht in der Beziehung zu anderen Menschen. Der Säugling, der Hunger hat, erkennt nicht aus sich heraus, dass er sich ärgert, wenn die Versorgung nicht erfolgt. Er spürt aber möglicherweise einen inneren Druck, hat erhöhten Pulsschlag und Bilder von Verschlingen-Wollen der Mutterbrust oder Impulse, dort intensiver zuzubeißen als sonst. Sein Brüllen klingt ärgerlich, einfordernd. Wenn die Mutter ihm bestätigt, dass er ärgerlich und wütend ist, dass er noch nichts zu essen bekommen hat und ihm Verständnis dafür zeigt, dann ist dieses diffuse Empfinden und Erleben konkret symbolisiert worden. Der Säugling erlebt sich darin möglicherweise als gesehen und anerkannt – und erkennt sich darin selber. Ärger wird zu einem integrierten und akzeptierten Anteil seiner selbst, mit dem er Einfluss auf die Welt nehmen kann. Da dieses Sich-selbst-Erkennen bei vielen Kindern und Jugendlichen aber so nicht gegeben ist, ist es hilfreich und notwendig, wenn PädagogInnen die Aufgabe der empathischen und wertschätzenden Spiegelung und Verbalisierung/Symbolisierung übernehmen und dem Kind z. B. sagen: „Ich habe den Eindruck, dass Du ganz wütend/traurig/ … bist – und das verstehe ich, weil … Dennoch ist es jetzt wichtig, zur Schule zu gehen.“

2) *Einfühlsamkeit besitzen:* die Gefühle anderer wahrnehmen und verstehen, warum die anderen so empfinden. Sich mit anderen Lebenssituationen und Motiven identifizieren können. Die Fähigkeit „für andere zu fühlen“, ihre Gefühle zu empfinden, als wären es die eigenen, ist die nächste Aufgabe in dieser Entwicklung emotionaler Kompetenz. Es werden auf diese Weise in-

nere mentale Landkarten entwickelt, über den Umgang miteinander und die Bedeutung von eigenem und fremdem Verhalten.

3) *Den Umgang mit den eigenen Gefühlen lernen:* Es geht nicht darum, z. B. Ärger nicht mehr zu spüren, sondern darum, die eigenen Gefühle aus dem ER steuern zu können, zu wissen, wann, wo und wie ich sie äußere, so dass es meiner eigenen Person, den anderen, der Situation und meiner Rolle angemessen ist. Das bedeutet, dass es notwendig ist, Gefühle wahrzunehmen, sie zu benennen und zu entscheiden, in welcher Weise sie ausgedrückt werden.

Kinder und Jugendliche in ihrer emotionalen Kompetenzentwicklung zu unterstützen, heißt, sie in ihrer Selbstwirksamkeit zu unterstützen. Sie werden befähigt, sich selbst mit ihrer Geschichte und Gegenwart klarer, angemessener, tiefer und realistischer wahrzunehmen – und mit den Inhalten, die sie dann erleben, altersgemäß und situationsgemäß umzugehen.

Das Kind (aus dem Beispiel oben), dessen Eltern nicht verlässlich kommen, kann alle seine Gefühle hierzu spüren – Wut, Trauer, Angst, Liebe, Schmerz, Scham, usw. –, vergangene und gegenwärtige. Es kann die Gefühle ausdrücken und im Ausdruck der Gefühle und der damit verbundenen Gedanken seinen Weg finden, sich auf die Gegenwart einzustellen, so, wie sie ist. Es kann lernen, sich von seinen Symptomen, den dysfunktionalen Verhaltensweisen schrittweise zu lösen und andere Lösungen zu entwickeln.

2.2.4 Grundbedürfnisse – warum wir tun, was wir tun

Konzepte über Bedürfnisse, ihre Bedeutung und den Umgang damit sind für die Arbeit in der Kinder- und Jugendhilfe von elementarer Bedeutung. Es gibt vielfältige Modelle, um Grundbedürfnisse darzustellen. In diesem Abschnitt werden wir folgende Modelle darstellen und ihren jeweiligen Einsatz in der praktischen Arbeit reflektieren:

- Grundbedürfnisse nach Berne (2005/1966) (strokes/stimuli/structure – Zuwendung/Stimulation/Struktur),
- das Bedürfnis nach Zugehörigkeit,
- Beziehungsbedürfnisse nach Richard Erskine.

Bedürfnisse sind Motivatoren für zielorientierte sozial- und heilpädagogische Arbeit. Sie unterstützen PädagogInnen darin, Wege zur Motivation für Entwicklung und Veränderung der Kinder zu finden.

Grundbedürfnisse nach Berne

Neben den physischen Grundbedürfnissen stellt Berne (vgl. 2005/1966) drei seelische Grundbedürfnisse als zentral heraus – das Bedürfnis nach Stimulation, das Bedürfnis nach Zuwendung und das Bedürfnis nach Struktur. Er stellt sie in ihrer Bedeutung neben die physischen Grundbedürfnisse. Diese Bedeutung wird in ähnlicher Weise von Aaron Antonowsky in Schiffer (2001) in seinem Konzept der Kohärenz betont.

Stimulation

Menschen brauchen zu ihrer psychischen Entwicklung in jeder Altersstufe Stimulationen.

- Dies kann ein ‚In-Beziehung-Gehen' durch Anschauen, Ansprechen, Berühren usw. sein.
- Es können andere akustische (z. B. Musik), visuelle (z. B. Filme, Poster), taktile (z. B. Massage, Whirlpool) oder kinästhetische (z. B. Schaukeln) Reize sein.
- Es kann durch eine Aufgabenstellung, wie z. B. Hausaufgaben, Putzdienst, Gruppenkasse machen usw., sein.
- Es können Zielvereinbarungen, Belohnungen, Grenzsetzungen usw. sein.

Die Möglichkeiten der Stimulation sind außerordentlich vielfältig – und hier liegt auch der erste wichtige Aspekt in der professionellen Arbeit mit Stimulationen.

Ein Mangel an Stimulation ist schädigend, wenn z. B. Kinder sich allein im Zimmer über Tage und Stunden aufhalten müssen und keinen Kontakt mit Menschen haben, verarmen sie an Stimulation und entwickeln Deprivationssymptome mit Selbststimulierung wie Kopf-Schlagen oder stereotypen Bewegungen.

Soll nun bei Kindern und Jugendlichen Entwicklung stimuliert werden, so ist zunächst zu klären, *welche* Stimulationen ihnen *gegeben* werden, um sich zu entwickeln?

- Welche Architektur/Einrichtung wird ihnen gegeben, um ein differenziertes und angemessenes Bild von sich, den anderen und der Welt zu entwickeln?
- Wie sieht z. B. der Sanitärbereich aus, der für die Entwicklung eines wertschätzenden Körperselbstbildes von hoher Bedeutung ist?
- Wie werden sie im Bereich Ernährung stimuliert, sich zu spüren, Hunger haben zu dürfen, satt werden zu dürfen, genährt werden zu wollen, ‚reinhauen' zu dürfen, ebenso wie saugen zu dürfen? (vgl. Bettelheim 1971)
- Welche Absprachen werden mit ihnen getroffen, um sie anzuregen, ihre Entwicklungserfolge und Entwicklungsaufgaben klar zu sehen und sie zu bewältigen?

- und so weiter …

Wie werden die Stimulationen *begrenzt und strukturiert*, damit es nicht zu einer Überflutung und damit zu einer Blockade der Entwicklung kommt?

- Achten die PädagogInnen darauf, dass nicht permanent akustische und/oder visuelle ‚Berieselung' stattfindet?
- Ist sichergestellt, dass nach z. B. einer Reitstunde nicht am gleichen Nachmittag eine weitere Maßnahme erfolgt, damit die Maßnahme ihre Wirkung entfalten kann.
- Ist sichergestellt, dass in Schule, Wohngruppe und möglicherweise noch an anderer Stelle nicht zeitgleich pädagogische Initiativen ergriffen werden, z. B. Förderstunde, Anti-Gewalt-Training und Fußball-Lehrgang?
- und so weiter …

Neben Art, Umfang und Struktur der Stimulation ist darauf zu achten, inwiefern *alle* Sinne angesprochen werden. Auditive, visuelle, gustatorische, olfaktorische, taktile, kinästhetische, kognitive, emotionale Sinne sind die Wege, auf denen Entwicklung stimuliert werden kann. Die Konzentration auf einen oder wenige Sinne mindert die Effektivität der Arbeit mit Stimulationen.

In der Gestaltung eines Videoabends kann es z. B. wichtig sein, den Abend nicht nur als visuell-auditives ‚Happening' zu gestalten, sondern

- durch die Raumgestaltung (freundlich, raumgebend, sauber),
- durch das gemeinsame Organisieren von Knabbersachen und Getränken,
- durch eine Strukturierung der Zeit, in der auch Raum bleibt für Gespräch/Austausch über den Film,
- und so weiter …

Auf diese Weise werden vielfältige Stimulationen gegeben, um Nähe miteinander zuzulassen und die Zeit sinnvoll und strukturiert zu verbringen.

Der dritte wichtige Aspekt in der Arbeit mit Stimulationen ist der Aspekt der *Zielorientierung*. Kinder und Jugendliche werden ständig stimuliert. Jedes Geräusch, jeder Raum, jede Begegnung ist ein Stimulus. In der pädagogischen Arbeit ist es wichtig, diese Stimulationen wahrzunehmen und zielgerichtet zu gestalten.

Das Bedürfnis nach Zuwendung/Anerkennung

Der Hunger nach Strokes

Menschen haben das grundlegende, tiefe und existenzielle Bedürfnis nach Zuwendung. Nicht nur Rene Spitz (vgl. 1996) bestätigte dies in seinen Untersuchungen, in denen er nachwies, dass das Überleben von Säuglingen von dem Maß der Zuwendung abhing. Das ‚Ich sehe Dich so, wie Du bist, und respektiere und achte Dich damit' ist der Wegweiser zur heilenden Entwicklung der Kinder, Jugendlichen und Erwachsenen. Die Empathie hilft, das, was es wertzuschätzen gilt, zu spüren. Die Kongruenz hilft, ehrlich und gebend zu sein. Die Wertschätzung auf dieser Grundlage hilft dem Anderen, sich selbst mehr anzunehmen – und so realistischer mit sich und der Welt umzugehen.

Berne (vgl. 1975) stellt das Bedürfnis nach Zuwendung in seiner Bedeutung neben das körperliche Bedürfnis nach Nahrung und schreibt daher auch vom *Hunger* nach Zuwendung. Die Formen der Zuwendung sind außerordentlich vielfältig. Zuwendung ist in jeder Situation von Bedeutung – die entscheidende Frage ist oft nicht, wollen wir Zuwendung haben und/oder geben oder nicht, sondern vielmehr: Wie geben wir die Zuwendung – offen oder verdeckt, positiv oder negativ, gezielt oder gestreut?

Zuwendung kann gegeben werden in *positiver Form*, d. h. die Person erhält positive, wertschätzende Anerkennung, z. B. ‚Schön, dass Du da bist'. Oder in *negativer Form*, z. B. durch Schläge oder Beschimpfungen. In diesem Fall ist wieder darauf zu verweisen, dass auch negative Zuwendung den Hunger nach Zuwendung stillt. Bedrohlich für eine stabile Identität ist der Mangel an Zuwendung, nicht so sehr die Qualität der Zuwendung.

Zuwendung kann gegeben werden in *bedingter* oder *unbedingter* Form. Bedingte Zuwendung bedeutet, dass sie sozusagen an Bedingungen geknüpft ist, z. B. ‚Gut, dass Du Deine Hausaufgaben gemacht hast', oder ‚Du hast schon wieder Deine Kleider nicht geordnet'.

Unbedingte Zuwendung bedeutet bedingungslose Zuwendung für die Person – ‚Schön, dass Du da bist', ‚Ich liebe Dich' usw., bzw. in der Negativ-Form: ‚Ich hasse Dich', ‚Es wäre besser, es würde Dich nicht geben'.

Tab. 2: Stroke-/Zuwendungsmatrix

	bedingt	unbedingt
positiv		
negativ		

Jede dieser Zuwendungsformen kann sinnvoll sein. Dieses Modell ist durchaus nicht so zu verstehen, dass nur die unbedingt positive Zuwendung sinnvoll und effektiv ist. Zur Förderung des Lernens von z. B. sinnvoller und strukturierter Alltagsgestaltung ist positiv und negativ bedingte Zuwendung ein notwendiges pädagogisches Mittel. Auch die bedingt negative Zuwendung ist sinnvoll.

Beispiel: Wenn die Pädagogin im Jugendfreizeitheim einen Jugendlichen, der trotz mehrfacher Gespräche und anderer Unterstützung andere Kinder mehrfach misshandelt und erpresst hat, anbrüllt und ihm sagt: „Das kotzt mich an und ich will Dich hier jetzt nicht sehen!" – dann kann dies sinnvoll und angemessen sein. Die bedingt negative Zuwendung ist hier sinnvoll, damit der Jugendliche eine auch aggressive Reaktion auf seine destruktiven Verhaltensweisen bekommt.

Das Aufblättern der unterschiedlichen Zuwendungsformen soll anregen,

- Zuwendung vielgestaltig und über viele Sinneskanäle zu vermitteln (nicht immer nur verbal, sondern auch körperlich, sinnlich, verwöhnend, ...)
- Zuwendung zielorientiert zu geben (nicht immer nur ‚Schön, dass Du da bist', sondern Interventionen, die geleitet werden von einer Empathie für das Kind, z. B. wertschätzend zu sagen, ‚Du bist ganz traurig darüber, dass Deine Mutter nicht angerufen hat – kann das sein?'. Auf diese Weise wird das Kind in seiner Trauer wertgeschätzt.)

Plastik-Strokes

Das Geben von Zuwendung ist Handeln in Beziehung. Es ist vor dem professionellen Handeln zunächst einmal auch eine Begegnung zweier Menschen. Von daher verlangt es auch eine Echtheit der Pädagogin. Gibt sie dem Kind/Jugendlichen Zuwendung, so ist es von erheblicher Bedeutung, dass diese ehrlich und direkt gemeint ist.

Eine erschöpfte Pädagogin, die eigentlich Rückzug und Pause bräuchte und dem Jugendlichen sagt, dass sie sich freut, ihn zu sehen, ist an dieser Stelle nicht ehrlich im Sinne von kongruent. Das Gegenüber nimmt vermutlich wahr, dass diese Zuwendung nicht ‚echt' ist. Die Botschaft, die sie dem Kind an dieser Stelle eigentlich gibt, ist u. a. die, dass es nicht wert oder geeignet sei, zu hören, wie es ihr wirklich geht. ‚Ich kann mich Dir nicht so zeigen, wie ich bin, weil ...' – dieser Halbsatz wird dann innerlich vom Kind je nach Vorgeschichte beendet. Der Kern dieser Satz-Enden besteht aber darin, dass das Kind denkt, ‚... weil ich nicht in Ordnung bin'.

Auch die Pädagogin, die dem Kind Anerkennung gibt, z. B. für sein konstruktives Verhalten (z. B. ‚Ich find prima, dass Du so viele Ideen für den Nachmittag hast.'), damit aber bezweckt, dass das Kind sich brav verhalten soll, ist weder kongruent noch direkt. Das Kind erhält die Botschaft: ‚Ich lobe Dich, damit Du Dich nicht mit Deinen schwierigen Seiten zeigst. Denn wenn Du das tun würdest, ...' ‚dann würde ich zusammenbrechen und Du wärst schuld.' – in dieser Weise würde das Kind vermutlich die Botschaft beenden.

Zuwendung, die auf der Oberfläche wirkt wie positive Zuwendung und dem Gegenüber die Möglichkeit eröffnet, eigene negative Zuwendung intern zu aktivieren, wird in der Transaktionsanalyse mit dem passenden Bild des *Plastik-Strokes* beschrieben: Strokes, die keine *Streicheleinheiten, die wärmen*, beinhalten, sondern möglicherweise interne *Schläge*. Es gibt auch Kinder, die wahrnehmen, dass dies ein Plastik-Stroke ist und sich oder ihr die Frage stellen: ‚Was will sie denn von mir?'.

Welche Zuwendung eine Person annimmt oder zurückweist, hat mit der persönlichen Geschichte und mit dem, wie jeder aufgewachsen ist, zu tun. Der sogenannte Strokefilter (vgl. Woollams/Brown 1978) lässt nur bestimmte Arten von Zuwendung durch. So nehmen viele Kinder und Jugendliche in der Jugendhilfe positive Zuwendung nicht an, sondern provozieren, um unbewusst negative Zuwendung für ihr „Überleben" zu sichern. Bedingt durch einen Mangel an positiver Zuwendung in ihrer Geschichte und der damals notwendigen Provokationen, um wenigstens über negative Zuwendung etwas zu bekommen. Es fällt den Kindern schwer, diese Provokationen aufzugeben, weil sie Positives nicht annehmen, so kommen sie oft auch in einer freundlichen und wohlwollenden Umgebung in einen Zuwendungsmangel.

Stroke-Kultur

Um in dieser Weise Verantwortung für die eigene Versorgung mit Wertschätzung zu übernehmen, ist es wichtig, eine angemessene Stroke-Kultur zu entwickeln. Aus eigener Geschichte und auch aus einer Anpassung an die Kultur des Kindes gelten hier oft meist unbewusste Glaubenssätze, die das Aushalten des Mangels und nicht das Satt-Werden zum Ziel haben, z. B.:

☹ Nach Anerkennung fragt man nicht! Wer fragt, macht sich abhängig!
☹ Wer Bedürfnisse hat, ist schwach! Wenn ich schon etwas brauche, zeige ich nichts!
☹ Wer mir Wertschätzung gibt, will mich in Wirklichkeit nur benutzen – selbst wenn ich Wertschätzung kriege, werde ich sie nicht nehmen!
☹ Wertschätzung gibt es nur ganz wenig in der Welt! Mein Hunger danach ist so groß, dass ich sowieso nie satt werde. Deshalb frage ich erst gar nicht!

Zur Entwicklung einer befriedigenden, effektiven und qualitativ hochwertigen Arbeit ist es sinnvoll, andere Glaubenssätze zu etablieren, z. B.:

☺ Das Bedürfnis nach Anerkennung und Wertschätzung ist wichtig und in Ordnung.
☺ Es ist in Ordnung und Ausdruck von Kompetenz, dieses Bedürfnis zu spüren und für die Befriedigung zu sorgen.
☺ Ich kann mich mit meinen Bedürfnissen zeigen und zumuten und mich zugleich selbst bestimmen (Beziehung bedeutet nicht Fremdbestimmung).
☺ Strokes zu geben und zu nehmen ist nährend, lustvoll und anregend.
☺ Es ist wichtig, Strokes, die mir schaden, zurückzuweisen.

In jedem Fall ist es sinnvoll, sich im Team und mit den Kindern und Jugendlichen auszutauschen über die Frage: Wie gehen wir mit dem Thema Wertschätzung, Stroking miteinander um? Die Entwicklung einer guten Stroke-Kultur ist keine überflüssige ,Verschönerung des Alltags', sondern basale Qualitätssicherung der (heil-)pädagogischen Arbeit.

Das Bedürfnis nach Struktur

Das Bedürfnis nach Struktur ist eine weitere Säule in der Arbeit mit Menschen. Berne (vgl. 1975) sieht hier im Kern die Struktur von Kommunikations- bzw. Beziehungsprozessen und leitet da heraus sechs Arten der Zeitstrukturierung ab – nämlich Rückzug, Rituale, Zeitvertreib, Aktivität, Spiele und Intimität. Hier werden die unterschiedlichen Arten beschrieben, wie Menschen ihre Beziehungen gestalten. Die Arten der Zeitstrukturierung sind nach der emotionalen Bedeutung, dem emotionalen Risiko, aufgelistet.

Tab. 3: Arten der Zeitstrukturierung

Art der Strukturierung	**Aspekte der Strukturierung**
Rückzug	Herausgehen aus der Beziehungssituation (ohne Arbeitsauftrag), für sich sein, Möglichkeit der Selbstfindung, Möglichkeit der Isolierung, Self-Stroking, Schutz vor Reizüberflutung und vor anderen Prozessen (Unterbrechung von Eskalationen).
Ritual	Das wiederkehrende Muster, wie z. B. das Schlaflied der Mutter, das Blitzlicht am Anfang einer Gruppe, Trauerrituale in Gesellschaftsgruppen, Feedbackformen in Organisationen; gibt Möglichkeiten (Erlaubnis) zum Kontakt, ohne sich jedes Mal persönlich dafür entscheiden zu müssen – allerdings auch Möglichkeiten zur Abwertung, z. B. ritualisiertes Nörgeln bei Konferenzen; bei sinnvollem Einsatz eine machtvolle Form zur Gestaltung von Gemeinschaft/Community.
Zeitvertreib	Im Wesentlichen zweckfrei, ,die Kaffeerunde', Beisammensein ohne ,brisante' Themen, Austausch von Strokes ohne Benennung/Bearbeitung von wichtigen/problematischen Themen.
Aktivitäten	Themen – und zielorientiertes Zusammensein, Strokes werden gegeben für Leistungen, Ideen – siehe auch bedingte Strokes; Self-Stroking geschieht durch die Lust, sich selbst zu erproben und zu spüren.
Spiele (games)	Verhaltensmuster, deren Ablauf feststeht und die mit Abwertungen der Beteiligten verbunden sind und einen intensiven emotionalen Ausgang haben; zugleich sind Spiele aber auch soziale Muster, die es den Beteiligten ermöglichen, innere oder äußere Ungleichgewichte zu kompensieren.
Intimität	„Unter Intimität versteht man in der Transaktionsanalyse eine Beziehung, die frei ist von Spielen und Manipulationen, eine Beziehung in der der direkte Austausch von Gefühlen, Gedanken und Erfahrungen in einer Atmosphäre von Offenheit, gegenseitiger Achtung und Vertrauen möglich ist." (Hagehülsmann 1998, S. 111)

Es gibt die Idee von Cowles-Boyd und Boyd (vgl. 1980), dass das freie Spiel (play) von Kindern auf derselben Ebene wie das psychologische Spiel (game) anzusiedeln ist. Das bedeutet, dass wir die emotionale Intensität des kindlichen

Spielens als intensiver einschätzen als die Aktivität. In dem Zusammensein mit Kindern wird häufig gespielt, dies ist eine zentrale emotionale und entwicklungsfördernde Erfahrung.

Struktur darf dabei nicht ausschließlich als prozessualer Begriff verstanden werden, sondern es gilt auch, den statischen Aspekt darin zu sehen. Die Tagesstruktur, die wir im Kopf haben, die Strukturen unseres Lebens sind alleine schon durch ihr Bestehen wichtig für unseren Alltag – nicht erst der Vollzug der Struktur. Das Wissen um Struktur (und Ordnung) gibt uns Sicherheit (und Leichtigkeit) für den Tag. Die äußere Ordnung hilft, innere Struktur und Ordnung zu entwickeln.

Das Erarbeiten dieses Bewusstseins von Strukturen ist eine der wesentlichen Aufgaben, die wir zu bewältigen haben – bevor wir uns weiteren Aufgaben zuwenden können. Nicht umsonst ist z. B. in den Phasen der Gruppendynamik (Bernstein/Lowy 1982) die Machtkampfphase nach der Orientierung die zweite Phase – hier geht es um Strukturen, Regeln und Normen. Erst muss die soziale Struktur der Gruppe geklärt sein – ihre Hierarchien, Rollenoptionen, Regeln und Grenzen –, dann erst kann die Gruppe anfangen, sich intensiver ihren inhaltlichen Arbeitsthemen zuzuwenden.

Das Bedürfnis nach Zugehörigkeit

In einer Gesellschaft, in der Flexibilität und Mobilität zu den Basiskompetenzen erfolgreicher Sozialisation gehören, ist dieses Bedürfnis nach Zugehörigkeit ein Problem. Nichtsdestotrotz ist der Wunsch, Teil von etwas Über-mich-hinaus-Gehendem zu sein, ein elementarer Teil menschlicher Existenz.

> „Das Streben nach Zugehörigkeit ist eine seit der Wiege der Menschheit bestehende existentielle Triebkraft, eine Konstante des menschlichen Seins, die unser Handeln bestimmt. In archaischen Gesellschaften und prähistorischen Stammeskulturen entschied allein die Zugehörigkeit zum Stamm über Leben und Tod seiner Mitglieder. Die schlimmste Strafe, die solche Gesellschaften kannten, war nicht der Tod, sondern die Verbannung, der Ausschluss aus der Stammesgemeinschaft." (Mücke 2001, S. 93)

In der Supervision stellte die Pädagogin einer Inobhutnahme-Wohngruppe die Familie eines Kindes auf, das einige Tage vorher in die Obhut der Gruppe und der Pädagogin gegeben worden war. Das Mädchen Cl., 9 Jahre, wies deutliche Anzeichen von Verwahrlosung und Misshandlung auf, der Verdacht auf Missbrauch wurde polizeilich untersucht.

Zur Klärung machte sie eine Aufstellungsarbeit (siehe unten) mit den anderen Teammitgliedern. In der Aufstellung stand das Mädchen dem Vater zwar nicht direkt gegenüber, war aber deutlich im Blickwinkel des Vaters. Es wirkte, als würde die Bedrohung, die in der Aufstellung zu spüren war, sich auf das Mädchen richten. Ich bat die Pädagogin, ihren Platz in diesem System einzunehmen. Sie stellte sich spontan schräg hinter das Mädchen. Die Wirkung auf das Familiensystem war beeindruckend. Die Pädagogin wurde massiv als Bedrohung der Familie erlebt, die einzelnen Mitglieder empfanden massiven Ärger auf die Pädagogin – und auch zum Teil auf das Mädchen Cl., das von der Pädagogin geschützt wurde. Das Mädchen reagierte verängstigt und empfand die Pädagogin als Unterstützung, aber auch als Bedrohung. Cl. empfand jetzt nämlich auch Angst um ihren Vater.

Die Pädagogin veränderte darauf ihre Position und stellte sich näher zum Vater hin. Sie ging aus der Konfrontation heraus, stellte sich so, dass sie beide sehen konnte, das Mädchen aber deutlicher. Sie war dem Vater näher als dem Mädchen, war Cl. aber deutlicher verbunden durch ihre Blickrichtung. Bei dem Mädchen bewirkte dies zweierlei: Sie erlebte den Vater nicht mehr bedroht – und erlaubte sich deutlicher als vorher, ihre Wut, Verletztheit und Bindung zum Vater zu spüren.

In der Besprechung wurde deutlich, dass die Pädagogin in der ersten Position sowohl die Zugehörigkeit des Vaters zur Familie in Frage gestellt hatte (sie nahm eine kämpferische Haltung gegen ihn ein) als auch die Zugehörigkeit des Mädchens zur Familie. Es galt in der weiteren Arbeit mit dem Kind, sowohl die Zugehörigkeit des Vaters und des Kindes zur Familie zu respektieren und zu würdigen als auch das Mädchen darin zu unterstützen, sich in seiner Weise zu erlauben, sich vom Vater abzugrenzen und die Gefühle von Wut, Schmerz, Trauer und Angst in geeigneter Weise auszudrücken.

Die Infragestellung von Zugehörigkeit ist eine Maßnahme, die weder sinnvoll ist, den PädagogInnen zusteht noch in irgendeiner Weise effektiv ist, da für Kinder (und Erwachsene) diese Zugehörigkeit existenzielle Basis ist.

Familien- und Systemaufstellungen – kurze Erläuterung

> „Aufstellung heißt, dass der Fragesteller (also die Supervisandin z. B., PR) Personen aus der mitwirkenden Arbeitsgruppe als Stellvertreter für die Mitglieder … des zu besprechenden Systems (…) auswählt und sie in konzentrierter und gesammelter Verfassung, im Raum aufstellt. … Alles, was Bedeutung für ein System hat, jede Person, jedes Element oder jeder Prozess mit einem Einfluss auf das System kann in einer Aufstellung durch Personen vertreten werden.
> Über unsere natürliche Fähigkeit zu stellvertretender oder teilhabender Wahrnehmung können die Stellvertreter nun … die Situation der betreffenden Systemmitglieder nachempfinden, gerade auch dann, wenn zuvor keine Informationen ausgetauscht wurden.“ (vgl. Mahr 2003)

Auf diese Weise sind Familien- und Systemaufstellungen nach Mahr und anderen eine hilfreiche Methode – und zugleich jedes Mal ein soziales Experiment, das hilft, sich in das soziale System, um das es geht, einzufühlen und tiefer zu verstehen.

Abb. 8: Familien- und Systemaufstellungen

(Weitere) Beziehungsbedürfnisse

Richard Erskine, ein amerikanischer Psychologe, hat Bedürfnisse stärker auf die Beziehungen zu Menschen hin differenziert. Diese Unterscheidungen sind hilfreich gerade für den sozial- und heilpädagogischen Bereich.

- *Das Bedürfnis nach Sicherheit* – wir haben nicht nur das Bedürfnis, sicher zu sein, sondern auch das Bedürfnis, in Beziehung und sicher zu sein. Wir haben einen Wunsch, wahrhaftig mit unserer Offenheit und Verletzlichkeit in Beziehung sicher zu sein. Die PädagogIn, die z. B. für Schutz sorgt, damit das Kind in Sicherheit sprechen kann, erfüllt dieses Bedürfnis.
- *Das Bedürfnis, geschätzt, bestätigt und bedeutend innerhalb einer Beziehung zu sein* – wir haben das Bedürfnis, dass eine andere Person zu uns z. B. sagt, schön dass Du wieder da bist, Du hast gefehlt. Dies hilft uns, zu spüren, dass wir der anderen Person wichtig sind und unser Da-Sein Spuren in den Beziehungen hinterlässt.
- *Das Bedürfnis, von einer verlässlichen, schützenden Person akzeptiert zu sein* – z. B. die Pädagogin, die dem Kind vermittelt, dass sie es respektiert und achtet auch mit seinen schwierigen Verhaltensweisen, stillt dieses Bedürfnis des Kindes.
- *Die Bestätigung der persönlichen Erfahrung* – das Kind, das erzählt, wie es in der Schule war, hat ein Bedürfnis, in seinem Erleben/seiner Erfahrung bestätigt zu werden. Die Rückmeldung: „Das kann ich nachvollziehen, dass

Du Dich da über Deine Nachbarin geärgert hast", bestätigt die persönliche Erfahrung des Kindes, ohne sie darin festzuschreiben. Es kann immer noch sein, dass das Kind lernen muss, wahrzunehmen, dass das Kind neben ihr sich nicht provokant verhalten hat – auch wenn das Kind es so erlebt hat. Die Pädagogin gibt Wertschätzung und Resonanz für das Erlebte, ohne alle Inhalte, die das Kind nennt, zu teilen.

- *Sich in der Beziehung selbst zu definieren* – ist ein tiefes und wichtiges Bedürfnis. Als Menschen haben wir die Fähigkeit und das Bedürfnis, uns selbst stimmig und kohärent zu erzählen – ein erkennbares Narrativ zu entwickeln, das uns selbst ausmacht. ‚Ich bin … die, die so gerne widerspricht, die Hunde mag und Tomatensaft, gerne tanzt oder albern ist.' Wir haben ein Bedürfnis, diese Selbsterzählung in einem sicheren und wertschätzenden Raum zu gestalten.
- *Eine Wirkung auf andere zu haben* – „Das berührt mich, was Du sagst", „Das beeindruckt und freut mich, dass Du es geschafft hast, regelmäßig in die Schule zu gehen." Solche Sätze – authentisch ausgesprochen – zeigen dem Kind, dass es der Pädagogin wichtig ist. Sie hat eine Wirkung auf die Pädagogin – und ist eben nicht wirkungslos und ohnmächtig.
- *Das Bedürfnis, dass der Andere initiativ ist für mich und die Beziehung* – es gibt ein Bedürfnis, dass der andere sich um mich kümmert oder Kontakt aufnimmt, auch ohne dass ich fragen muss. Die Pädagogin, die sieht, dass ein Kind z. B. einsam oder verzagt ist – und es anspricht –, spricht nicht nur das Bedürfnis an, versorgt zu werden, sondern auch, etwas zu bekommen, ohne selber Verantwortung nehmen zu müssen.
- *Das Bedürfnis, Liebe auszudrücken* – ist ebenso ein mächtiges und tiefes Bedürfnis, das wir in der einen oder anderen Form ausdrücken müssen. Die Fähigkeit und Erlaubnis, der anderen Person zu sagen: ‚Ich freu mich, Dich zu sehen, Du bist mir wichtig, ich hab Dich lieb, ich liebe Dich, ich könnte Dich fressen!' – oder wie auch immer es ausgedrückt wird –, ist eine wichtige Fähigkeit. Wir geben uns dem anderen in dieser Aussage auch ein Stück hin. Hingabe ohne Selbstaufgabe ist die Erfahrung und die Kompetenz, die hier gebildet wird. PädagogInnen müssen hier auch lernen, sich lieben zu lassen – wissend, dass diese Liebe eigentlich zu den Eltern gehört, die noch nicht in der Lage waren, diese Liebe auszuhalten. Kinder, die keine Erlaubnis haben, Liebe auszudrücken, kompensieren dieses Bedürfnis manchmal über Identifizierung, sie werden dann so wie die geliebte Person – auch depressiv oder aggressiv oder in anderer Weise zum Ebenbild.

Abb. 9: Beziehungsbedürfnisse

Die tägliche Arbeit mit Blick auf die Grundbedürfnisse im sozial- und heilpädagogischen Feld

Das Ziel der Jugendhilfe ist im Kinder- und Jugendhilfegesetz genannt („Jeder junge Mensch hat ein Recht auf Förderung seiner Entwicklung und auf Erziehung zu einer eigenverantwortlichen und gemeinschaftsfähigen Persönlichkeit." KJHG, § 1, Abs. 1). Das bedeutet konkret, dass die Kinder und Jugendlichen darin unterstützt werden, wahrzunehmen, was sie für sich brauchen, und lernen, dies alters- und situationsangemessen einzufordern. Hierin drückt sich wesentlich ihre Kompetenz zur Selbstregulation und ihre Beziehungs- und Bindungsfähigkeit aus. Von daher kann die Art und Weise, wie Kinder und Jugendliche mit ihren Bedürfnissen umgehen, als sinnvoller Gradmesser für die erfolgreiche sozialpädagogische Arbeit genommen werden, bzw. für die gelungene psychosoziale Entwicklung des Kindes.

- Inwieweit hat das Kind einen angemessenen Umgang mit Stimulationen? Wie einfühlsam, differenziert und autonom nimmt es Reize/Stimulationen auf und inwieweit verarbeitet es diese Reize angemessen?
- Inwieweit ist das Kind in der Lage, positive Zuwendung zu geben und zu nehmen – und zwar sowohl bedingte als auch unbedingte?

- Inwieweit ist das Kind nicht nur innerlich, sondern auch in seinen äußeren zeitlichen und sozialen Strukturen differenziert, stabil und beweglich?
- Inwieweit ist das Kind in der Lage, seine Zugehörigkeit sowohl zu seiner Familie als auch zur pädagogischen Gruppe in angemessener, nicht verstrickter Weise auszudrücken und zu dieser Zugehörigkeit auch zu stehen?
- Inwieweit ist das Kind in der Lage, Zuneigung und Liebe differenziert und klar wahrzunehmen und auszudrücken?

Diese Fragen sind als Hilfe gedacht, um kindliche/jugendliche Entwicklung zu reflektieren. In Bezug auf jeden einzelnen Fall muss natürlich konkretisiert werden, was z. B. Angemessenheit bedeuten kann. Ähnlich wie bei der emotionalen Kompetenz ist das Kind hier gefordert, sich zu spüren, sich zu verstehen und anzunehmen und angemessen für sich zu sorgen. Manchmal wird das Kind ein frühkindliches Bedürfnis nach Schutz in sich spüren, das nicht wirklich in die Gegenwart gehört. Dennoch ist es für das früh verängstigte Kind gut und angemessen, das wahrzunehmen und zu überlegen, was es jetzt tun kann, um sich ausreichend geschützt zu fühlen. Es kann z. B. in sein Zimmer gehen und sich unter eine Bettdecke legen, es kann zur Pädagogin gehen und ihr erzählen, dass es im Moment wieder die viele Angst spürt – es gibt viele Möglichkeiten der guten Versorgung, wenn die Entscheidung getroffen ist, diese Bedürfnisse ernst zu nehmen.

Die Pädagogin ist bei der Arbeit mit Grundbedürfnissen auch als Person gefragt, da sie in diesen Bereichen natürlich keine sinnvolle und nachhaltige Entwicklung stimulieren kann, wenn sie für sich an dieser Stelle noch deutlichen Entwicklungsbedarf hat. Auch an dieser Stelle wird klar, dass Erziehung wirksam und heilsam wird durch die Begegnung der zwei Menschen, die sich da aufeinander einlassen.

2.2.5 Analyse kommunikativer Muster: ‚Spiele'

Kinder gestalten mit und in ihrer Beziehungswelt komplexe soziale Muster, die aus der Gegenwart zunächst einmal nicht verständlich sind. Sie handeln miteinander und mit Erwachsenen und nutzen dabei oft nicht ihre Kompetenzen, werten sich und andere z. B.in ihren Fähigkeiten, Empfindungen, Bedürfnissen ab. Diese ‚Muster' führen am Ende oft zu einer Situation, die leidvoll und unbefriedigend für sie selbst und andere Personen ist. Diese Abläufe bewirken Spannung und Emotionen, sie sind oft mit dem Gedanken verbunden, ‚diesmal wird es gut ausgehen'. Leider führt es aber immer wieder zu demselben Ergebnis.

Diese komplexen sozialen Muster wiederholen wir wie unter einem inneren Zwang, eine leidvolle Grunderfahrung, die die Person irgendwann früher erfahren und gelernt hat.

Patrick, 12 Jahre, erlebt immer wieder in den Schulpausen, dass andere Schüler ihn provozieren, schlagen und ausschließen. Die zuständige LehrerIn schreitet irgendwann ein, weist die anderen Schüler zurecht – gegebenenfalls mit Sanktionen –, versorgt dann Patrick und empfiehlt ihm, mit anderen Kindern zu spielen. Patrick wird dann traurig, klagt, dass das aber seine Freunde seien – und dass das alles nicht so schlimm war, und er fände das doof, dass die LehrerIn ihm das verbiete. Die Lehrerin ist betroffen und verärgert. Sie wollte doch nur helfen.

So ähnlich wiederholt sich dieser Vorgang immer wieder – und am Ende des Ablaufs fühlen alle Beteiligten sich irgendwie falsch, versagend und nicht richtig behandelt.

Solche Abläufe werden in der Transaktionsanalyse als ‚Spiele' bezeichnet.

- Unter ‚Spielen' im Sinne der Transaktionsanalyse werden Serien verdeckter Transaktionen mit einem vorhersagbaren Ende verstanden (vgl. Berne 1967), es sind also regelhafte Kommunikationsmuster.
- Mit Spielen werden Re-Inszenierungen von Mustern beschrieben, die Menschen früh und oft unter leidvollen Bedingungen erlernt haben.
- Spiele sind soziale Interaktionsabläufe, an denen zwei oder mehr Menschen beteiligt sind. Sie können also nur stattfinden, wenn alle Beteiligten Personen sich beteiligen.
- Das Modell der Spiele integriert
  - *sozialpsychologische Aspekte:* Wie gestalten Menschen miteinander Zeit und Beziehung? Wie organisiert sich z. B. eine Familie?
  - *kommunikationspsychologische Aspekte:* Wie handeln sie konkret miteinander?
  - *tiefenpsychologische Aspekte:* Welche Geschichten/unerledigten Dynamiken werden reinszeniert?

Der Begriff des Spiels soll die Strategie beschreiben und nicht davon ablenken, dass es sich dabei um ‚Notlösungen' handelt – und zwar sowohl im Sinne von Aufrechterhalten von Not als auch im Sinne von Lösung, z. B. Vermeiden von beängstigenden Gefühlen oder Erfahrungen.

Schweregrade von Spielen

Spiele können nur wenige Momente dauern oder auch lebenslang andauern. Die Schwere der Spiele – der persönliche und soziale Schaden, den sie bewirken –, kann von einem kurzen Moment des Unwohlseins bis zu massiven persönlichen, körperlichen und sozialen Schäden führen. In der Transaktionsanalyse werden 3 Schweregrade unterschieden:

- *Spiele 1. Grades:* Sie kommen häufig vor, sind mäßig unangenehm in ihrem Ausgang und schädigen den sozialen Kontext nicht nachhaltig.
  Beispiel: das Kind, das häufiger zu spät kommt – und sich so einen vertrauten Moment des Zurechtgewiesen-Werdens organisiert.
- *Spiele 2. Grades:* Sie sind bei Bekanntwerden peinlich und sind mit sozialen, körperlichen und psychischen Schädigungen verknüpft.
  Beispiel: der junge Erwachsene, der scheinbar ungewollt zu seiner Ausbildungsstelle zu spät kommt, obwohl er weiß, dass er dann wahrscheinlich entlassen wird.
- *Spiele 3. Grades:* Sie sind mit massiven körperlichen und/oder psychischen Schädigungen verbunden, enden im Krankenhaus, der Psychiatrie, vor Gericht oder auf dem Friedhof.
  Beispiel: sich einen Rausch antrinken und Autofahren, jemanden oder sich umbringen.

Bei all diesen ‚Spielen' ist es nicht von Bedeutung, ob jemand mit Absicht oder ‚bewusst' gehandelt hat. ‚SpielerInnen' in diesem transaktionsanalytischen Sinn handeln aus bestimmten Ich-Zuständen und steuern bestimmte Reaktionen der anderen und bestimmte Ergebnisse an, unabhängig davon, ob ihnen das in diesem Moment bewusst ist. Wichtig zur Erlangung von Autonomie ist die Bewusstwerdung dieser Anteile und die Übernahme der Verantwortung für diese Anteile.

Spiele im Kontext

Da Spiele soziale Transaktionsketten sind, ist es hilfreich und wichtig, nach den beteiligten Kontexten zu schauen. Inwieweit erzählt das Kind mit seinen Spieleinladungen von den Beziehungserfahrungen in seiner Familie? Inwieweit spielen in der Gegenwart andere Personen mit – wie z. B. die Lehrerin im obigen Beispiel?

Tab. 4: Nutzen von Spielen

	externer Nutzen	**interner Nutzen**
soziale Ebene	oberflächlicher Umgang mit Leuten, Zeitvertreib, Geplauder	berechenbare Zeit verbringen mit sogenannten ‚guten' Freunden
psychologische Ebene	Vermeidung von Intimität, Verantwortung, keine direkte Nachfrage nach Strokes	ein Muster zum Gewinnen von schlechten Gefühlen
existenzielle Ebene	biologische Bedürfnisse nach Stimulation und Beachtung („negative Zuwendung ist besser als keine")	Grund-Lebenspositionen werden bestätigt, Rackets unterstützt, das Skript verstärkt

Berne (1966) und Kahler (1978) weisen darauf hin, dass Spiele verschiedenen sozialen Zwecken dienen. Sie fördern die Entwicklung von historischer, kultureller und sozialer Identität. Sie geben Orientierung und vermitteln Zugehörigkeit in diesen Kontexten, z. B. Familie, Wohnort, Milieu. Gudrun Hennig (Jecht) und Georg Pelz (1997) betonen die verschiedenen Ebenen des Nutzens der Spiele (Tab. 4).

Zwei Darstellungen des Spiels

- Das Modell, das die innerpsychischen Anteile beschreibt: Die Spielformel
- Das soziale Modell: Spiele als Rollenverhalten mit Rollenwechseln

Das Modell mit Hinweis auf die innerpsychischen Anteile

In dieser Sicht besteht ein Spiel aus einer Reihe von komplementären und verdeckten Transaktionen. Die Spielformel (‚Formula G' – ‚G' steht für ‚Game') lautet:

Haken + Öse = Antworten – Wechsel – Enttäuschung – Auszahlung

Die *Spieleröffnung* wird als *‚Haken'* bezeichnet: Jemand lädt eine andere Person in ein bestimmtes Spielmuster ein, z. B. wirkt Patrick (siehe oben) sehr hilflos. Er glaubt vermutlich in seinem Skript, dass er sich nicht wehren kann.

In der *Spielannahme* greift der andere den ‚Haken' auf. Er hat dann die passende ‚Öse', d. h. einen entsprechenden ‚wunden Punkt'. In diesem Fall glaubt die Lehrerin möglicherweise, sie müsse dem Jungen helfen, und bestätigt sich damit ihre Fähigkeiten – das Spiel kann starten. Im Beispiel verhält sich die Lehrerin überfürsorglich und aus ihrer Sicht schützend für Patrick, ohne die Situation zu klären, , z. B. was er getan hat, um so behandelt zu werden. Auch hier wird sie bestimmt von der innerpsychischen Situation (ihren Skriptüberzeugungen). Sitzen Haken und Öse, beginnt der *Verlauf des Spiels (Antwortreaktionen)*, dessen Dauer unterschiedlich ist. Es kann sich um wenige Transaktionen oder auch langdauernde Verläufe handeln. Im Beispiel zieht sich dieses Muster über mehrere Wochen hin, ohne dass sich am Problem etwas verändert.

Der *Wechsel* findet statt, indem eine der Personen den Ich-Zustand und die Position wechselt. *Im Beispiel:* Patrick wechselt in das kritische Eltern-Ich und wirft der Lehrerin vor, dass sie ihn von seinen Freunden trennt. Diese reagiert, indem sie in die Haltung des angepassten Kind-Ichs geht und sich selbst ungenügend erlebt.

Die Lehrerin ist *enttäuscht*, dass das ‚Sich-Anstrengen und Den-Jungen-Retten' nicht zu Anerkennung und Lösung führen. Patrick ist ärgerlich, da er nicht bekommt, was er möchte.

Die Auszahlung (Payoff) besteht in der Bestätigung der Einstellung und der damit verbundenen Gefühle, die beide Personen aus ihrer Geschichte mitbringen.

> **Patrick:** Ärger, dass sich wieder jemand eingemischt hat und er nicht bekommt, was er möchte.
>
> **Lehrerin:** Egal wie ich mich anstrenge, ich schaff es doch nicht, kriege keine Anerkennung und bin das Opfer.

Das soziale Modell: Spiele als Rollenverhalten mit Rollenwechseln

Eine andere Art, die Spieldynamik sichtbar zu machen/zu konzeptionalisieren, entwickelte Steven Karpman (1968). Er fand drei typische Rollen in jedem ‚Spiel' und verband sie in seinem Konzept des Drama-Dreiecks. Die drei Rollen sind Opfer, Retter und Verfolger. Er beschreibt das Opfer als eine Person, die vorgibt,

- dass ihr die Kraft zum Problemlösen fehlt,
- dass andere sich ändern müssen für ihr Wohlbefinden,
- dass ihre Bedürftigkeit sie vom Problemlösen abhält,
- dass ihre Denkfähigkeit nicht ausreicht.

Er beschreibt den/die RetterIn als eine Person, die

- sich auf grandiose Art zutraut, anderen zu helfen,
- Denken und Problemlösen für andere übernimmt,
- mehr für andere tut, als sie ihnen mitteilt,
- Dinge tut, die sie eigentlich nicht mag. (Sie opfert sich.)

Und er beschreibt den/die VerfolgerIn als eine Person,

- die andere herabsetzt, sie verletzt und übermäßig kritisiert,
- die andere bestrafen will
- und unter deren Verhalten andere leiden.

Diese drei Rollen finden in Spielen in irgendeiner Form statt. *Im Beispiel:* Patrick eröffnet in der Opfer-Position, die Lehrerin antwortet als Retterin. Patrick wechselt in die Verfolger-Rolle, die Lehrerin geht in die Opfer-Position, in der sich auch Patrick am Ende des Durchgangs erlebt.

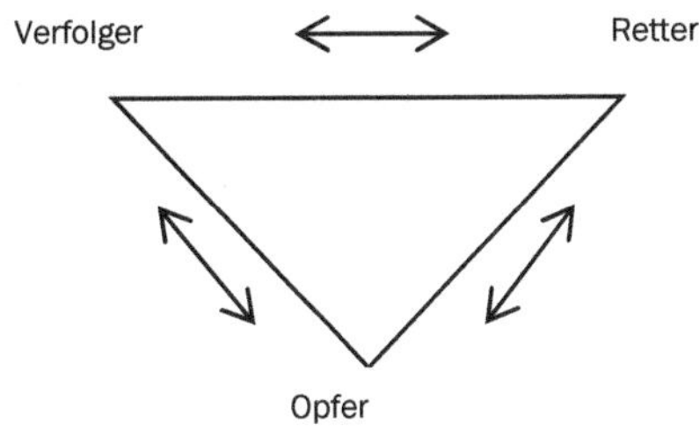

Abb. 10: Drama-Dreieck

Umgang mit Spielen

Spiele im transaktionsanalytischen Sinn sind also einerseits Problem. Als solches ist es wie bei anderen Symptomen und dysfunktionalen Verhaltensweisen wichtig, sie zu erkennen, sie zu begrenzen und sie zu beenden. Das Zulassen von Spielen verstärkt und verfestigt die damit verbundenen Einstellungen und Erfahrungen.

Andererseits sind Spiele eine frühe, meist kindliche kreative Form der Lösung. Sie geben dem Kind/Jugendlichen Sicherheit darin, wie es fühlen und sich verhalten kann, siehe oben den Nutzen der Spiele. Es gilt, respektvoll und achtsam mit ihnen umzugehen. Die Aufdeckung des Spiels sollte verbunden sein mit einer Lösung der darunter verborgenen Not des Kindes. Zum Beispiel mit der Frage: ‚Was willst Du gerade von mir?'.

Im Beispiel: Für den Fall, dass sie eine Frage hat und etwas ändern möchte, gilt es, die Lehrerin darin zu unterstützen, ihr Retter-Verhalten wahrzunehmen, ohne dass sie sich dadurch beschämt fühlt. Auf diese Weise kann sie lernen, sich in sozialen Situationen nicht immer wieder als Opfer anzubieten und Patrick in seiner Kompetenz fördern. Patrick kann in diesem Prozess lernen, dass er die Tendenz hat, sich als Opfer anzubieten. Er kann verstehen, dass das zu seiner Lebensgeschichte gehört – und dass er sich dafür nicht schämen muss. Er kann lernen, sich in Beziehungen mit seiner Kraft und Potenz einzubringen, ohne sich zum Opfer oder Täter zu machen.

2.2.6 Das Prinzip des guten Grundes – die Drei Schritte Transaktion

Eine erste praktische Annäherung

Jedes Fehlverhalten, jedes dysfunktionale Verhalten hat einen *guten Grund*, der achtenswert ist und das eigentliche Motiv hinter dem Symptom ‚Fehlverhalten'. Aufgabe von PädagogInnen ist es, dieses authentische Anliegen hinter dem Problem zum Ausdruck und zur Lösung zu verhelfen.

Dieser Gedanke, der so banal klingt, ist eine der wichtigen und wesentlichen Voraussetzungen für heilpädagogisches Handeln. Dysfunktionales Handeln von Kindern, Jugendlichen und Erwachsenen, das sich gegen andere oder sie selbst wendet, ist nicht zu akzeptieren und muss zeitnah beendet werden, damit die damit verbundenen Muster sich nicht chronifizieren und verstärken. Zugleich ist es für die beteiligten PädagogInnen oft notwendig und hilfreich, zu verstehen, dass diese manchmal furchtbaren Verhaltensweisen Überlebenslösungen waren, die dem eigenen psychischen Überleben und oft auch der Loyalität in der Familie gedient haben. Was auf der Oberfläche aussehen kann wie ein verrücktes, provokantes Verhalten, kann auf der psychologischen Ebene der Schutz vor unaushaltbarer Angst und Haltlosigkeit sein. Mit dieser Überragung umzugehen, sie also als solche wahrzunehmen, sie zu verstehen und sie als kindliche Lösung zu achten, ist in der Jugendhilfe eine wichtige und zentrale Aufgabe.

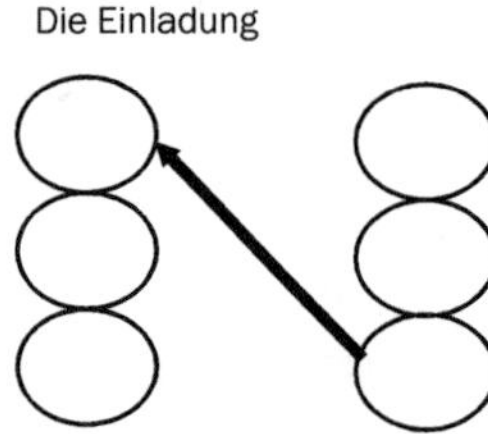

Abb. 11: Das Symptom

In der 3-Schritte-Transaktion setzen wir diesen meist komplexen und langwierigen Prozess in drei Stufen um:

- Im *1. Schritt* geht es z. B. darum, z. B. rebellisches Verhalten zu begrenzen, ohne den Jugendlichen zu beschämen – also ihm durchaus klare Grenzen aus dem positiv kritischen Eltern-Ich zu setzen. Es geht um die Beziehungserfahrung, dass Grenzen möglich sind, ohne dass Tim verletzt oder weggeschickt wird. Tim erlebt hier, dass es Möglichkeiten gibt, aus dem positiv kritischen Eltern-Ich zu handeln.

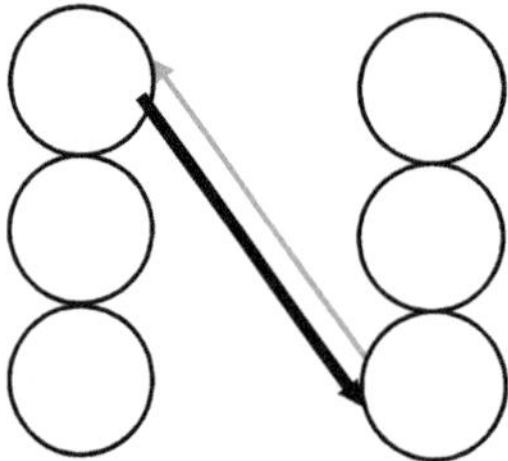

Abb. 12: 1. Schritt – Abholen, z. B. Grenzen setzen

- Im *2. Schritt* geht es darum, für das authentische Anliegen Verstehen und Annahme zu zeigen, also z. B. ihm zu sagen, dass sie verstehen, dass ihn die Situation beunruhigt und Angst macht – und dass er dann vielleicht eher seine bis dahin verborgene Angst wahrnimmt. Diese Intervention kommt aus dem positiv fürsorglichen Eltern-Ich. Tim kann erleben, dass er in seinem authentischen Erleben, seinem wahren Selbst, gesehen wird, ohne beschämt oder verletzt zu werden.

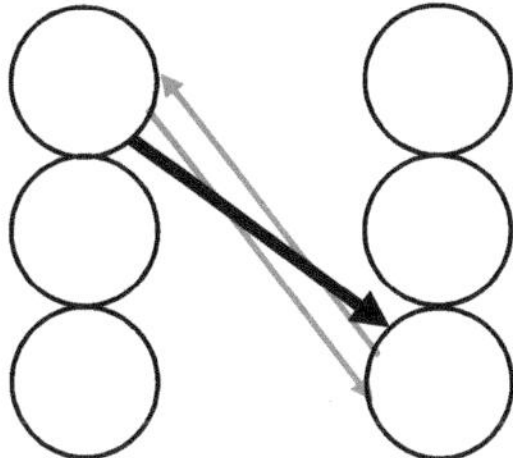

Abb. 13: 2. Schritt – Vertiefen, Resonanz geben

- Im *3. Schritt* geht es darum, ihm Wertschätzung zu geben, dafür, dass er mit sich reden lässt, und mit ihm Verabredungen zu treffen, was er machen kann, wenn er wieder so angsterregt ist – damit er nicht wieder die Angst durch Aggression übertönt. Diese Intervention kommt aus dem Erwachsenen-ich und spricht damit das Erwachsenen-Ich von Tim an.

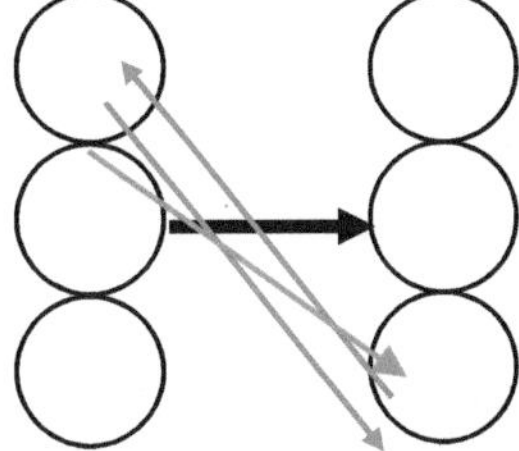

Abb. 14: 3. Schritt – Muster benennen und Alternativen entwickeln

2.3 Die Person – innerpsychische Aspekte

Die nächsten beiden Kapitel gehen der Frage nach, wieso Kinder und auch Menschen allgemein Probleme entwickeln und daran festhalten, obwohl sie sich damit schaden. Viele Kinder, die in der stationären Jugendhilfe aufgenommen werden, erleben meistens verlässliche, zugewandte, transparent und plausibel handelnde PädagogInnen, die mit den Verhaltensproblemen der Kinder angemessen umgehen und die Kinder zu Veränderungen ermutigen, bestärken und begleiten. Modelle, Regeln, Klärungen, Anleitungen – in vielfältiger Weise werden die Kinder an passende Verhaltensweisen herangeführt.

Es finden von Seiten der MitarbeiterInnen meistens keine aktuellen Missachtungen, Grenzüberschreitungen oder Vernachlässigungen statt, die das Kind aktuell in das symptomatische, schwierige, dysfunktionale Verhalten einladen. Dennoch halten diese an ihren Verhaltensweisen und Einstellungen fest. Sie bleiben grenzüberschreitend, selbst- oder fremdverletzend, haben kurze Besserungsphasen, und gehen dann wieder in das alte Drama hinein. Eine typische Schwierigkeit ist, dass die Peergruppe dazu einlädt, das alte schwierige Verhalten zu wiederholen, aber auch alltägliche Anforderungen, das Verhalten der Lehrerin oder eine nicht bestandene Klausur können das alte Drama wiederbeleben.

Die beiden Kapitel fragen nach dem *guten Grund* dafür und geben Ideen zur Bearbeitung dieser Dynamiken.

2.3.1 Skript und Bezugsrahmen

Kinder ordnen die vielfältigen Eindrücke und Erfahrungen, die sie erleben, zu einem bestimmten Bild ihrer selbst, der anderen und der Welt als Ganzem. Aus dem Erlebten entwickeln sie wie von selbst

- ein Bild von sich (z. B.: Ich bin die Person, die genährt und angelächelt wird),
- Bilder der anderen (z.B.: Mutter kommt, wenn ich rufe, und beruhigt mich)
- und auch Bilder der Welt (z.B.: Es gibt ein Zusammensein mit mehr Personen und jeder wird darin gesehen).

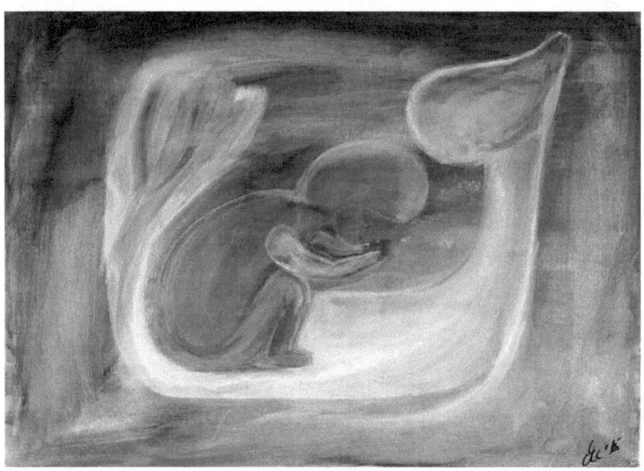

Abb. 15: Früh (M. Christoph 2015)

Die Definition des Skripts bezieht sich auf das Bild, das jeder von sich selbst entwickelt (vgl. Berne 1975). Weiter gefasst ist der Begriff des Bezugsrahmens (vgl. Schiff et al. 1975), der auch andere wie z. B. die Bezugspersonen und die

Weltsicht aus dem Erleben der kindlichen Welt, wie oben beschrieben, einbezieht.

Diese Bilder verändern sich im selben Umfang, wie sich die Welt des Kindes erweitert, aber im Allgemeinen bauen sie aufeinander auf. Neue Erfahrungen werden im Sinn früherer Erfahrungen ausgelegt, d. h. dem bereits bestehenden Selbst- und Weltbild eingepasst.

Das Skript ist ein Lebensplan oder Drehbuch, das wir aufgrund unserer frühen Erfahrungen und aufgrund der Erwartungen und Einflüsse der Eltern in seinen Grundzügen bereits vor dem sechsten, meist sogar bereits im Lauf des dritten Lebensjahrs entworfen haben. Er beinhaltet Aussagen

- über unsere Da-Seins-Berechtigung,
- über die Art, wie wir denken, fühlen und handeln,
- über die Art, wie andere dies tun (‚Männer sind so und so'),
- über die Art, wie die Welt funktioniert, und über die Qualität des Lebens
- sowie über den Wert von uns selbst und anderen in der Welt.

Im Skript sind so auch Aussagen über den Ablauf unseres Lebens (‚Was muss ich alles tun, um dann glücklich zu sein?'). Dabei kann das Skript sowohl als Drang, eine problematische Kindheitssituation zu wiederholen, verstanden werden als auch als Konkretisierung eines Mythos oder Märchens.

Skriptentstehung

Basis der Skriptbildung sind die Botschaften der Eltern (und gegebenenfalls anderer enger Bezugspersonen) aus allen Ich-Zuständen, verbaler wie nonverbaler Art. Diese Botschaften werden vom Kind aufgenommen, auf seine Weise verarbeitet und in der Säuglingszeit überwiegend als Körpererfahrung gespeichert. Anfangs sind es ganz basale Botschaften: ‚Wenn ich lache, lacht Mama auch' (freundliche Stimmung), oder: ‚Wenn ich schreie, kommt Papa und tröstet mich, das fühlt sich gut an'. Diese einfachen gefühlten Botschaften werden nach und nach durch gesprochene Botschaften ersetzt und sprachlich gespeichert. Das Skript entsteht dabei durch zwei sich wechselseitig beeinflussende Mechanismen:

1) Durch den Mechanismus der *Introjektion, d. h. Einflüsse, die von außen kommen (Eltern etc.), die das Kind ins Eltern-Ich introjiziert* (aufnimmt) und in einem fortlaufenden Prozess zur Maxime für sich selbst macht und auf die es dann mit den Skriptentscheidungen antwortet; und/oder:
2) Durch die *Reaktionen und Entscheidungen* des Kindes. Diese Entscheidungen sind *Skriptentscheidungen* (vgl. Goulding/Goulding 1981) als Antwort auf diese äußeren Einflüsse. Das Kind reagiert aus seiner verwundbaren Si-

tuation heraus mit Gefühlen (K) auf Botschaften, die es erreichen, und dann, nachdem es Wege gefunden hat, in der Situation so gut wie möglich zurechtzukommen (ER), antwortet es mit Entscheidungen (ER). Wenn diese Entscheidungen durch diejenigen verstärkt werden, die die Botschaften gegeben haben, so werden sie zu Antwortmustern (EL) und werden so in das überdauernde Lebensskript übernommen.

Kinder treffen diese einschränkenden Entscheidungen aus ihrer Vulnerabilität heraus (vgl. Woollams/Brown 1978). Diese Verletzlichkeit ist bedingt durch den Mangel an Kraft, das unreife Denken, den Mangel an Informationen und an Möglichkeiten.

2.3.2 Grundbotschaften und Einschärfungen

Grundbotschaften sind Botschaften aus dem Kind-Ich der Eltern. Die destruktiven Grundbotschaften werden auch Einschärfungen genannt. Ihre besondere Färbung erhalten sie je nachdem, woran die Eltern selber leiden. Das Kind spürt das Leiden der Eltern und nimmt es in sich auf und interpretiert das Verhalten aus diesem Leiden heraus im Sinne einer Botschaft. Destruktive Grundbotschaften sind verdeckte Botschaften. Eltern sind sich selber dessen gar nicht bewusst, was sie damit auslösen. Diese Botschaften umfassen alle wichtigen Entwicklungsbereiche des Kindes. In jedem dieser Bereiche macht das Kind prägende Erfahrungen, die es zu inneren ‚frühen Entscheidungen' und ‚Überzeugungen' formt.

Einschärfungen und frühe Entscheidungen

Der Begriff Entscheidung ist hier nicht gemeint als eine Entscheidung, die in Freiheit unter Abwägung von verschiedenen Optionen durchdacht und dann gefällt wird, sondern als ein Prozess des Erlebens von Wirklichkeit und den Erfahrungen mit unterschiedlichen Verhaltensweisen. Diese Erfahrungen werden zu internen Mustern und in dieser Musterbildung haben Menschen auch als Kinder gewisse Grade der Freiheit. Auf die Einschärfung ‚Sei nicht normal/sei nicht gesund' kann das eine Kind sich entscheiden, psychisch krank zu werden und sein Leben als Patient in der Psychiatrie zu verbringen – und der Bruder, der das Gleiche vermittelt bekommen hat, wird möglicherweise Arzt in der psychiatrischen Klinik und verbringt auf diese Weise sein Leben dort.

Tab. 5: Entwicklungsbereiche

Entwicklungsbereich		
Einschärfung	Wie wird die Botschaft vermittelt (Beispiele)	Mögliche Entscheidungen, die das Kind als Antwort treffen kann
sich auseinandersetzen/sich ausprobieren/initiativ sein dürfen		
Nicht! Oder: Lass das! Finger weg!	Dieses destruktive Grundgebot wird von Eltern vermittelt, die Angst haben. Aus ihrer Angst heraus erlauben sie dem Kind vieles nicht, was völlig normal ist. Das Kind erlebt, dass nichts von dem, was es tut, richtig oder sicher ist.	„Ich kann mich nicht entscheiden. Ich brauche jemanden, der für mich entscheidet. Die Welt ist so schrecklich – ich habe Angst, etwas falsch zu machen."
Existenz/Da-Sein		
Sei nicht.	Von allen Botschaften ist diese die tödlichste. Eltern können dem Kind die Botschaft vermitteln, wenn Du nicht wärst, so würde unser Leben besser aussehen, usw.	„Ich sterbe und wenn ich tot bin, wirst Du mich endlich lieben." – oder: „Ich kriege Dich schon, selbst wenn ich dabei draufgehe."
Einlassen/Hingabe/Nähe		
Lass Dich nicht ein/sei nicht nah.	Mangel an körperlicher Berührung und Mangel an positiven Verstärkern oder auch der Verlust von Eltern durch Tod oder Scheidung kann bewirken, dass das Kind sich zurückgewiesen und als nicht gewollt erlebt mit seinem Bedürfnis nach Nähe.	„Ich werde meine Wünsche nach Nähe und Intimität immer unterdrücken." „Ich werde nie mehr jemandem trauen. Ich werde mich nie mehr auf jemanden enger einlassen."
eigene Bedeutung und Wichtigkeit		
Sei nicht wichtig.	Eltern werten die Bedürfnisse, Gedanken und Gefühle des Kindes ab. „Stell Dich nicht so an!" „Erst kommen die anderen und dann – vielleicht – Du!"	„Niemand lässt mich etwas sagen oder machen. Alle anderen gehen vor."
Bedürftigkeit/Raum für Entwicklung		
Sei kein Kind.	Wenn es keinen Platz und Raum für die Bedürfnisse des Kindes gibt, wenn Mutter überfordert ist und das Kind schnell groß werden muss, um Mutter zu unterstützen, so kann das Kind zu der Entscheidung kommen.	„Ich werde nie mehr um etwas bitten. Ich werde mich immer um Mutter sorgen."
Autonomie/Selbständigkeit/Kraftvoll und kompetent sein dürfen		
Werde nicht erwachsen.	Mutter, die dem Kind vermittelt, dass es noch immer bedürftig ist, weil sie sie in Wirklichkeit braucht. („Bleib bei mir!")	„Gut, ich bleibe klein und hilflos, dumm, sexuell unattraktiv."
Fähigkeit/Erfolg		
Schaffs nicht.	Eltern, die das Kind entmutigen durch überhöhte Anforderungen, kein Lob.	„Ich bin sowieso zu dumm, ich schaff es eh nicht!"
Identität/Authentizität		
Sei nicht Du selbst.	Wenn vorher ein anderes Kind gestorben ist und die Eltern sich noch nicht verabschiedet haben von diesem Kind, dann ist das ‚neue' Kind möglicherweise besetzt von den Bildern des gestorbenen Kindes.	„Ich selbst bin nicht gewollt! Nur wenn ich mich benutzen lasse, habe ich einen Platz!"
Gesundheit/Normalität		
Sei nicht gesund/normal.	Wenn Eltern sich selbst Zuwendung darüber holen, dass sie sich als krank oder schwierig erleben, vermitteln sie auch dem Kind, dass es nur darüber Zuwendung bekommt.	„Nur wenn ich schwierig, leidend oder krank bin, hab ich einen Platz in der Welt."
Zugehörigkeit		
Gehöre nicht dazu.	Eltern erleben sich selbst nicht als zugehörig und ermutigen das Kind nicht, sich z. B. im Kindergarten einzulassen und Freunde zu haben.	„Ich gehöre nicht zu den anderen in der Welt. Die Welt ist gefährlich und ich verrate unsere Familie, wenn ich froh hinausgehe."
Denken können/Intellektualität		
Denke nicht.	Eltern, die ihr Kind beschämen, wenn es sich mit Fragen oder Ideen zeigt.	„Ich bin dumm. Wenn ich mich zeige, werde ich beschämt!"
emotionale Kompetenz		
Fühle nicht; fühle nicht, was Du fühlst, sondern was ich fühle.	Eltern, die eigene Gefühle abwehren und auf Gefühle des Kindes nicht angemessen eingehen oder es auch beschämen dafür.	„Ich fühle nichts! Gefühle sind gefährlich!"

Wieso sind diese Entscheidungen so stark und prägend? Wieso halten Kinder und auch Erwachsene daran fest?

Diese Entscheidungen sind das Resultat der frühkindlichen und kindlichen Erfahrungen – und die Einschärfungen beschäftigen sich mit den leidvollen Seiten dieser Entwicklung. Das Kind erlebt sich in massiver und wiederholter Weise in Frage gestellt und nicht gewollt mit diesen Aspekten seines Selbst-Seins, Da-Seins, Denkens, Fühlens und so weiter. Diese Gefährdung ist so nicht aushaltbar. Sie hat für das Kind existenziellen Charakter und daher stellt sich das Kind auf diese Gefahr ein. Deswegen sprechen wir hier auch von Überlebensentscheidungen. Es passt sich an die erlebte Botschaft an: Das Kind, das die Botschaft erlebt: ‚Sei kein Kind, brauche nichts!', stellt sich darauf ein, indem es eigene Bedürfnisse verdrängt.

Dies hilft ihm, weniger akute Angst und Zurückweisung zu spüren – und reduziert auf diese Weise innere und äußere Not. Das Kind erlebt sich auf diese Weise auch handlungsfähiger in einer Welt, in der es mit seinen Bedürfnissen nicht willkommen ist. Es entwickelt auf diese Weise auch ein Bild seiner selbst, mit dem es sich identisch fühlt. Auch dies gibt ihm Sicherheit, um sich mit seinen Bezugspersonen und in der Welt zu orientieren.

Aufgrund des in dieser Lebensphase noch nicht entwickelten erwachsen realistischen Denkvermögens (im Sinne eines ‚erwachsenen' Denkvermögens) entwickeln und speichern Kinder ihre Vorstellungen darüber, was die Eltern oder andere nahe Bezugspersonen von ihnen wollen. Nicht immer ist das, was das Kind für sich als Ergebnis abspeichert, der Botschaft angemessen. Das Kind hat noch keine Möglichkeit, aus der konkreten Situation oder den konkreten Worten die Bedeutung und die Mächtigkeit einer solchen elterlichen Botschaft abzuschätzen.

Ein Kind, dessen Mutter kurz nach der Geburt durch Krankheit für längere Zeit von zu Hause weg ist, könnte daraus den Schluss ziehen, dass die Mutter böse ist mit ihm und es sich *besonders anstrengen muss*, damit die Mutter wiederkommt und das Kind lieb hat (Fehlschluss mit Folgen!).

Wenn Kinder ihren einschränkenden frühen Entscheidungen folgen, entwickeln sie sich meist nicht so, wie Eltern es sich wünschen. Dann geben Eltern ihren Kindern ‚gute Ratschläge', wie sie ihr Leben bewältigen können. Diese können wir bei den Kindern und Jugendlichen beobachten, da sie das Verhalten stark beeinflussen.

2.3.3 Antreiber/Gegeneinschärfungen

Antreiber sind Botschaften aus dem Eltern-Ich der Eltern. Sie sind Ideen der Eltern, was Menschen tun müssen, um in der Welt klarzukommen. Diese Ideen sind restriktiv und einschränkend und können, wenn sie befolgt werden, Wachstum und Flexibilität einschränken. Kinder können häufig den Ursprung dieser Botschaften noch zuordnen, sie formulieren z. B.: „Meine Mama sagt immer, ich soll mich eilen, sonst schaff ich das alles nicht".

Zu diesen Botschaften aus dem Eltern-Ich der Eltern gehören (vgl. Kahler 1978) die zusammengestellten Antreiber:

- Sei stark!
- Streng Dich an!
- Beeile Dich!
- Mach's mir recht! (Please me!)
- Sei perfekt!

Tab. 6: Phänomenologie der Antreiber

Antreiber	**Sprache**	**Stimme**	**Gestik**	**Ausdruck**
Mach's mir recht	Könntest Du? Meinst? ...	bittend leise, weinerlich	bittend, ausgestreckte Hände	ausweichend, unterwürfig
Beeil Dich	Halbsätze, Wortschwall, fangen wir an, ...	sehr schnell, ungeduldig	hektisch, sich winden	unruhiger Blick, verkniffene Augenbrauen,
Sei stark	Es macht mir nichts, das geht schon, ...	barsch, hart, monoton	Arme verschränkt, starre Haltung	verhärtet kalt, bewegungslos
Sei perfekt	nummerieren und alphabetisieren, Schachtelsätze, vielleicht, wahrscheinlich	abgehackt, fordernd	Zeigefinger betont, abgezirkelte Gestik	streng, ernst, herabschauend
Streng Dich an	zwei Fragen nacheinander, kann nicht, weiß nicht, versuchen	vorwurfsvoll, ungeduldig	drängend, ungestüm, steife Schultern	verwirrter Blick, zu viel Mimik

Das Kind entscheidet, dass es *nur dann O.K.* ist, wenn es seine Antreiber erfüllt. Antreiber sind eindeutig und klar formuliert und ohne Geheimnisse. Wer einem Antreiber folgt, ist überzeugt, dass er dies zu Recht tut, und er wird seine Position verteidigen.

In demselben Bereich werden die Einflüsse vom Eltern-Ich der Eltern als Counter-Injunctions bzw. Gegeneinschärfungen bezeichnet (vgl. Goulding/Goulding 1981), auch diese bilden ein Gegengewicht zu den destruktiven Einschärfungen/Bannbotschaften, sie sind individuell formuliert, z. B.: „In unserer Familie sind wir alle sehr beherrscht – sei das auch!".

Leistet der Klient dem Antreiber oder der Gegeneinschärfung Folge, so braucht er seiner destruktiven Grundbotschaft nicht zu folgen. Hat der Klient z. B. die Botschaft entwickelt: „Sei nicht!", und den Antreiber: „Arbeite hart, Streng Dich an!", so kann er sein Leben retten, wenn und solange er hart arbeitet, und dadurch seine suizidalen Impulse ignorieren.

Aus diesem Grund kommt es in Beratungs- und Therapieprozessen auch häufig zu einer Verschlimmerung der Befindlichkeit des Klienten. Wird der

Antreiber ‚aufgehoben', so spürt der Klient häufig die darunter liegende Einschärfung, die häufig macht- und leidvoller ist bzw. so erlebt wird.

Konterdynamik: Hiermit ist ein Denken gemeint, das an der grundsätzlichen Dynamik festhält, aber versucht, ihr durch gegenteiliges Verhalten zu entkommen. Viele Jugendliche aus dem Bereich der Jugendhilfe haben das Bild, dass sie eigentlich perfekt sein müssten (da sie ja so, wie sie sind, nicht liebenswert sind), dass sie aber sowieso keine Chance haben, dies umzusetzen. Daher können sie auch direkt jedes Bemühen um Ordnung, Erfolg und Struktur mit dem Satz „Mir doch egal!" sein lassen.

Das Lebensskript ist den (erwachsenen) Menschen meist nicht bewusst, dennoch steuern sie ihr Leben so, dass es zu ihrem Skript passt. Das Erkennen des individuellen Lebensskripts kann Menschen helfen, herauszufinden, warum sie sich „ohne es zu merken" in Schwierigkeiten bringen und welche Möglichkeiten sie haben, daraus resultierende Probleme zu lösen.

2.3.4 Skripttypen

Es gibt typische Skriptmuster (vgl. Steiner 1982), die bestimmte Störungsbilder bewirken, so führt z. B. das „lieblos"-Skript zu Depression und möglicherweise zur Suizidalität, das „kopflos"-Skript zu psychischen Erkrankungen und das „freudlos"-Skript zu Abhängigkeit. In den letzten Jahren ist ein weiteres Skriptmuster (vgl. Jecht/Kauka 2017) deutlich geworden, das „haltlos"-Skript, das wir bei den Jugendlichen häufig erleben. Tabelle 7 zeigt die einzelnen Elemente in der Übersicht.

Tab. 7: Skripttypen

Skripttyp	lieblos	kopflos	freudlos	haltlos
verlorene Funktion	Intimität	Bewusstheit	Spontaneität	Bindung/ Beziehung
typische Einschärfungen	Sei nicht! Sei nicht nahe!	Denk nicht! Sei nicht du selbst!	Fühle nicht! Schaff es nicht!	Sei nicht du selbst! Schaff es nicht!
typische Beschwerden	Mangel an Zuwendung, Anerkennung, starke Einsamkeit	Verwirrung; Angst, verrückt zu werden; Abwertungen von sich und anderen	Verlust von Körperempfindungen, Körpermissempfindungen, Gefühllosigkeit	Unruhe innen und außen, ADHS, Bulimie, Selbstverletzung
Endauszahlung: banales Skript	Depression	Konfusion	Langeweile	Rastlosigkeit
Endauszahlung: tragisches Skript	Selbstmord	Psychose	Abhängigkeit/Sucht	Außenseitertum
therapeutische Schwerpunkte	Zuwendung, emotionsbezogene Arbeit	Erklärungen, kognitive Arbeit	Zentrierung, körperbezogene Arbeit	Halt, beziehungsorientierte Arbeit

2.4 Der Kontext – systemische Aspekte

Eric Berne baute sein Bild des Menschen und seiner Entwicklung von Anfang an auf der Beziehung und der Verbundenheit in einer transgenerationalen Mehrpersonenkonstellation auf. Die Identität der einzelnen Person basiert auf einer gelingenden Integration früher Erfahrungen und der Verinnerlichung/Introjektion bedeutsamer anderer Personen. Wenn wir Kinder/Jugendliche unterstützen wollen, sich zu entwickeln und dysfunktionale Muster loszulassen, so müssen wir uns auf der Ebene des Kontextes fragen:

- Wem ist das Kind in seinem Verhalten und seinen Einstellungen wie verbunden?
- Wie sorgt es in seiner Art der Entwicklung für sich und seine soziale Umwelt?
- Wem gilt seine Loyalität? Wem ist es wie auf eine tiefere Weise (auch in Liebe) verbunden?
- Was braucht es von wem, um seine frühe Art der Verbundenheit zu lösen und angemessenere Formen der Beziehung zu entwickeln?

2.4.1 Bezugsrahmen und Loyalität

Der Bezugsrahmen ist so etwas wie ein *Orientierungssystem*, mit dem Menschen sich in der Welt zurechtfinden. Es ist das Orientierungssystem, mit dem Menschen äußere Wirklichkeit aufnehmen und zu innerer, subjektiver *Wirklichkeit verarbeiten*. Es ist die Art und Weise, wie Menschen sich, die anderen und die Welt wahrnehmen, wie sie darüber ihr Denken, Fühlen und Handeln entwickeln. Im Bezugsrahmen drückt sich aus, was wir vermittelt bekommen haben an Bildern und Einstellungen über uns selbst, die anderen und die Welt – und wie wir in der Welt zu reagieren haben. In der Gestaltung des Bezugsrahmens sind Menschen verbunden mit ihrer Umwelt. In ihm findet die soziale und inhaltliche Abstimmung mit den bedeutsamen anderen, bzw. mit den bedeutsamen sozialen Systemen statt. Der individuelle Bezugsrahmen ist auf diese Weise auch so etwas wie die Vermittlungs- und Anbindungsstelle für die bedeutsamen sozialen Systeme (Eltern, Peergroup, …).

Diese erlernte und seit der Kindheit gewonnene Sichtweise gibt *psychische Sicherheit* im Umgang mit sich selbst, den anderen und der Welt. Menschen praktizieren auf diese Weise auch ihre Zugehörigkeit zur Familie, bzw. zu den bedeutsamen Personen. Das Aufrechterhalten des Bezugsrahmens ist auf diese Weise auch als Akt der Loyalität zu verstehen.

Unter Loyalität versteht Boszormenyi-Nagy ein Gefühl der Verbundenheit und Verpflichtung, das die Klammer zwischen den Bedürfnissen und Erwartungen eines sozialen Verbandes (z. B. der Familie) und „dem Denken, den Gefühlen und Motivationen jedes einzelnen Verbandsmitgliedes als Person" herstellt (Boszormenyi-Nagy/Spark 1973, S. 15). Loyalität ist eine ethische Form der Bindung. Sie macht verständlich, wie eine Familie über Generationen hinweg ihre Kontinuität und Kohärenz wahrt, Verhaltensmuster, Wertvorstellungen und Aufträge tradiert und so auch eventuell dysfunktional wird.

Boszormenyi-Nagy sieht den einzelnen in ein Mehrpersonen-Loyalitätsgewebe eingebettet. Innerhalb des damit gegebenen Bezugsrahmens spielen Phänomene wie Vertrauen, Verdienst, Auftrag und Erfüllung eine ungleich wichtigere Rolle als die „psychischen" Funktionen des „Fühlens" und „Wissens". Die Dynamik von Gruppen und vor allem von Familien erhellt sich, sobald man weiß, wer mit wem durch eine oft verdeckte Loyalität verbunden ist und was diese für die so Verbundenen bedeutet. Solche Loyalität vermag sich gerade durch ein Verhalten zu beweisen, das sich für den Verhaltensträger gesundheitsschädigend bzw. destruktiv auswirkt. Eine erwachsene Tochter beweist etwa ihre Loyalität ihrer alternden Mutter gegenüber, indem sie sich unmündig, krank und pflegebedürftig verhält. Oder sie beweist ihre (verborgene) Loyalität dem Vater gegenüber, indem sie ihren Ehepartner abwertet, ihre Ehe schließlich zerstört, ihrem Vater aber dadurch vermittelt, dass nur er als Mann für sie zählt.

Sprachlich hat das Wort „Loyalität" seine Wurzel im französischen Wort „loi" (= Gesetz) und bedeutet somit gesetzestreues Verhalten. Auf der Ebene eines Systems (Familie, Gruppe, sonstiger sozialer Verband) lässt sich Loyalität als die Erwartung der Einhaltung bestimmter Regeln verstehen, bei deren Missachtung Sanktionen drohen. Auf individueller Ebene schließt sie „Identifizierung mit der Gruppe, Vertrauen, Verlässlichkeit, Verantwortungsgefühl, gewissenhafte Pflichterfüllung, Treue und unerschütterliche Ergebenheit" ein (Boszorenyi-Nagy/Spark 1973). Die psychische Strukturierung des Einzelnen lässt sich somit als Verinnerlichung von loyal übernommenen Erwartungen und Geboten begreifen. Von daher erweist sich Loyalität als ein Schlüssel zum Verständnis der Delegationen und ihrer Entgleisungen. Konflikthafte Beauftragungen etwa leiten sich häufig von einem „Vermächtnis gespaltener Loyalität" her. Die *individuelle und die Systemebene* zeigen sich somit durch eine generationenübergreifende Motivationsstruktur verklammert.

Der Bezugsrahmen – als Ausdruck dieser Loyalität – wird, falls er infrage gestellt wird, aufrechterhalten durch die verschiedenen Formen der Passivität, u. a. durch dysfunktionale symbiotische Beziehungsgestaltung. Das Konzept der Symbiosen hilft, die Art und die Inhalte der Verbundenheit deutlicher zu verstehen, zu würdigen und Lösungen zu entwickeln.

2.4.2 Symbiosen und Netzwerksymbiosen

Symbiose wird definiert als eine Beziehungsform, in der zwei oder mehr Individuen sich so verhalten, wie wenn sie zusammen nur eine Person bilden würden. Symbiosen sind abhängige Bindungen, Beziehungen (vgl. Schiff et al. 1975), die darin bestehen, dass sich zwei oder mehr Partner in ihrer je komplementären Rolle fixieren und damit eigene Fähigkeiten und Entwicklungsmöglichkeiten vernachlässigen und insbesondere auch auf ihre Eigenständigkeit und Autonomie verzichten. Diese Form der Symbiose ist zu unterscheiden von der physiologischen oder gesunden Symbiose, die zur Autonomieentwicklung verhilft. Die Symbiosen werden sowohl im Ich-Zustandsmodell wie am Anfang beschrieben als auch im Strukturmodell 2. Ordnung, das die Entwicklung der Ich-Zustände berücksichtigt. Diese Darstellung geht davon aus, dass im Kind-Ich-Zustand sowohl ein kindliches EL, ein ER und ein K vorhanden sind.

Symbiose 1. Ordnung

Beispiel 1. Ordnung: Die Mutter versorgt den Sohn übermäßig. Er wird von ihr versorgt – und ist zugleich ihr ‚kleiner Prinz', ihr Ersatzmann.

Die *Symbiose 1. Ordnung* thematisiert die Beziehungsgestaltung auf der Verhaltens- und Rollenebene – eher auf der Oberfläche.

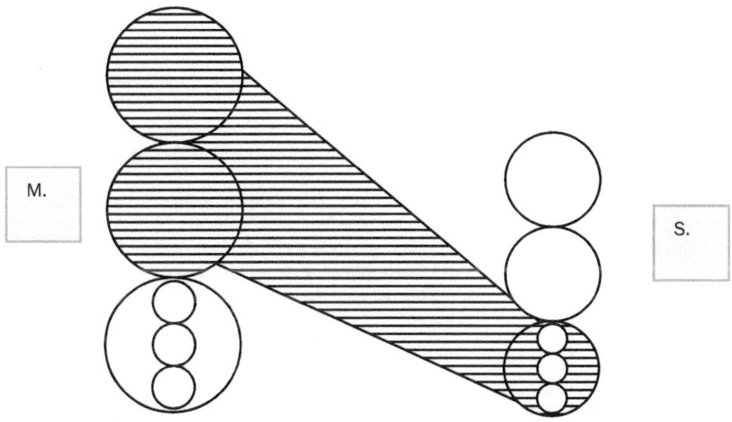

Abb. 16: Symbiose 1. Ordnung

Symbiose 2. Ordnung

Beispiel 2. Ordnung: Der Sohn sorgt für Mutter, indem er sich klein und abhängig macht. Er macht die Familiensituation so für Mutter erträglicher und vermeidet so für ihn selbst existenziell beängstigende Situationen.

Die *Symbiose 2. Ordnung* thematisiert eher die interpersonale psychische Dynamik zwischen den Personen. Was ist die psychologische Motivation für das Aufrechterhalten der meist leidvollen Beziehungsmuster?

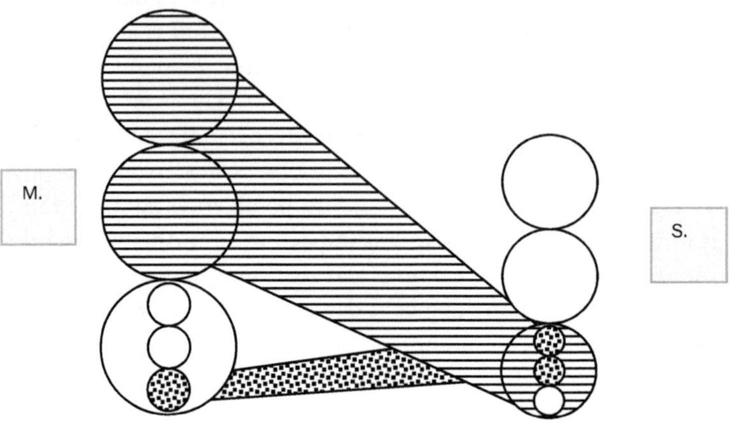

Abb. 17: Symbiose 2. Ordnung

Vernetzte Symbiosen

Jedes Familienmitglied trägt dazu bei, dass die Familie ihre Lebenssituation dem Familienskript entsprechend aufrechterhält.

In den unterschiedlichen Symbiosen 1. und 2. Ordnung werden jeweils die gleichen Skriptsätze bzw. jeweils der gleiche Bezugsrahmen aufrechterhalten.

Symbiose 1: *1. Ordnung:* Die Mutter versorgt den Sohn übermäßig. Er wird von ihr versorgt – und ist zugleich ihr ‚kleiner Prinz' – ihr Ersatzmann. *2. Ordnung:* Der Sohn sorgt für Mutter, indem er sich klein und abhängig macht. Er macht die Familiensituation so für Mutter erträglicher.	Symbiose 2: *1. Ordnung:* Der Sohn wertet den Vater als Versager ab, stellt sich so über ihn. Der Vater duldet diese Abwertung. *2. Ordnung:* Der Sohn entlastet den Vater sowohl von seiner familiären Rolle als Partner der Mutter als auch, indem er sich dem Vater nicht mit seinen Bedürfnissen zumutet. Auf diese Weise sorgt er mit dafür, dass der Vater in der Familie bleiben kann.
Symbiose 3: *1. Ordnung:* Die Mutter verhält sich dem Vater gegenüber dominant und abwertend. Der Vater verhält sich hilflos und ohnmächtig. *2. Ordnung:* Beide sorgen auf diese Weise dafür, dass sowohl sie selbst als auch der andere bleiben können, ohne der alten Angst, bei Nähe ‚verletzt' zu werden, zu nahe zu kommen.	Symbiose 4: *1. Ordnung:* V verhält sich wie sein Vater. *2. Ordnung:* V bleibt seiner Herkunftsfamilie loyal.

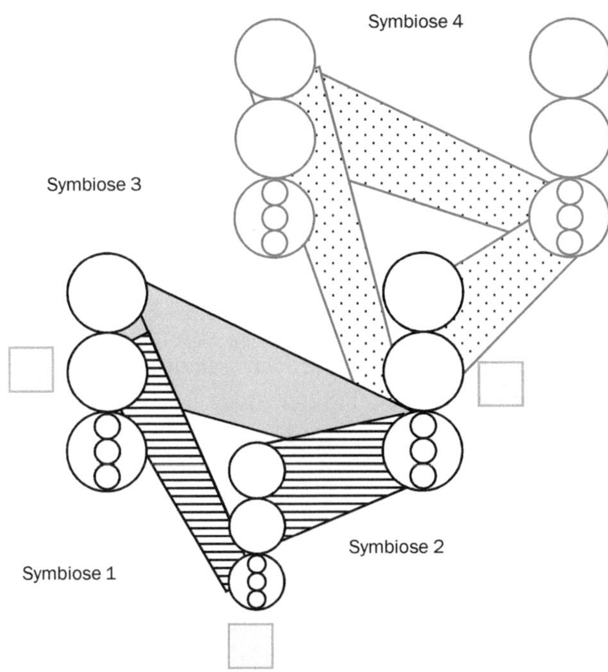

Abb. 18: Vernetzte Symbiosen

Im Modell der vernetzten Symbiosen wird der Aspekt der Gerechtigkeitsbilanz (Stierlin 2005, S. 37) deutlich. Mit Hilfe der Symbiosen 1. und 2. Ordnung wird der Beitrag jedes Familienmitgliedes zur Aufrechterhaltung der Familie fokussiert.

Hier wird deutlich, dass die Entwicklung von Kindern/Jugendlichen in sozial- oder heilpädagogischen Maßnahmen notwendig mit den anderen Familienmitgliedern abgestimmt werden muss oder aber, dass vorrangige, höherrangige Probleme und Aufgaben angegangen werden müssen, bevor eine Veränderung auf der Ebene des Kindes angeregt werden kann. Die Entwicklung einer Person führt in diesem fein gesponnenen Netzwerk zu nachhaltigen Veränderungen. Hier ist die Aufgabe der Professionellen, diese Loyalität nicht als lästiges Überbleibsel der Herkunftsfamilie zu nehmen, sondern als Ausdruck und Ressource der Geschichte des Kindes zu sehen und zu würdigen.

2.4.3 Ordnung und Struktur als Grundbedürfnis

Das Kind/der Jugendliche entwickelt – wie in den vernetzten Symbiosen sichtbar wird – nicht nur Zweierbeziehungen (dyadische Beziehungen), sondern findet und gestaltet so auch seinen Platz in der Welt der anderen. Zu diesen bedeutsamen Anderen gehören Eltern, Pflegeeltern, wichtige PädagogInnen, Geschwister.

Das Kind erlebt und bildet ein soziales Netzwerk (polyadische Beziehungen), das es in sich und seinen Ich-Zuständen speichert. Erst in diesem Netzwerk wird der Sinn der einzelnen Beziehungen oft verständlich. Die verstrickte Nähe zur Mutter wird verständlicher, wenn zugleich gesehen wird, dass das Kind auf diese Weise sowohl den Vater entlastet von seiner ‚Aufgabe', sich um Mutter zu kümmern, als auch die Beziehung zwischen Vater und Mutter entlastet.

Auf diese Weise lässt sich das Strukturmodell auch verstehen als Landkarte dieses verinnerlichten Netzwerkes. Das Strukturmodell in seiner ursprünglichen Form weist hin auf

- die Person in ihrer Hier-und-jetzt-Potenz, dem Erwachsenen-Ich,
- den jeweiligen verinnerlichten Anderen, dem Eltern-Ich,
- und den verinnerlichten Formen des Selbst, dem Kind-Ich.

Abb. 19: Strukturmodell 2. Ordnung

In dieser ursprünglichen Form des Strukturmodells wird die vielseitige Vernetztheit der Beziehungen mit Loyalitäten über Generationen hinweg, die das Kind erlebt und verinnerlicht hat, nicht so stark betont. Diesen Teil der vernetzten, polyadischen, systemischen Geschichte und Verinnerlichung können wir darstellen, wenn wir dies ins Strukturmodell mit hineinnehmen. Hier bleibt die Person in ihrer Hier-und-jetzt-Potenz in der Gegenwart sichtbar.

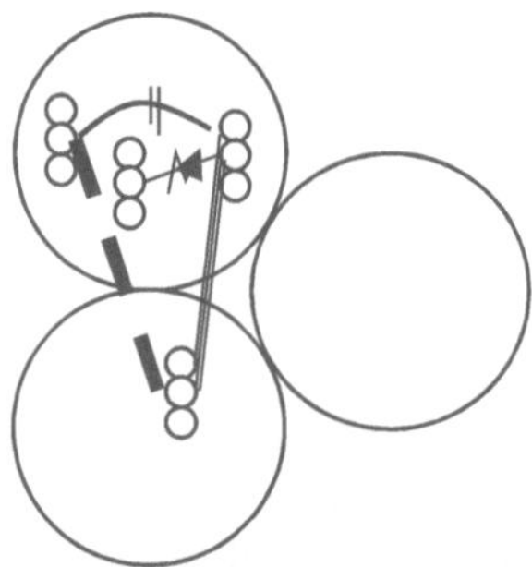

Abb. 20: Strukturmodell mit systemisch-strukturellen Merkmalen

Der Hintergrund wird zu einer gemeinsamen Gestalt, indem das Kind-Ich eingebunden ist in die Netzwerke und Beziehungsdynamiken der bedeutsamen Anderen. Auf diese Weise werden verschiedene Fragen sichtbarer:

- Welchen Sinn macht das Problemverhalten des Kindes auf dem Hintergrund der familiären Situation? Welches Problem hilft das Kind zu lösen? Wie lässt sich diese Leistung des Kindes wertschätzend verbalisieren?
- Welchen Bezugsrahmen hält es mit aufrecht?
- Welche Symbiosen finden statt?
- Finden Umleitungen von Konflikten statt? Auf welche Ebenen gehören die Konflikte? Wer ist verantwortlich und fähig für die Lösung?
- Ist das Kind identifiziert mit einer Person, die möglicherweise abwesend ist (z. B. ein gestorbenes Kind)?
- Erlebt das Kind Eltern, die in ihrer Rolle als Eltern erwachsen und ausreichend stabil sind, oder muss es selbst elterliche Funktionen übernehmen?
- Ist die Familie in der Lage, die Veränderung der Anforderungen und Rollen, die mit dem Wachsen des Kindes verbunden sind, zu bewältigen – von der Säuglingsfamilie über die Kleinkind-, die Kindergarten- und Schulfamilie bis hin zur pubertären und adoleszenten Familie? Ist sie in der Lage, die jeweiligen Handlungs- und Rollenmodelle in Bezug auf Nähe, Fürsorge, Individuation und Kooperation zu entwickeln?

Methodisch bietet sich hier oft die Arbeit mit Familienbrett oder Aufstellungen an, um die Netzwerke und ihre Ordnungen wahrnehmbarer zu machen – und dem Kind zu helfen, mit dieser Ordnung ‚erwachsener' umzugehen.

2.5 Diagnostik am Beispiel

Ein erstes Herangehen, das mit dem Kind und den Angehörigen zu besprechen ist – zur Erinnerung das Beispiel vom Anfang des Kapitels:

Tim, 12 Jahre, lebt seit seinem 4. Lebensjahr erst in einer Pflegefamilie und später in verschiedenen Wohngruppen. Aus der Familie wurde er genommen, da die Mutter aufgrund ihrer Suchterkrankung nicht in der Lage war, eine ausreichende Versorgung aufrechtzuerhalten. Mit den verschiedenen Partnern, die sie in dieser Zeit hatte, kam es immer wieder zu gewalttätigen Eskalationen. Sein Vater war manchmal präsent, übernahm aber keine verlässliche Verantwortung für seinen Sohn.

Tim verlässt immer wieder die Wohngruppen, lebt dann auf der Straße, explodiert bei Spannungen in der Gruppe auch gewalttätig, verletzt sich auch manchmal selber und stiehlt in der Gruppe Geld von anderen, was die Gruppe stark gegen ihn aufbringt.

2.5.1 Kommunikation – Hypothesen

Ich-Zustände und Transaktionen

Auf der Beziehungsebene erleben die PädagogInnen einen Jugendlichen, der einerseits erwachsene Ich-Zustände zur Verfügung hat. Es ist möglich, mit ihm über die Situation und seine Befindlichkeit zu sprechen. Andererseits sieht er, dass er sich manchmal schwierig und regelverletzend verhält, und kann auch sehen, dass er so dazu auffordert, dass andere ihn begrenzen oder auch ‚wegschicken' sollen. Er verhält sich hier altersgemäß und seinen Fähigkeiten entsprechend. Zugleich verhält er sich aber auch aus kindlichen Ich-Zuständen. Er provoziert aus der Position des rebellischen oder vorwurfsvollen Kindes und fordert in gewisser Weise dazu auf, ihn (wieder) wegzuschicken.

Dazwischen verhält er sich manchmal weinerlich regrediert aus dem überangepassten Kind-Ich heraus – er verhält sich bedürftig, aber in einer Weise, in der er eher auffordert, ihn nicht ernst zu nehmen und ihn zu beschämen.

Manchmal ist seine Angst spürbar, die er als Kind gehabt hat, weggeschickt zu werden, nicht geschützt und nicht gewollt zu sein. Hier ist das freie Kind-Ich mit seiner tieferen authentischen Emotionalität kurze Momente spürbar. Dominant aber ist der rebellische bzw. der vorwurfsvolle Kind-Ich-Zustand, mit dem er sich vor dem Empfinden der frühen Angst und vor Beschämung schützt (so seine kindliche aus seiner Geschichte stammende Strategie).

PädagogInnen haben hier die Aufgabe, ihn in seinen rebellischen, zum Teil auch vorwurfsvollen Kind-Ich-Anteilen zu begrenzen, ohne ihn zu beschämen, und ihn darin zu unterstützen, für die authentischen ‚wahren' Anliegen seiner Person in einer ‚erwachsenen' Weise Verantwortung zu übernehmen.

Passivität

Tim *wertet seine eigene Bedürftigkeit ab*. Er nimmt sich damit nicht ernst. Da dieses Verhalten aus einer Not resultiert, hat er verständlicherweise keine Wahrnehmung dafür, was diese Entscheidungen in seinem heutigen Leben bedeuten. Seine immer wiederkehrenden Explosionen sind dafür ein Beispiel.

Er verharrt zwischen äußerlichem *Nichtstun*, indem er seinen Druck, möglicherweise innerer Agitation, aushält und nichts dafür tut, und *Gewalt*, wenn er gewalttätig gegen andere explodiert.

Die PädagogInnen haben hier die Möglichkeit, ihn behutsam auf dieses Sich-selbst-nicht-ernst-Nehmen hinzuweisen und ihn zu ermutigen, dies zu verändern. Die Pädagoginnen könnten ihn z. B. fragen, was in dieser Situation mit ihm los ist, und ihn informieren, dass dieses Verhalten für ihn und andere heutzutage schädlich ist – und ihm andere Verhaltensweisen aufzeigen. Es könnte das Angebot sein, ihn früher zu stoppen, oder, dass er um Hilfe bittet, wenn er den Druck spürt.

Emotionale Kompetenz

Da Tim seine eigenen Gefühle und ihre Existenz abwertet, kann er sie weder erkennen noch sie angemessen aus dem Erwachsenen-Ich steuern. Er agitiert (passives Verhalten) immer wieder stark in seinen Ersatzgefühlen Wut und Verzweiflung.

Er braucht Unterstützung darin, sich selbst wahrzunehmen mit seinen authentischen Gefühlen – hier vor allem mit seiner existenziellen Angst – und mit seiner bisher fehlenden Fähigkeit, sich damit auch zu steuern und Unterstützung zu bekommen, ohne verletzt zu werden. Die Unterstützung könnte eine Präsenz der Pädagogin mit verständnisvollen Fragen sein oder Begrenzung, ohne verletzt zu werden.

Spiele

Tim gestaltet Spiele 2. bis hin zu 3. Grades. Er fordert durch sein Verhalten andere unbewusst dazu auf, ihm Leid und Gewalt anzutun und ihn wegzuschicken. Er wiederholt so, wie aus einem inneren Zwang, das früh erlebte Drama. Er gestaltet diese Spiele meist aus der Verfolger-Position und endet in der Opfer-Position. Der Pay-Off ist Verzweiflung als Racket-Gefühl und die Bestätigung seiner frühkindlichen Erfahrung, bzw. seiner ‚frühen Entscheidung', nicht gewollt zu sein.

Für PädagogInnen kann es hilfreich und bedeutsam sein, die Komplexität und Wucht dieser Re-Inszenierungen zu erkennen, um nicht ‚hineinzurutschen' in dieses Drama und der Spieleinladung ‚kick me' oder ‚hau mich' zu folgen.

2.5.2 Innerpsychische Dynamik

Tim verhält sich so, dass er sich mit seinen Bedürfnissen nach Schutz, Halt und Versorgung nicht spürt und auch nicht zeigt. Stattdessen hat er starke und übermäßige Tendenzen, alleine klarzukommen – und sich von den anderen zu lösen. Er organisiert sich auf diese Weise eine Welt, in der er ständig kampf- oder fluchtbereit sein muss.

Im Modell der Antreiber wird diese Dynamik von den *Antreiber-Haltungen ‚Sei stark!' und ‚Streng Dich an!'* abgebildet. Wenn wir Antreiber-Verhalten bei den Kindern erleben, liegt der Schluss nahe, dass innerpsychisch weitere Themen präsent sind, die wir in manchen Situationen wahrnehmen können, wenn jemand seinem Antreiber nicht gerecht werden kann. Sein Zuwendungsmuster sieht wahrscheinlich so aus, dass er positive Zuwendung nicht annimmt. Er glaubt einerseits, dass er sie nicht bekommt, und andererseits, dass sie ihm nicht zusteht. Wenn er in Schwierigkeiten ist, organisiert er das als Überlebensstrategie so, dass er negative Zuwendung bekommt, z. B. wenn er stiehlt.

Für PädagogInnen kann es hilfreich sein, ihm Momente der Entspannung, des Loslassens und neue Erfahrungen anzubieten. Dies können Momente sein, in denen er nach dem Essen noch einen Moment in Ruhe sitzt und ein Miteinander zulässt oder ein gemeinsamer Fernsehmoment, wo eine entspannte Situation zu zweit oder mit mehr Personen entsteht. Es ist hilfreich, die Ich-Leistung von Tim in diesem Miteinander zu erkennen und zu nennen, z. B. ihm zu sagen, dass sie, die Pädagogin, sich freut, dass er gerade so eine Situation miteinander zulässt, wo es nah und unangestrengt sei – und auch zu fragen, ob es ihm gut tut, so dass er für sich herausfinden kann, ob das für ihn ein wichtiges Bedürfnis ist.

Auf der Ebene der *frühen Prägungen/Entscheidungen* hat er erlebt, dass er (in seinem Erleben) nicht willkommen und nicht wert war, geliebt zu werden. Er hat *Einschärfungen* erlebt, die mit Nähe zu tun hatten *(‚Sei nicht nah‘, ‚Sei kein Kind‘, ‚Brauche nichts‘)*, nicht wichtig zu sein und auch ‚nicht da sein zu dürfen‘. In seiner kindlichen Überzeugung glaubt er, keinen sicheren Platz in der Welt zu haben und nirgendwo dazuzugehören.

Diese frühen Überzeugungen und ‚Entscheidungen‘ haben ihm geholfen, sich in seiner damaligen Welt zu orientieren und im Rahmen der Möglichkeiten Angst und Schmerz zu reduzieren.

Sein Verhalten in der Gegenwart – sich immer wieder wegzumachen – ist wie die Wiederholung und Re-Inszenierung der Situation, keinen Platz zu haben. Die frühkindliche Erfahrung und *Entscheidung: ‚Einlassen ist lebensgefährlich‘*, wiederholt er auf unbewusste Weise. Seine Fähigkeit, sich zu spüren mit seiner Angst, Trauer, Wut und mit seinen Bedürfnissen – und damit alters- und situationsangemessen umzugehen –, bleibt auf dem Niveau des verwahrlosten und verstoßenen einjährigen Kindes.

Für die PädagogIn ist es sinnvoll, die Tiefe der frühen Entscheidung zu verstehen, um den Mut und die Leistung von Tim zu respektieren, wenn er nicht wegläuft, sondern bleibt. Zugleich hilft dies auch, sich als PädagogIn nicht scheiternd zu erleben, wenn er doch noch mal wegläuft. Jeder Moment, in dem er bleibt und sich zulässt, ist ein stärkender und heilsamer Moment. Die Pädagogin kann dies unterstützen, indem sie Tim ihren Respekt darüber ausdrückt und die Neu-Entscheidung darin immer wieder anklingen lässt, z. B.: „Ich freu mich, dass Du Dich entscheidest, Dich hier immer mehr einzulassen. Ich kann verstehen, dass das für Dich wirklich eine Herausforderung ist/war."

2.5.3 Kontext

Mit seinem Lebenskonzept der Verlorenheit, des Nicht-Dazugehörens und Keinen-Platz-Habens teilt Tim den *Bezugsrahmen* seiner Mutter und auch seines abwesenden Vaters. Er ist ihnen in diesem So-Sein *loyal* und mutet ihnen auch nicht zu, eigene Trauer über ihre Nicht-Zugehörigkeit zu spüren, wenn er sich einlassen würde. Durch sein Nicht-Zumuten sorgt er auch dafür, dass Mutter sich nicht überfordert fühlt und nicht ihre Angst oder eigene unerfüllte Sehnsucht spürt. Hier handelt er aus einer *Symbiose 2. Ordnung.*

Seine innere Familienordnung ist geprägt von unklaren Rollen, nicht verlässlichen Eltern, diffusen Grenzen und unsicherer Bindung. Dieses Bild überträgt er auf jede weitere soziale Konstellation und hält sie so aufrecht.

Für PädagogInnen ist es sinnvoll, zu erkennen, dass Tim auf diese Weise ‚treu' ist und für die Familie auf einen Teil seiner Lebensmöglichkeiten verzichtet. In Bezug auf die erreichbaren Eltern ist es notwendig und hilfreich, sie zu respektieren mit den Grenzen und der Not, die sie für sich erleben. Bei Tims Mutter ist es hilfreich, sie darin zu unterstützen, dass sie Tim erlaubt und ermutigt, seinen Platz in der Wohngruppe einzunehmen, sich wohlzufühlen und auch erfolgreich zu sein. Es ist gut, sie darin zu unterstützen, sich als ‚gute Mutter' zu erleben, die ihrem Kind gibt, was notwendig und möglich ist.

In der Zusammenarbeit mit Tim ist es wichtig, dass die PädagogInnen die Eltern innerlich und explizit achten, auch wenn diese dazu einladen, sie zu missachten. Auf dieser Grundlage können sie auch Tim darin unterstützen, seine Eltern zu vermissen, zu lieben – und sich über sie zu ärgern, wenn sie nicht verlässlich sind, da er von ihnen nicht mehr abhängig ist.

Kapitel 3
Veränderung – Wachstum

Mit den Modellen des Skriptes, der frühen Entscheidungen und der Antreiber schauen wir hin, wie sich leidvolle Anteile von Geschichte in Menschen festsetzen und zu Gefühlswahrnehmungen sowie Handlungsleitfäden werden. Mit den Modellen der Physis, der Ent-Trübung und der Neu-Entscheidung können wir beschreiben, wie Menschen sich entwickeln und verändern können und wie sie dabei sich von den schwierigen Anteilen ihrer Geschichte lösen. Sie greifen mit Unterstützung von außen die innerpsychische Dynamik auf und werden zu heilsamer Veränderung eingeladen. Dabei gehen wir davon aus, dass Menschen aus sich heraus eine Kraft zur ‚guten Entwicklung' besitzen. Wir müssen auch Kinder nicht zur Entfaltung ihrer Potenziale drängen oder verführen - sondern sie unterstützen, dass sie ihre eigene, intrinsische Motivation zur Entfaltung spüren und leben.

3.1 Physis und Autonomie

Berne (1975/1972) hat das destruktive, menschliche Potenzial in Individuen und Nationen aufgezeigt, aber er blieb dennoch bei seiner Überzeugung, dass ein Mensch von innen heraus nach Gesundheit und Wachstum strebt, und zeigt mit dieser Haltung seine Position innerhalb der humanistischen Tradition.

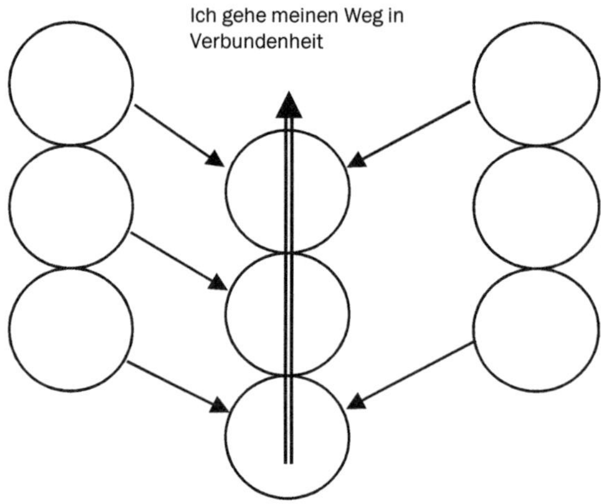

Abb. 21: Physis (Berne 1975/1972)

Berne (vgl. 1970/1947) übernahm die beiden Freud'schen und Federn'schen Haupttriebe: ‚mortido' (den Todestrieb) und ‚libido' (den Sexualtrieb). Darüber hinaus fügte er die Physis, die Kraft der Natur, hinzu, eine allgemeinschöpferische Kraft, die immer danach strebt, Dinge wachsen zu lassen und ‚wachsende Dinge zu vervollkommnen' (Berne 1981/1969, S. 27).

> „Veränderung als *Physis* geschieht spontan und von innen heraus als Teil eines größeren und allgemeinen ‚Feuers'."
> „Die *Physis* ist Natur, stammt aus den tiefsten, biologischen Wurzeln des Menschenwesens und strebt nach der größtmöglichen Verwirklichung des Guten." (ebd., S. 29)

Aus diesem Verständnis des Menschen und seiner Entwicklung ergibt sich auch die Vision der Transaktionsanalyse – das Bild des autonomen Menschen mit seinen Fähigkeiten, wie wir es bereits zu Anfang skizziert haben:

1) *Bewusstheit:* Wahrnehmen der Innen- und Außenwelt, so, wie sie ist, und nicht verschleiert, verzerrt, wie sie vielleicht elterlichen Definitionen entspricht.
2) *Spontaneität:* Die Freiheit zu haben, aus einer fast unbegrenzten Zahl von Möglichkeiten im Fühlen, Denken und Verhalten, die zu sich und zur Situation passende Alternative auszuwählen, d. h. also auch die Freiheit zu haben, zu entscheiden, aus welchem Ich-Zustand heraus die Person handeln will.
3) *Intimität:* Die Fähigkeit zu einer Form von Nähe zwischen Menschen, in der alle Gefühle und Bedürfnisse ungezwungen, unbefangen und offen mitteilbar sind.

3.2 Erlaubnis, Schutz und Stärke Permission, Protection und Potency – die drei P's (vgl. Crossman 1966; Steiner 1982)

Kinder und Jugendliche haben, wie oben beschrieben, einen inneren Impuls zu Wachstum und Veränderung. Auch wenn wir Kinder nicht zum Wachstum ‚drängen', so sind doch drei Aspekte wichtig, mit denen PädagogInnen Prozesse gestalten. Sich entwickeln, gewohnte Probleme loszulassen, sich auf Neues einzulassen – all das ist eine Reise, die außerordentlich spannend und für Kinder und Erwachsene immer wieder herausfordernd ist. Die Qualität dieser Reise wird wesentlich davon beeinflusst, wie die PädagogIn folgende Fragen beantwortet:

- Wie gibt die Pädagogin Erlaubnisse – wie stimuliert sie Entwicklung?
- Wie sorgt sie für Schutz in diesem Prozess?
- Wie hält sie als Person der Wucht der Geschichte und Geschichten stand?

Berne (vgl. 1975/1972) betont, dass es wichtig ist, diesen Prozess mit einer Intervention vom ER an das ER zu beginnen, also das Erwachsenen-Ich wird stimuliert, damit dann die weiteren Interventionen ihre Wirkung entfalten können. Der Abschluss besteht auch wieder in einem Austausch von ER zu ER, um die Erfahrung zu stabilisieren.

Erlaubnis

Wenn das Kind nach einem schmerzhaften Konflikt in der Schule mit sich ringt, ob es seine Trauer und Scham zeigt, kann die Pädagogin erlaubnisgebend intervenieren, indem sie z. B. sagt: „Ich glaube, Du bist auch ganz traurig – ist gut, wenn Du das zulässt und zeigst." Diese ‚Erlaubnis' ist eine elterliche Transaktion, bei der die PädagogIn das Kind anregt, seine Abwehr los- und seine Gefühle zuzulassen und entsprechend zu handeln.

Auch in der Arbeit mit Erwachsenen können wir Erlaubnisse geben. Dem Vater, der immer wieder im Ärger agitiert, anstatt seine Angst um seinen Sohn zu spüren, kann es hilfreich sein, wenn die PädagogIn ihm sagt: „Hier ist es auch gut, wenn Sie ihre Angst spüren und zeigen."

Diese Intervention regt die Personen an, sich auf Neues einzulassen – und sie vertrauen sich einen Moment der Führung der PädagogIn an. Im weiteren Verlauf ist es natürlich wichtig und notwendig, dass die Entscheidung, Trauer oder Angst zuzulassen, auch aus dem Erwachsenen-Ich getroffen wird. So gilt es bei der Erlaubnis-Intervention stets darauf zu achten, inwiefern die positive Veränderung des Zulassens von authentischem Gefühl z. B. nicht dauerhaft aus der Abhängigkeit zur PädagogIn stattfindet, sondern integriert wird in das eigene erwachsene Denken, Fühlen und Handeln.

Von daher kann es sinnvoll sein, mit dem Kind nachher auf erwachsener Ebene zu besprechen, dass es sich entschieden hat, mit seiner Trauer oder Scham in geschützten Situationen wertschätzend und offen umzugehen.

Schutz

Die PädagogIn, die sich bewusst ist, welche Tiefe und Wirkung ihre Arbeit mit dem Kind oder dem Erwachsenen hat, wird Verantwortung für den Schutz übernehmen. Z. B.: Wann ist es passend, das Kind einzuladen, sich zu spüren, sich zu öffnen – und wann ist es hilfreich, das Kind darin zu stärken, mit den äußeren Gegebenheiten so gut wie möglich klarzukommen, ohne sich weiter zu öffnen oder zu entwickeln? Wenn die PädagogIn z. B. nur noch wenig Zeit hat, mit dem Kind das Wochenende bei den Eltern vorzubereiten, macht es keinen Sinn, die Verletzungen und die Angst des Kindes in tieferer Weise anzusprechen. Wahrscheinlich ist es dann hilfreicher, klare Absprachen für Krisensituationen zu benennen und zu verabreden.

Wenn PädagogInnen Entwicklungsprozesse stimulieren, haben sie zugleich die Aufgabe, für ausreichenden Schutz zu sorgen. Ist genug Zeit vorhanden, ist der Raum, in dem sie sprechen, geschützt oder hören z. B. andere Personen ungefragt zu, ist die Entwicklung, die die PädagogIn ansteuert, auch mit anderen Personen abgesprochen? Hat die Pädagogin klare Verträge und klaren Rückhalt für ihr Vorgehen (z. B. HPG, Teamleitung, Einrichtungskonzept)? Wie reagieren möglicherweise die Eltern auf diese Veränderung?

All diese Fragen schützen die Kinder, Eltern und die PädagogIn selbst.

Stärke

Stärke – Potency – ist ein echtes Qualitätsmerkmal für die transaktionsanalytisch geprägte Person. PädagogInnen lassen sich in ihrer Arbeit berühren. Sie sind einfühlsam, echt und wertschätzend für die Person mit ihren Anliegen. Diese Qualität macht auch verletzlich. Das Kind, das von schier unaushaltbarer Verlassenheit erzählt, die Mutter, die offenmacht, dass die Tochter mindestens die dritte Generation von Frauen ist, die Gewalt erlebt, der Vater, der hinter seiner Aggressivität Scham darüber offenmacht, dass er immer wieder in seinen Suchtphasen gewalttätig und übergriffig ist – all das sind Erzählungen, die nicht nur kognitiv, sondern vor allem emotional eine Stabilität der PädagogIn erfordern.

Als Person präsent bleiben, mitfühlend das Drama spüren – und nicht darin versinken, das ist die Aufgabe der PädagogIn, wenn sie zuhört. Dazu ist es notwendig, dass die PädagogIn in der Lage ist, sich selbst ausreichend klar und verstehend wahrzunehmen. Eigene Verletzungen müssen so weit zugänglich sein, dass sie nicht dazu führen, dass die PädagogIn ‚blind' abwehrt.[3] Wenn sie sich ihrer eigenen Verletzlichkeit bewusst ist, kann sie damit auch anders, erwachsen und heilsam umgehen und ist somit auch Modell für die Person, mit der sie arbeitet. Arbeiten heißt so auch, sich als private Person zu entwickeln. „Die ‚Mär' von der Trennung der Privatperson von der professionellen behindert Wachstum" (Hagehülsmann 1998, S. 276).

Die Bewusstheit der Verletzlichkeit und Begrenztheit befähigt die PädagogInnen, Verantwortung für sich und ihre eigene Stabilität und Entwicklung zu

3 Der verwundete Heiler ist ein Archetyp Jungs der auf die griechische Sage des Chiron (auch Cheiron) zurückgeht. Chiron ist ein Weiser und Heiler, der bei einem Kampf des Herakles gegen die Kentauren versehentlich von dessen Giftpfeil getroffen wird und dabei unsägliche Qualen leiden muss.

übernehmen. In dem Film ‚Systemsprenger' (Nora Fingscheidt, Deutschland 2019) lassen sich praktisch alle beteiligten Professionellen auf das verletzte und verletzende Mädchen ein – bis sie nicht mehr können und dann zusammenbrechen oder weggehen. Professionelle Beziehung setzt aber gerade hier ein:

Die Erschöpfung der Sozialarbeiterin, der Weggeh-Impuls des Schulbegleiters, die stereotype Empfehlung der Ärztin – all das sind Beziehungsreaktionen, die in einer guten Teambesprechung und Supervision benannt, reflektiert, erkannt und genutzt werden können für den weiteren Prozess, wenn die Beteiligten nicht ‚darin' bleiben. Stärke und auch Standfestigkeit ergeben sich nicht allein aus der ‚Charakterstärke' einer Person, sondern auch und gerade im professionellen Raum vor allem durch die praktizierte Verantwortung durch regelmäßigen Austausch und wirksame Supervision. Ich erkenne z. B., dass ich den Schmerz des Anderen in mir trage – respektiere den Anderen mit seinem Schmerz, löse mich von dieser zu nahen Verbundenheit und stehe so als getrennter und mitfühlender Anderer wieder professionell und mitmenschlich zur Verfügung.

Stärke heißt auch, dass das Kind wahrnimmt, dass die die PädagogIn als Person stark genug ist, es mit seiner inneren Not aufzunehmen z. B. also auch mit den Furcht erregenden Introjekten, den inneren ‚Geistern' des Kindes. Das Kind erlebt, dass die PädagogIn nicht zusammenbricht oder wegläuft, wenn es seine Not offen oder über die Problemverhaltensweisen zeigt. Dies ist eine wichtige Voraussetzung dafür, dass das Kind sich überhaupt anvertrauen kann.

Die Mitarbeiterinnen brauchen die Fähigkeit, zu erkennen, was hinter dem Verhalten der Mädchen steckt. Es ist wichtig, hinter den „Symptomen" die Not zu sehen und adäquat darauf zu reagieren. Zugleich ist es wichtig, dass sie erkennen, dass nicht jede gezeigte Not auch in dieser Weise eine authentische Not ausdrückt.

Marlen klagt oft über körperliche Beschwerden. Mal sind es Kopfschmerzen oder Bauchschmerzen. Ein anderes Mal fällt ihr etwas auf den Fuß, sie stellt die Schmerzen intensiv dar und verbringt, in Begleitung einer Pädagogin, den Nachmittag in der chirurgischen Ambulanz. Die Röntgen-Aufnahme ergibt keinen Befund, sie wird mit einem Salbenverband nach Hause geschickt. Drei Wochen später ruft der Lehrer an, M. müsse abgeholt werden, sie sei „zusammengebrochen", vermutlich habe sie zu wenig getrunken. Schon zwei Tage später meldet sich der Sportlehrer telefonisch in der Wohngruppe, Marlen sei im Sportunterricht hingefallen, habe wohl einen Ball abgekriegt. Nun klage sie über Atemnot und Rückenschmerzen und müsse abgeholt werden.

Als Marlen mit ihrem Verhalten konfrontiert wird, reagiert sie laut schimpfend. Sie sei krank, vermutlich sei auch ihr Arm verletzt, sie sei schlimm gestürzt und müsse zum Röntgen. Als die PädagogInnen ihr sagen, dass sie nicht mit ihr zum Arzt fahren, beginnt sie zu weinen und laut zu fordern. Es sei die Pflicht der PädagogInnen, mit ihr den Arzt aufzusuchen, das habe auch der Lehrer gesagt. Sie verlässt die Wohngruppe türenknallend.

Die PädagogInnen fahren später los, finden Marlen und holen sie zurück in die Wohngruppe. Dort kann sie im Gespräch benennen, dass die Schule an dem Vormittag schwierig war und sie am nächsten Tag ein Gespräch hat, davor habe sie Angst und würde am liebsten nicht hingehen.

Im Teamgespräch wird die Geschichte von Marlen reflektiert: Marlens Mutter war alkoholkrank und sie hatte sich überwiegend um ihre jüngeren Geschwister gekümmert. Vermutlich hatte sie ihre eigenen Bedürfnisse zurückgestellt, weil kein Raum dafür da war. Sie hat gelernt, um überhaupt gesehen zu werden, muss sie vermutlich dramatisch und auch mit körperlichen Beschwerden agieren.

Die PädagogInnen erleben die volle Wucht der Re-Inszenierung des kindlichen Dramas. Marlen verhält sich wie ihre Mutter, überschüttet die anderen mit fast willkürlich eskalierten Nöten – so, wie Mutter es in ihren Alkoholeskapaden gemacht hat.

Die PädagogInnen erleben den unausgesprochenen Vorwurf, dass sie schlechte, verantwortungslose Verweigerer sind, wenn sie Marlen nicht ununterbrochen folgen und sie entsprechend versorgen. So sind sie entweder ‚verantwortungslos' (wenn sie nicht versorgen) oder ‚ausgeliefert' (wenn sie versorgen, ohne das selbst zu bestimmen).

Die PädagogInnen waren als Menschen gefordert, sich abzugrenzen von dieser dramatischen Inszenierung: ‚Sei so, wie ich will, mach, was ich will, sonst bist Du schlecht!' – und zugleich, die Not von Marlen nicht zu übersehen. Es war wichtig, Marlen zu begrenzen – ihr die Grenzen zuzumuten und dem Sturm der Übertragungs-Beschimpfungen standzuhalten. So wurde für Marlen ein Raum geschaffen, in dem sie Strategien für die Befriedigung ihrer authentischen Bedürfnisse entwickeln konnte.

Die Mitarbeiterinnen müssen in der Lage sein, die Not des Mädchens und die Abwehr in ihrem agitierenden Verhalten zu erkennen und ihr andere Möglichkeiten anzubieten. In Marlens Fall spiegelten die Mitarbeiterinnen dem Mädchen ihr Verhalten und ermutigten sie, bei der nächsten Situation darüber zu sprechen. Ihre Potenz und Standfestigkeit drückte sich nicht nur darin aus, dass sie einfühlsam auf Marlen eingingen, sondern auch und gerade darin, die symbiotische Beziehungsgestalt als solche zu erkennen und ihr zu widerstehen. Auf diese Weise erwiesen sie sich für Marlen nicht nur als einfühlsame Partnerin, sondern auch als stärkeres Gegenüber als ihre verinnerlichte Eltern-Gestalt.

3.3 Trübung und Ent-Trübung

Mit dem Modell der Trübungen (vgl. Berne 2001/1961) werden Störungen im Bereich der Ich-Zustände dargestellt. Mit dem Begriff der Trübung werden Verhaltens-, Denk- und Fühlweisen beschrieben, bei denen die Person Teile ihrer erwachsenen Persönlichkeit/ihres ER abwertet und somit nicht nutzt.

Es sind Einschlüsse von Teilen des K oder des EL in das ER. Die Person, die aus einer Trübung heraus agiert, glaubt, ganz erwachsen zu denken und zu handeln. Das ER und dadurch das Verhalten wird aber von den anderen Ich-Zuständen, dem EL oder K, bestimmt. Bei einer Trübung ist also die Struktur der Ich-Zustände beeinträchtigt. Das Verhältnis der Ich-Zustände zueinander ist nicht voneinander abgegrenzt, sondern (grafisch dargestellt) durch Überlagerungen geprägt.

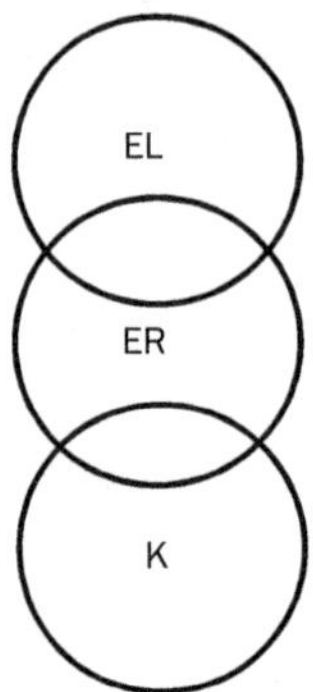

Abb. 22: Trübungen

Da die Trübung eine Verinnerlichung einer sozialen Situation ist, hat jede Trübung immer auch beide Seiten – die Kind-Ich-Trübung ebenso wie die Eltern-Ich-Trübung. Sprechen wir von einer Seite dieser Trübungen, betonen wir damit, welche Seite gerade mit Energie besetzt – und als ‚Ich-Seite' ausgelebt wird.

Eltern-Ich-Trübung

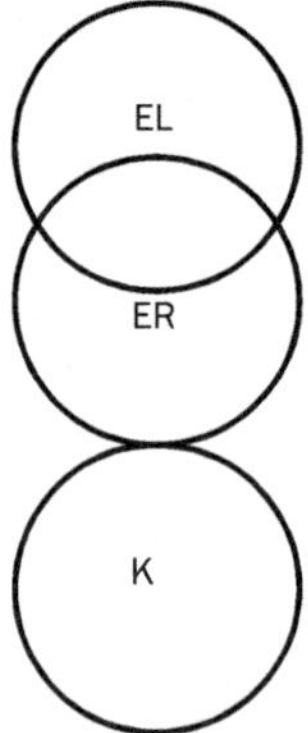

Abb. 23: Eltern-Ich-Trübungen

Beispiel: Vorurteile – „Alle Lehrer wollen Kinder sowieso immer nur runtermachen!"

Eine Einstellung, die das Kind wahrscheinlich von seinen Eltern oder anderen wichtigen Bezugspersonen übernommen hat. Es vertraut so nicht auf seine eigenen altersangemessenen Erfahrungen, sondern deutet das, was nicht dazu passt, um – als falsch, verlogen –, so dass seine Trübung aufrechterhalten bleibt.

Kind-Ich-Trübung

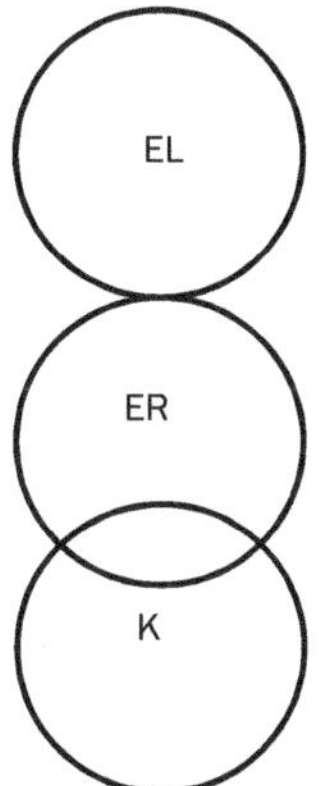

Abb. 24: Kind-Ich-Trübungen

Beispiel: Ohnmachtshaltung – „Ich hab sowieso keine Chance. Egal was ich mache, ich verlier ja doch!"

Mit dieser Idee hat das Kind sich eingestellt auf eine Situation der Unterlegenheit und wiederholt sie zugleich, ohne dass dies jetzt noch hilfreich ist. Es wehrt in seiner Wahrnehmung Situationen ab, die nicht zu dieser Ohnmacht passen, und schützt sich so davor, den früher erlebten Schmerz der Unterlegenheit wieder zu spüren.

Der Prozess der Ent-Trübung greift diesen Schutzgedanken auf. Er verläuft – nach Möglichkeit – in folgenden Stufen:

- die Idee überhaupt erstmal als Idee wahrzunehmen und sie als nicht passend zu erkennen:
  - Die ErzieherIn kann dem Kind die Idee spiegeln und behutsam einladen, sie in Frage zu stellen: ‚Da erlebst Du Dich ganz chancenlos. Ist das denn immer so?'
- sich aus dem ER davon abzugrenzen:
  - Wenn das Kind zulässt, dass diese Idee nicht immer stimmen muss oder nicht für jeden, dann ist ein wichtiger Schritt der Veränderung getan. Die Absolutheit des skriptbedingten Handelns und Denkens ist aufge-

hoben. Die Erzieherin sollte aufpassen, jetzt nicht in großen Schritten zur Veränderung zu schreiten und Hoffnung und Mut und Veränderung zu erwarten, sondern dem Kind Raum geben, die Veränderung selbst langsam zu entwickeln.

- sie als alte Idee zu erkennen:
  - Die Erzieherin könnte dem Kind helfen, sich mit dieser Idee auch anzunehmen, indem sie z. B. sagt: ‚Ich verstehe, dass Du Dich nicht getraut hast, auf Hilfe zu hoffen. Deine Mama hat sich auch nicht mehr getraut, irgendwas zu hoffen und sich was Schönes zu wünschen' – und sie als Teil eigener Geschichte zu würdigen (dieses Würdigen muss und kann nicht immer im Vordergrund stehen, ist aber Teil eines Verabschiedungsprozesses).
  - Die ErzieherIn könnte dem Kind helfen, die alte Idee als Lösung zu würdigen und zu trauern um die Folgen, die sie zugleich gehabt hat, z.B.: ‚Deine Angst hat Dir geholfen, Dich nicht zu zeigen – und zugleich hast Du gar nicht erleben können, dass der Lehrer vielleicht gar nicht so blöd ist. Das ist auch schade.' Respekt vor der kindlichen Lösung und zugleich Trauer um die Einschränkungen und Verluste sind hier Themen, die helfen, sich auf neue Möglichkeiten einzulassen.
- Veränderung praktizieren:
  - Das Ziel ist hier, dass das Kind sich altersangemessen auf die Möglichkeiten in der Realität einlässt, sich zeigt mit seinem Wissen und sich die Unterstützung holt, die da ist und hilfreich ist. Hier ist es hilfreich, wenn die ErzieherIn mit dem Kind konkrete Möglichkeiten bespricht, wie es sich neu und anders in die Schule einbringt – und auch Möglichkeiten, diesen Prozess miteinander zu gestalten.

Kurz lassen sich diese Schritte wie in Abbildung 25 dargelegt zusammenfassen.

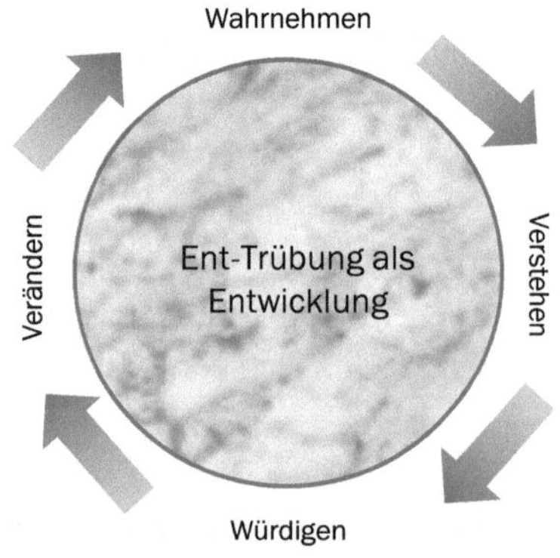

Abb. 25: Kreislauf der Ent-Trübung

- **W**ahrnehmen
- **V**erstehen
- **W**ürdigen
- **V**erändern

3.4 Neu-Entscheidungen

Wenn ein Kind, wie z. B. Tim, lernt, nicht mehr wegzulaufen, sondern in der Wohngruppe zu bleiben, regelmäßig zur Schule zu gehen und seinen Alltag ohne Ausbrüche von Gewalt gegen sich und andere zu gestalten, so kann dies ein Hinweis auf sinnvolle Veränderung sein, muss es aber nicht. Es kann auch sein, dass er gelernt hat, ‚Ich werde sowieso wieder eingefangen, die PädagogInnen sind stärker als ich. Besser ich passe mich an!' – und mit dieser Anpassungsleistung lebt er im Rahmen der Wohngruppe funktional – und scheinbar zufriedenstellend.

- Was bedeutet Veränderung?
- Was heißt Entwicklung eines Kindes?

Seine Not, sein Sich-nicht-Spüren und Sich-nicht-Zeigen, lebt er aber immer noch. Das Drama, das er in sich trägt, ist nicht bewältigt – und wird wahrscheinlich wieder zum Tragen kommen –, entweder durch ein Rückfällig-Werden, wenn er aus der Wohngruppe entlassen wird, oder durch psychosomatische Symptome, wie z. B. Rückenbeschwerden, Krankheitsanfälligkeit oder Suchtverhaltensweisen. Anpassung kann ein sinnvoller Schritt auf dem Weg zur gelingenden Entwicklung sein, ist aber nicht das Ziel. Es ist in manchen Fällen ein wichtiger Schritt, der Entwicklung erst möglich macht. Entwicklung im transaktionsanalytischen Sinn aber umfasst mehr als Anpassung. Es meint die Entwicklung der Person in einer Weise, dass sie die dysfunktionalen Verhaltensweisen nicht mehr braucht. Entwicklung in diesem Sinn meint die Bewältigung leidvoller Geschichte und die Reifung der Person.

Im Beispiel: Tim hat frühe Entscheidungen getroffen über sich, die anderen und die Welt. Diese Entscheidungen waren sinnvolle, angemessene Überlebensideen, die ihm geholfen haben, sich zu orientieren, Schmerz und Angst zu vermeiden, handlungsfähig und wirksam zu sein – im Rahmen der wahrgenommenen Möglichkeiten. Diese frühen Entscheidungen bildeten zusammen mit den Antreibern das Gerüst für sein Skript, das ihm wiederum Grundlage ist für sein Ich-Sein, seine Identität. Diese Überzeugungen sitzen ihm wortwörtlich in jeder Zelle des Körpers. Veränderung bedeutet hier Entwicklung in zweifacher Hinsicht:

Die Entwicklung von neuen Weisen des Denkens, Fühlens und Handelns – im Sinne von Neu-Entscheidungen

Um Zugang zu den frühen Entscheidungen zu finden, ist es notwendig, dass Tim seine Antreiber bewusst werden und er sie nach Möglichkeit vermeidet, um deren Funktion zu erleben. Dazu braucht er die Unterstützung der PädagogInnen, die ihm z. B. aufzeigen, wenn er sich unnötiger Weise anstrengt oder wieder den ‚Starken' mimt. Es ist sinnvoll und notwendig, wenn Tim sich klar entscheidet, z. B.: ‚Ja – ich will mich spüren – auch mit meiner Angst und will mich mitteilen und mir Hilfe holen, wenn ich sie brauche.' Dies ist keine rein kognitive Entscheidung, sondern ein kognitiver und emotionaler Prozess, in dem Tim erfährt, wie es ist, sich zu spüren und sich in Beziehungen zuzumuten. Die frühen Skriptthemen, in seinem Fall ‚zeig keine Angst' und ‚hab keine Bedürfnisse' (und damit die frühen Dramen) tauchen in den Neu-Entscheidungen auf. Diese sind ein Stück weit die Umkehrung und die Erlösung aus dem kindlichen Drama. Hier ist es hilfreich, wenn die PädagogIn die frühen Dramen kennt und angemessen verbalisieren kann, z. B. indem sie sagt: „Ich verstehe, dass Du Dich nicht traust Deine Angst zeigen. Das war damals viel zu gefährlich. Du warst damals wirklich ein sehr ausgeliefertes Kind. Wie geht's Dir, wenn Du das siehst, wie schwer Du es damals hattest?"

Dies gehört zum *zweiten Teil der Neu-Entscheidung*. Einerseits die Entscheidung für etwas Neues und andererseits *die Lösung von etwas Altem und seine Bewältigung*. Hier kann es sein, dass das Kind Trauer spürt über die Not, die es erlebt hat, oder auch Ärger und Wut über die Gewalt, die ihm zugefügt wurde. Alle Gefühle, die hier spürbar werden, brauchen ihren Raum und eine gute Resonanz und Einordnung durch die PädagogIn.

Sowohl die altersangemessenen authentischen Gefühle des Kindes gehören zum Prozess dazu, als auch dürfen die kindlichen (frühen) authentischen Gefühle hier wieder gespürt und auch geäußert werden. Wenn Tim hier kindliche Angst spürt, vor der Gewalt der Erwachsenen, wenn er sich ‚schwierig' zeigt, dann braucht er mit dieser kindlichen Angst ein Angenommen-Sein durch die PädagogIn, die ihm zugleich vermittelt, dass die Angst damals verständlich und heute nicht mehr notwendig sei.

Durch die Entwicklung einer Neu-Entscheidung grenzt das Kind sich zunehmend von den elterlichen Normen und Geboten und den eigenen Entscheidungen von damals damit ab. Es löst eine alte Form der Verbundenheit. Hier braucht das Kind Unterstützung, dass es sich von seinen Eltern lösen – auch mit Trauer und Wut – und sie zugleich lieben darf. Es geht darum, das Kind darin zu unterstützen, die Beziehung zu seinen Eltern altersangemessen und realistisch zu gestalten.

3.5 Themenbereiche der Neu-Entscheidung

Neu-Entscheidung umfasst die drei Bereiche der Entscheidung, der Bewältigung und der Abgrenzung (s. Abb. 26). Der Prozess der Neu-Entscheidung ist vielgestaltig, dauert je nach Thema lange und findet in den unterschiedlichsten Formen statt.

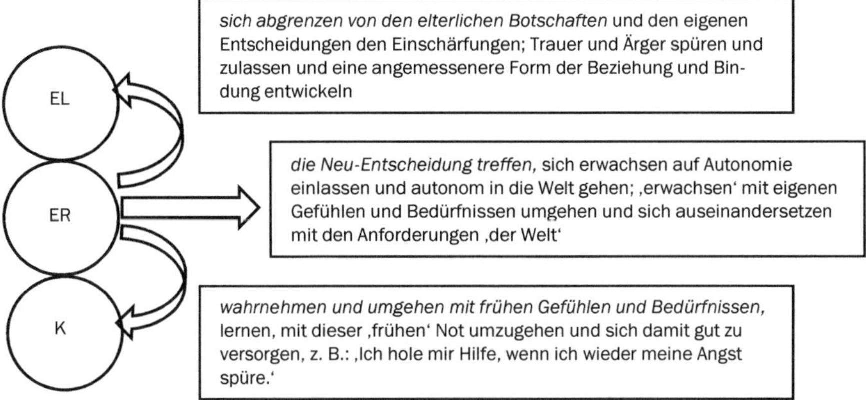

Abb. 26: Themenbereiche der Neu-Entscheidung

Ein Teil der Neu-Entscheidung kann z. B. stattfinden, wenn die Mutter einen Termin spontan absagt – und das Kind spürt, dass es traurig ist – und Angst hat, diese Trauer zu spüren. Ein Teil kann stattfinden, wenn die Gruppe gemeinsam isst und das Kind aufgefordert wird, zu sagen: ,Ich will …' – z. B. noch eine Scheibe Brot – und dabei spürt, dass es sich nicht traut, zu sagen, was es will, weil es früher nichts gab oder weil es geschlagen wurde, wenn es etwas wollte.

Die Vielgestaltigkeit dieses Neu-Entscheidungsprozesses wird im nächsten Kapitel ausführlich dargestellt. Veränderung und Entwicklung von Kindern sollte aber diese Ebenen der Veränderung beinhalten und sind Anliegen transaktionsanalytischer Pädagogik im stationären Bereich.

Tab. 8: Neu-Entscheidung im heilpädagogischen Rahmen

Inhalt	**Methoden im stationären Setting**	**Beispiel**
Wahrnehmen des Problems, *Klären des Problems,* *Entscheidung zur Veränderung*	Wahrnehmen des Verhaltens und der Beziehungsgestaltung im Alltag, Einladung und Unterstützung von Alltagsregeln und -ritualen, die eine Veränderung stimulieren, Entwicklung einer pädagogischen Beziehung,	Das Kind, das schwankt zwischen aggressiven Durchbrüchen und autoaggressiven Sequenzen – bindungsunsicher, mit wenig stabilem Selbstbild – verletzt sich selber. Die Pädagogin nimmt die Schnittverletzungen wahr und sorgt sich um diese Verletzungen liebevoll und verlässlich.

Verstehen des Problems auf dem lebensgeschichtlichen Hintergrund, Verstehen, für welches dahinter liegende Problem das akute Problem die Lösung ist	Informieren über lebensgeschichtliche Hintergründe und Verstehen der Symptome im Rahmen dieser Lebensgeschichte (Supervision und Fallbesprechung) Mit dem Kind: Genogramm-Arbeit Timeline/Belastungs-Ressourcendiagramm Biografie-Buch	Die Pädagogin lädt das Kind ein zu neuen Erfahrungen im Versorgt-Werden und verbalisiert die Angst des Kindes davor angemessen. Sie wertschätzt die Schritte des Kindes hin zu einem Sich-versorgen-Lassen.
Vertiefte kognitive und emotionale Wahrnehmung der Bedeutung des Problems im Hier und Jetzt	Methoden, die Möglichkeiten zum kreativen und emotionalen Ausdruck geben: malen, reiten, Musik machen, Rollenspiele, miteinander reden, …	Die Pädagogin benennt die alte Entscheidung wertschätzend und ebenso die neue – ohne dies direkt Vertrag zu nennen, z.B.: „Du erlaubst Dir jetzt, Dich versorgen zu lassen – das ist ganz neu, das find ich schön!"
Veränderung der ‚alten Entscheidung': Nicht mehr: ‚Ich strenge mich an, (um liebenswert zu sein)', sondern: ‚Ich bin liebenswert und mute mich mit meiner Vitalität zu!'	Vertragsarbeit Hilfeplangespräch Klärung der Auswirkungen der Neuen Entscheidung in der Schule, zu den Eltern usw. Integration der neuen Entscheidung in die Lebenswelt des Kindes	Erleben intensiver Phasen, in denen alte und neue Schemata gespielt und ausprobiert werden. Daneben zunehmende Gespräche über das Erleben der gegenwärtigen Realität. Durcharbeiten der neu gewonnenen Fähigkeiten in der pädagogischen Beziehung
Absicherung/Transfer ins aktuelle Leben		

3.6 Integration neuer Erfahrungen/Re-Childing und Re-Parenting

Reifung und auch Nachreifung sind wichtige Formen der Entwicklung, die die Kinder im Rahmen der stationären Wohngruppe machen können. Als TransaktionsanalytikerInnen gehen wir davon aus, dass die Person, der wir begegnen, aus unterschiedlichen Persönlichkeitsanteilen reagiert, ‚viele Personen' ist. z. B. ist sie die 15-Jährige, die sie laut ihrem Ausweis ist, ebenso wie die 10-Jährige, die in der Pflegefamilie einen wiederholten Missbrauch erlebt hat, ebenso wie die 7-Jährige, die aus der Familie genommen wurde. Diese Personenvielfalt stellen wir im Strukturmodell der Ich-Zustände in den unterschiedlichen Ich-Zuständen ER, EL und K dar. Entwicklung findet in allen Ich-Zuständen statt.

Im pädagogischen Alltag arbeiten wir auch mit den unterschiedlichen Anteilen, wobei es wichtig ist, dass Anfangs- und Endpunkt solcher Prozesse das Erwachsenen-Ich ist.

Jessica, 15 Jahre, war seit 2 Jahren in der Wohngruppe. Sie war mit 7 Jahren aus der Familie genommen worden aufgrund von Vernachlässigung und Missbrauchsverdacht. Sie schwankte stark zwischen Sich-Isolieren und -Wegmachen (blieb z. B. in ihrem Zimmer, nahm nicht an der Gruppe teil) und Distanzlosigkeit in einer oft sexualisierten Haltung. In der ersten Zeit hatte sie Mühe, sich an die Regeln, die uns wichtig sind, zu halten. Zugleich war für ihre weitere Entwicklung bei uns notwendig, dass sie verstand und auch angenommen hatte, dass sie sich für uns nicht sexualisieren muss, um in Kontakt zu gehen, und dass sie spürt, dass sie bestimmt, wo ihre Grenzen sind – und dass wir auf unsere Grenzen und auch auf ihre aufpassen. Diese Klarheit ermöglichte es, dass sie immer mehr verspielte und kindlich regressive Anteile von sich in die Beziehung hineinbrachte.

Sie schickte mir Nachrichten auf mein Handy, auch Smileys und Herzchen, und berichtete mir, wenn es in der Schule schwierig war. Auch suchte sie nach einer Zeit Körperkontakt zu mir. In meinen Nachtdiensten setzte sie sich oft auf meinen Schoß, wenn ich im Büro am Schreibtisch saß. Sie lehnte ihren Kopf an meine Schulter, bedeckte oft ihr Gesicht mit den Händen. Meistens kicherte sie dabei, und sie lehnte liebevolle Worte ab, sagte, das sei peinlich. Oft ärgerte sie mich spielerisch, sprang von meinem Schoß und forderte mich auf, ihr hinterherzulaufen. Sie lief in ihr Zimmer, welches neben dem Büro lag, und legte sich bäuchlings auf ihr Bett. Sie bedeckte ihr Gesicht und kicherte. Meine Versuche, ihr Gesicht zu berühren, scheiterten, weil Jessica sich lachend abwandte. Es machte ihr Freude, mich zu necken, und sie genoss es, mit mir in Beziehung zu sein. Sie genoss die körperliche Zuwendung und das Gefühl, gehalten und getragen zu werden.

In dieser Entwicklung nutzte und erlebte sie sowohl erwachsene als auch kindliche Ich-Zustände. Sie spürte die frühe Angst, verlassen zu werden, ebenso wie die kindliche Lust und Sehnsucht nach Berührung, gewollt sein. Sie spürte die Angst vor der beschämenden Mutter ebenso wie die Lust, von der Mutter liebevoll entdeckt zu werden. Das Bedürfnis, dass der Andere initiativ ist für mich und die Beziehung (vgl. Erskine 1993), war hier tief zu spüren. Sie war als kleines Mädchen entweder allein gewesen oder sie war missbraucht worden und ich spürte ihre Sehnsucht nach Nähe. Ich spürte ihre authentischen, kindlichen Bedürfnisse, wie Angenommen-Sein, sie lud mich aber auch ein, das alte Drama zu wiederholen und sie zu missbrauchen.

Sie probierte den Kontakt spielerisch aus. Sie durfte sich mir zeigen mit ihrem Wunsch nach Nähe, ohne dass sie missbraucht wurde. Sie konnte nachreifen in solchen Situationen, sie konnte als Kind zu mir kommen, sie durfte kuscheln und ich ermöglichte Jessica etwas, das sie in ihrer Kindheit nicht erlebt hatte.

In solchen Situationen war es wichtig, zu spüren, wann es noch angebracht war, sie zu halten und wann sie wieder Abstand brauchte. Es war gut, diese Situationen zwischendurch mit ihr zu besprechen, bevor ‚es kippte'. Sonst konnte es passieren, dass Jessica plötzlich ärgerlich wurde und mich beschimpfte.

Im geschützten Gruppenalltag war es ihr möglich, diese Themen spielerisch mit mir auszuprobieren. Ich bin mitgegangen, habe diese Situationen auch erwachsen mit ihr besprochen und habe sie so in ihrem ER gestärkt und ihrem Kind neue, stärkende Erfahrungen ermöglicht.

Die Jugendlichen, die Mangelsituationen ihrer Geschichte spüren, bekommen in der Gruppe die Gelegenheit, diese Erfahrungen wie ein Kind (Re-Childing – vgl. Jecht/Kauka 2017) zu erleben. Das können kindliche Spiele sein, das kann Kuscheln sein oder auch Ausflüge auf einen Spielplatz, je nachdem, was diesem Kind oder Jugendlichen entspricht.

Die Voraussetzung der Arbeit mit Regression (die Arbeit mit Ich-Zuständen aus der Geschichte, die im heutigen Leben aktiviert werden können) ist ein klarer Vertrag für eine vorher definierte Erfahrung. Eine wichtige Voraussetzung ist, dass das Kind/die Jugendliche weiß, worum es geht, und dass Schutz gewährleistet ist. Dazu gehört, dass die Pädagogin ausreichend Zeit hat, dass sie für eine ruhige Atmosphäre sorgt und dass das Kind vor den anderen geschützt ist, in der Weise, dass die anderen darüber informiert sind, was ablaufen wird, und auch darüber, dass ein schiefer Blick, ein höhnisches Grinsen in solch einer Situation schädigend wäre. Wenn Jessica auf dem Schoß saß, oder im Arm lag, dann war diese Situation für die anderen normal, weil die Pädagogin dafür gesorgt hat, dass auch die anderen ausprobierende Situationen erleben konnten, und weil sie dafür gesorgt hatte, dass hier die nötigen Regeln eingehalten wurden. Auf diese Weise war es möglich, dass manchmal andere Mädchen mit im Raum saßen, alle erzählten sich noch was und Jessica lag ruhig im Arm. Sie traute sich, das Angebot anzunehmen – die anderen Mädchen konnten an ihr ein – auch für sie – wichtiges Beispiel erleben.

Diese Form der Regression halten wir für sinnvoll, damit die Jugendlichen auf diese Weise durch die neue Erfahrung neue Entscheidungen treffen können. Sie erweitern ihren Bezugsrahmen in der Weise, dass ihnen deutlich wird, dass es Menschen gibt, die anders denken, fühlen und sich verhalten als die Menschen, die sie vorher oft erlebt haben. Besonders wenn andere Mädchen mit im Raum sind, falls die Betroffene damit einverstanden ist, wird die Erlaubnis, die in dem Moment gegeben wird, sichtbar und spürbar. Alle Anwesenden erleben eine wichtige Situation, sie können auch Kontakt zu den eigenen Wünschen bekommen, die Gruppe ist so ein heilsamer Ort.

3.7 Integration neuer Eltern-Ich-Anteile/Re-Parenting

In vielen Situationen des Gruppenalltags erleben die Kinder/Jugendlichen andere Qualitäten von Elternfunktion, dadurch entwickeln und integrieren sie neue Erfahrungen mit sich selbst, und zugleich öffnen sie sich dabei in neuer Weise für andere Personen. Jasmin lässt zu, dass da eine andere Person ist, die sie halten kann, die hilfreich und vertrauenswürdig ist. Sowohl in ihrem Kind-Ich als auch in ihrem Eltern-Ich entwickelt sie neue Erfahrungen und speichert sie als neue Ich-Zustände ab. In Anlehnung an Petrusca Clarkson (1996) lässt sich die Entwicklung wie in Abbildung 27 visualisiert darstellen.

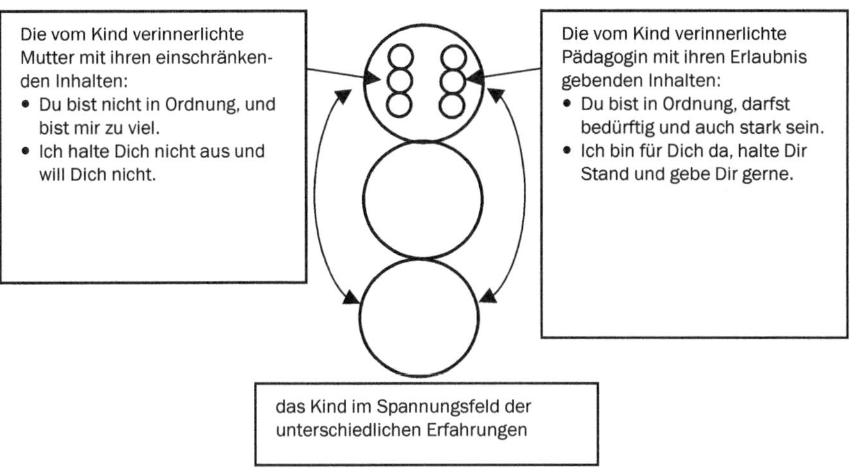

Abb. 27: Das Kind im Spannungsfeld

Dabei ist es von hoher Bedeutung, dass die Pädagogin sich darüber bewusst ist, dass die verinnerlichte Mutter stets ein Teil des Eltern-Ichs bleiben wird. Entscheidend ist, wie viel Macht dieses Mutterintrojekt im Eltern-Ich auf das Kind-Ich noch ausübt. Es existiert ein Gegengewicht durch die Integration der neuen Bezugsperson und das Erwachsenen-Ich der Jugendlichen ist zunehmend in der Lage, zu entscheiden, nach wem sie sich richtet. Es geht also darum, die destruktiven Eltern-Ich-Anteile zu entmachten. Als Mutter des Kindes und als Mensch bleibt die Mutter stets eine achtens- und möglicherweise liebenswerte Person – und die Liebe des Kindes zu seiner Mutter (unabhängig davon, ob es sie spürt oder nicht) bleibt bestehen.

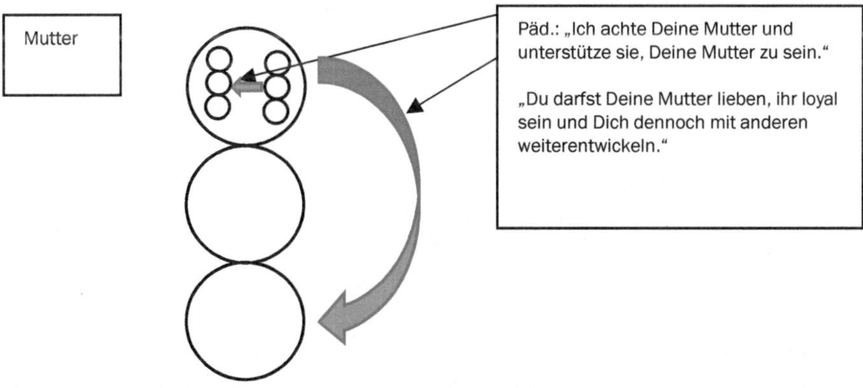

Abb. 28: Neu-Beelterung

Die Pädagogin lässt dem Kind so Raum, die Beziehung zur Mutter so zu entwickeln, wie es für das Kind in dem Moment möglich ist. Sie drängt das Kind weder zur Abgrenzung noch zur Versöhnung, behält aber im Auge, dass das Kind eine innere Verbundenheit mit der Mutter in sich trägt, die grundlegend ist (siehe auch den nächsten Abschnitt).

Ziel dieser Art der Arbeit ist, dass, wie im Beispiel hier, Jasmin neue Kind-Ich-Erfahrungen macht und dadurch Neu-Entscheidungen möglich werden. Sie könnte dann z. B. entscheiden: ‚Es gibt Menschen, die mich annehmen', ‚Ich bekomme Halt, wenn ich ihn brauche', ‚Ich werde beachtet'.

Dieser Prozess der Beelterung, den Jessica erlebt, wird auch als Re-Parenting bezeichnet, da in der Regression Erfahrungen gemacht werden, die in der Kindheit wichtig oder notwendig gewesen wären. Die neuen Erfahrungen werden sowohl in das Kind-Ich integriert als auch in das Eltern-Ich. Dies befähigt die Jugendlichen dann auch untereinander, diese Anteile zur Verfügung zu stellen.

Wurzeln würdigen – Umgang mit Elternbildern

Laura, 12 Jahre, kam über eine Pflegefamilie in die Wohngruppe. Sie verhält sich immer wieder vermeidend, hält Zeiten und Regeln nicht ein und verletzt sich selbst durch Ritzen oder unvorsichtiges Verhalten.

Ihr Vater ist unbekannt. Die Mutter hat als Prostituierte gearbeitet und war suchtkrank. Laura ist möglicherweise durch eine Vergewaltigung entstanden. In ihrem 3. Lebensjahr wurde Laura aus der Familie herausgenommen. Mittlerweile hat die Mutter Laura ein paar Mal besucht. Allerdings bleiben diese Besuche unverbindlich. Es kommt zu kurzfristigen, schmerzhaften Absagen und während der Besuche bleibt die Mutter eher selbstbezogen und weist Laura zurück. Der Vater wird von der Mutter nur abwertend benannt – und es gibt keine verlässlichen Informationen über ihn.

Die PädagogInnen arbeiten mit der Mutter in wertschätzender und zielorientierter Weise daran, sich im Rahmen ihrer Möglichkeiten verlässlich und zugewandt zu verhalten – aufgrund der spärlichen Kontakte bleiben die Ergebnisse hier aber sehr reduziert

Was bedeutet hier Arbeit am Elternbild des Kindes? Unabhängig davon, wie die reale Mutter sich verhält, ist es von großer Bedeutung für die Entwicklung des Kindes, wie es sich mit der Mutter und dem Vater auseinandersetzt und wie es sie als Teile seiner Geschichte verinnerlicht. Es ist ein Unterschied, ob Laura ihre Mutter als ‚unzuverlässige Versagerin' in sich trägt, mit der sie rebellisch oder abhängig verstrickt ist, oder ob sie sich erlaubt, um die dramatischen und schmerzhaften Teile ihrer Geschichte zu trauern und sich dennoch der Mutter – und auch dem Vater – im Rahmen des Möglichen liebend zuzuwenden *oder* die Eltern zu respektieren und sie darin zu würdigen, dass sie durch diese lebt.

Die Erzieherin unterstützte Laura z. B. nach der unvermittelten Absage der Mutter darin, zu spüren, was sie dabei empfand. Laura tendierte dabei zur Resignation, scheinbaren Gleichgültigkeit. Zugleich fing sie meist kurze Zeit später entweder Konflikte mit anderen Kindern an oder verletzte sich selbst.

Nach solch einem Telefonat ging die PädagogIn zu Laura ins Zimmer, setzte sich zu ihr und hörte sich von Laura ihre Resignation und Abwehr an. Laura sagte: „Ist doch eh egal!". Die PädagogIn erzählte Laura, dass sie in sich Trauer spüren würde, Trauer und Schmerz – und auch irgendwie noch Wut. Sie fragte Laura, wie es ihr damit ginge. Sie regte sie an und unterstützte sie, ihre Abwehr einen Moment lang aufzugeben und die authentischen Gefühle dahinter zu spüren. Da Laura zu der PädagogIn eine gute und tragfähige Beziehung hatte, konnte sie den Empfindungen, die die Pädagogin benannt hatte, in Teilen zustimmen. Vorsichtig und behutsam nahm sich Laura einen Moment Raum, um sich und ihre Mutter zu trauern und auch Wut zu spüren.

In diesem Prozess des Zulassens von Gefühlen veränderte Laura ihre Geschichte und die Beziehung zu ihrer Mutter. Die Mutter lud auf ihre Weise sehr dazu ein, sie nicht ernst zu nehmen und sie für falsch und wertlos zu erklären.

Wenn Laura die Mutter verurteilt hätte, wäre sie in dieses Muster eingestiegen, hätte die Mutter abgewertet und auch ihren eigenen Schmerz nicht ernst genommen. Laura hätte auf diese Weise die beidseitige Entwertung verstärkt – die entwertete Mutter mit dem entwerteten Selbst von Laura. Zugleich hätte sie darin den Bezugsrahmen der Mutter geteilt, dass es kein Glück zwischen Mutter und Tochter gibt, sondern nur Versagen und Einsamkeit.

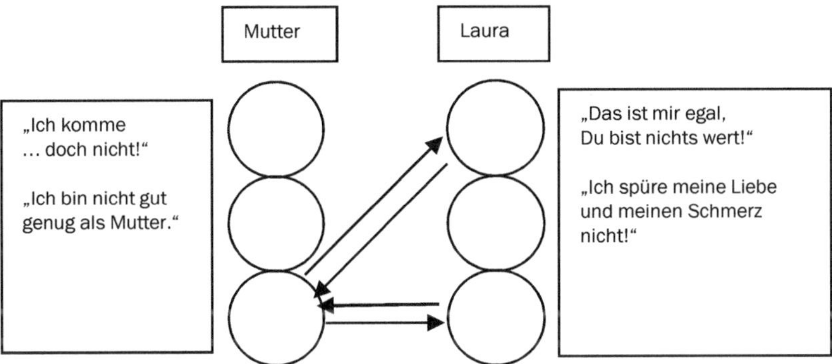

Abb. 29: Symbiose und Abwertung

Drei Aspekte sind hier aus transaktionsanalytischer Sicht wichtig:

- Unabhängig davon, wie sich die Mutter (oder sonstige Bezugsperson) verhält, bleibt sie eine *liebenswerte Person*. Sie ist und bleibt es wert, von ihrer Tochter geliebt zu werden. Die transaktionsanalytische PädagogIn behält in sich ein Bild einer Mutter, die es wert ist, geliebt zu werden, obwohl sie sich ihrer Tochter gegenüber so verhalten hat, dass diese in Schwierigkeiten gekommen ist – und die auch hoffentlich die Möglichkeit hat, die Liebe und den Schmerz ihrer Tochter auszuhalten. Die Transaktionsanalyse-PädagogIn bleibt hoffnungsvoll, ohne unrealistisch zu sein.

- Basierend auf dem Strukturmodell unterscheidet die PädagogIn zwischen den heutigen realen Eltern – z. B. der 34-jährigen Mutter, die den Termin wieder abgesagt hat – und der von Laura verinnerlichten Mutter (die vermutlich eher zwischen 24 und 30 Jahren alt ist), die das Kind in sich trägt und der Laura strukturell verbunden ist. Laura hat die schwierige Aufgabe, zu respektieren und sich darauf einzustellen, dass ihre Mutter sich in dieser Weise unzuverlässig verhält, und zugleich zu spüren, dass ihr das weh tut und dass sie sie dennoch vermisst.
- Eine Gefahr für Betreuungspersonen der Kinder und Jugendlichen, die häufig deren massives Leid erleben, ist, die Eltern innerlich abzuwerten und ein negatives Bild von den Eltern zu entwickeln. Eine solche Haltung ist für die Kinder und Jugendlichen spürbar und es ist ihnen dann nicht möglich, ein respektierendes, wertschätzendes Elternbild zu entwickeln. Zusätzlich erleben viele der Kinder und Jugendlichen das auch schon mit ihren Eltern, die einander häufig massiv entwerten und sie daher schon mit der Schwierigkeit kommen, Eltern auch positiv zu sehen. In diesen Situationen ist wichtig, dass die PädagogInnen dies im Blick haben, um die oben beschriebenen Ziele zu verfolgen.

Kapitel 4
Wachstum und Entwicklung – Kreisläufe der Kraft(-Entwicklung)

Entwicklungspsychologie (vgl. Levin1988)

Kinder durchlaufen im Heranwachsen bestimmte Phasen, in denen sie Grundthemen ihres Lebens ‚bearbeiten' und gestalten. Levin hat in ihrem Modell ‚Kreisläufe der Kraft' eine entwicklungspsychologische Perspektive auf dieses Thema entwickelt, die für heilpädagogisches Arbeiten sehr hilfreich ist. Dieses Modell integriert in gewisser Weise die beiden vorigen Kapitel, denn es zeigt, wie sich die innere Struktur des Kindes entwickelt und aufeinander aufbaut – und zeigt zugleich die Kraft der Physis, die bewirkt, dass Kinder und Erwachsene nicht in ihrer frühen Prägung ‚stecken bleiben', sondern einen inneren Drang nach Ganzwerdung und Entwicklung haben. Das Modell der Kreisläufe der Kraft

- ist systemisch ausgerichtet, denn es betrachtet Entwicklung des Kindes als eine angemessene ressourcenorientierte Antwort auf externe Beziehungen und Verhältnisse,
- ist individualpsychologisch auf die Entwicklung des Kindes in den unterschiedlichen Stufen ausgerichtet und
- entwicklungsorientiert ausgerichtet, da es Menschen nicht festschreibt, sondern Prägungen reflektiert und ihre Bewältigung als lebenslange Möglichkeit beschreibt.

Die Grundthemen der kindlichen Entwicklung nach diesem Modell sind:

- Ich darf da sein und existieren, ohne zu leisten.
- Ich darf handeln in der Welt und mich ausprobieren.
- Ich darf mir ein Bild von der Welt machen, denken und danach handeln.
- Ich darf ein Selbst entwickeln, das mir entspricht.
- Ich darf mich erproben und geschickt und fähig sein.
- Ich darf (in der Pubertät) diese Themen noch einmal neu als junge Erwachsene entwickeln.
- Ich darf in meinem Leben diese Themen wieder aufgreifen und mein Leben lang wachsen und loslassen.

Zu den Themen dieser Phasen machen Kinder Erfahrungen und treffen frühe, prägende Entscheidungen, die entwicklungsfördernd oder hemmend sein können. Sie nehmen sie als Skript oder als Teil ihres Bezugsrahmens mit. In jeder Phase geht es um Grundbedürfnisse, fördernde Botschaften/Erlaubnisse, Möglichkeiten und Konsequenzen von Einschränkung und um Möglichkeiten des ‚Nachholens'. Erlebt ein Kind z. B. in der ersten Phase, Da-Sein, Gewalt und oder Vernachlässigung, so schwächen diese Erfahrungen das Kind in seiner Kraft, da sein zu können. Das Kind wird dann möglicherweise in seiner weiteren Entwicklung eine frühe Entscheidung treffen: ‚Besser ich bin nicht da', und sich meistens angepasst ‚weg' machen. So vermeidet es Beziehung und Entwicklung und wird nicht in seine Kraft und nicht zu seinen Möglichkeiten kommen.

Diesen unterschiedlichen Themen begegnen wir allerdings nicht nur in dieser Altersphase, sondern z. B. das Thema ‚Darf ich da sein ohne Leistung' wird auch angesprochen, wenn wir z. B. krank sind oder wenn wir neu in eine Gruppe kommen. In beiden Situationen klingt das frühe Thema der Bedürftigkeit und des Da-sein-Dürfens unbewusst mit an. Als Menschen können wir in solchen Situationen neue korrigierende Erfahrungen machen.

Die Entwicklungsstadien im Überblick:

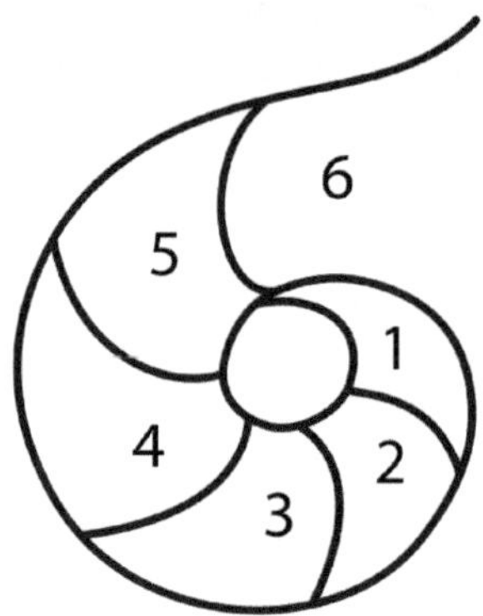

Abb. 30: Cycles of Power

Stadium	Thema	Alter
Stadium 1:	Die Kraft zum Da-Sein	0-6 Monate
Stadium 2:	Die Kraft zum Tun	6-18 Monate
Stadium 3:	Die Kraft zum Denken	18 Monate bis 3 Jahre
Stadium 4:	Die Kraft zur Ich-Findung	3-6 Jahre
Stadium 5:	Die Kraft zum Geschickt-Sein	6-12 Jahre
Stadium 6:	Die Kraft zur Erneuerung	13-18 Jahre
Stadium 7:	Die Kraft zur Wiederaufarbeitung	Ab 19 Jahren

Stadium 1: Die Kraft zum Da-Sein

Alter: Geburt bis sechs Monate

Wesentliche Aspekte der Situation

Das Kind wird sozusagen in der Welt begrüßt. Seine Situation ist gekennzeichnet davon, dass es im Wesentlichen dem Handeln der anderen ausgesetzt und von deren Wohlwollen abhängig ist. Die Beziehung ist für das Kind von existenzieller Bedeutung. Denken, Fühlen und Handeln sind präverbal und eher magisch organisiert. Das Thema, um das es für das Kind geht, ist: *angenommen sein in seiner Existenz, ohne dafür Gegenleistungen erbringen zu können.*

Wie weit darf das Kind mit seinem Da-Sein sich zumuten oder aber inwieweit bekommt es Botschaften, dass es in seiner Existenz nicht willkommen ist? Das sind die Fragen, die für das Kind von Bedeutung sind.

In dieser Phase wird sowohl die Grundentscheidung getroffen, ob das Kind sich für lebens- und liebenswert hält: ‚Ich darf leben und bin liebenswert', als auch die Erfahrung, sich in Abhängigkeit begeben zu können und zu dürfen, ohne dies mit Verletzung und Verlassenwerden ‚bezahlen' zu müssen: ‚Ich darf mich mit Abhängigkeit zumuten und muss mich deswegen nicht aufgeben'.

Grundbedürfnisse in dieser Phase sind:

- Respektierung des eigenen Da-Seins, unabhängig von den Taten oder Erfolgen;
- umsorgt und genährt werden und andere für sich denken lassen;
- von anderen abhängig sein;
- berühren und berührt zu werden, sinnlich sein;

Hilfreiche Erlaubnisse, bzw. Botschaften in dieser Phase:

- Es ist für Dich in Ordnung, da zu sein, genährt, berührt und versorgt zu werden.
- Ich mag Dich gerne halten, Dich berühren und Dir nahe sein.
- Du hast ein Recht darauf, hier zu sein.
- Ich finde Deine Bedürfnisse in Ordnung.
- Du brauchst Dich nicht zu beeilen, Du kannst Dir Deine Zeit nehmen.

Möglichkeiten, um die Kraft zum Da-Sein zu entwickeln:

- während der ersten sechs Lebensmonate; dann aber kann diese Kraft auch in bestimmten Lebensphasen erworben und/oder geübt werden, z. B.:

- wenn man müde, verletzt, verletzlich oder krank ist, denn hier geht es um die Fähigkeit, den anderen für sich sorgen zu lassen;
- während Zeitabschnitten von schnellen Veränderungen oder Wachstum. Der Jugendliche, der z. B. neu in die Gruppe kommt, ist gefordert, in seiner Fähigkeit da zu sein, ohne viel für die Gruppe oder die Erzieherinnen tun zu können. Er kann seine Existenz nicht ‚handelnd' begründen. Die Verunsicherung über sein Da-sein-Dürfen wird dann oft über alte regredierte Verhaltensweisen (Provokation, Passivität u. a.) verdeckt;
- wenn man einen Säugling versorgt, denn mit ihm durchleben wir die Geschichte unseres eigenen ‚Säugling-Seins' neu;
- jederzeit bei Stress, denn dies ist die Phase, in der es darum geht, sich zu spüren, zu entspannen und nichts zu tun, um danach wieder in die Aktion zu gehen;
- als den ersten Teil jedes Prozesses.

Einschränkungen des Kreislaufs in diesem Stadium

Die Entwicklung der Kraft zum Da-Sein kann eingeschränkt werden durch Botschaften und Erfahrungen, in denen das Kind erlebt, dass es mit seiner Existenz nicht geschützt und/oder willkommen ist. Das Kind z. B., das misshandelt wird, oder das Kind, dessen Eltern denken/empfinden, dass das Kind eine Last sei und besser nicht geboren wäre, dieses Kind bleibt unsicher, ob es mit seiner Existenz und seiner Bedürftigkeit in der Welt willkommen ist. Das Kind kann darauf reagieren, indem es

- sich nicht wirklich zumutet mit seinen Bedürfnissen. Der Säugling, der sich entschieden hat, nicht mehr zu schreien, da er intuitiv wahrnimmt, dass diese vitale Äußerung seiner Bedürftigkeit die Eltern überfordert und möglicherweise bei diesen alte Verzweiflung und/oder Wut auslöst.
- Das Kind kann auch reagieren, indem es sich nicht zumutet, mit dem, was es selbst braucht, sondern das tut, was die Eltern brauchen. Wenn die Eltern z. B. ‚mörderisch' wütend sind über das ungewollte Kind, kann es sein, dass sie diese (innerlich verbotene) Wut kompensieren durch übermäßige Fürsorge für das Kind. Das Kind lernt dann: ‚Existieren/leben darf ich, solange ich versorgt werde.' Das Kind wird sich dann möglicherweise stets hilflos und abhängig machen und seine Fähigkeiten nicht nutzen (Werde nicht erwachsen!).

In beiden Fällen ist es wie der Versuch, zu vermeiden, lebendig zu sein und irgendetwas zu fühlen. Die tiefe, existenzielle und frühkindliche Angst, nicht leben zu dürfen, wird im Schnitt abgespalten und ‚unter Kontrolle gehalten' durch Überanpassung oder durch Rebellion.

Einige Methoden, um die Entwicklung der Kraft zum Da-Sein zu stimulieren:

- dem Kind ein Schaumbad anbieten (siehe auch den Abschnitt zur Stimulation in Kapitel 2.2.4);
- das Kind zum Beispiel mit dem Noppenball massieren; alle Erfahrungen, die die Bildung eines angenehmen Körperbildes unterstützen;
- dem Kind Körperkontakt, eventuell auch Kuscheln anbieten. Dabei ist natürlich auf die eigenen Grenzen und die des Kindes in besonderer Weise zu achten. Körperkontakt ist für die Stimulierung dieser Kraft eine herausragende und überaus wichtige Methode;
- dem Kind Situationen anbieten, in denen es genießen kann, absolut nichts zu tun;
- das Kind in Wolldecken einwickeln;
- das Kind in einer Hängematte schaukeln und ihm, falls es das will, Geschichten vorlesen;
- dem Kind warme Milch, warme, breiartige Speisen und/oder Süßigkeiten anbieten; diese Nahrungsmittel haben einen intensiven ‚Anklang' an Muttermilch oder andere frühe kindliche Ernährung;
- das Kind im Arm halten;
- das Kind anregen, viel zu schlafen.

Stadium 2: Die Kraft zum Tun

Alter: 6 bis 18 Monate

Wesentliche Aspekte dieser Phase

Die Situation des Kindes ist geprägt davon, dass es motorische Fähigkeiten entwickelt, die es ihm erlauben, die unmittelbare Umwelt zunehmend zu erforschen. Es krabbelt, greift, begreift, es findet immer wieder neu eigene Möglichkeiten und Grenzen seiner Fähigkeiten heraus. Das Kind analysiert die Welt und seine Beteiligten (Eltern, Geschwister, Bekannte) und ihre Beziehungen zueinander präzise. Es ‚erforscht' mögliche und sinnvolle Handlungsstrategien – allerdings weiter auf kindlich-magischem Niveau. Das Thema, um das es für das Kind geht, heißt, *sich ausprobieren dürfen mit seinen Fähigkeiten in der Welt; willkommen zu sein mit seinem Initiativ- und Aktiv-Sein.*

In dieser Phase wird die Grundentscheidung getroffen, inwiefern das Kind sich zeigen darf mit seinen Fähigkeiten und Grenzen in der Welt (‚Ich darf mich mit meinen Fähigkeiten und Grenzen zeigen und ausprobieren.'). Kinder, die in dieser Phase destruktive Einschärfungen bekommen, wirken später oft wie ‚faul', sind aber in dieser Phase entmutigt worden.

Grundbedürfnisse in dieser Phase:

- seine Umgebung erkunden, ohne darüber nachdenken zu müssen;
- sinnliche Aufmerksamkeit entwickeln und durch Tun lernen;
- Schmecken, anfassen, riechen, fühlen, hören und sehen, wie die Welt beschaffen ist;
- die Erde fühlen und die eigene Standfestigkeit erfahren;
- eine Vielfalt von Stimulationen suchen;
- den eigenen Impulsen folgen.

Hilfreiche Erlaubnisse bzw. Botschaften in dieser Phase:

- Es ist für Dich in Ordnung, in die Welt hinauszugehen, sie zu erkunden, Deine Sinne zu bereichern und umsorgt zu werden.
- Du darfst auf Menschen und Dinge zugehen.
- Du kannst selbständig Dinge tun und trotzdem Unterstützung dabei bekommen.
- Es ist in Ordnung, wenn Du Anstöße zu etwas gibst.
- Du darfst neugierig sein und Deinen Gefühlen trauen.
- Du brauchst Dir keine Tricks einfallen zu lassen, um Deine Aufmerksamkeit zu bekommen.

Einschränkungen des Kreislaufs in diesem Stadium

Die Entwicklung der Kraft zum Tun kann eingeschränkt werden durch Botschaften und Erfahrungen, in denen das Kind erlebt, dass seine Aktivität die Eltern überfordert und/oder Angst in ihnen auslöst bzw. wachruft. Die Eltern geben dem Kind entweder keine Grenzen oder sie geben dem Kind zu enge Grenzen – möglicherweise weil sie eigene unverarbeitete Ängste zum Thema Handeln/Tun haben. Beide Formen der Begrenzung – die Grenzenlosigkeit und die rigiden Grenzen – schränken das Kind darin ein, sich mit seinen Fähigkeiten in seiner Welt auszuprobieren und zu zeigen.

Einige Methoden, um die Entwicklung der Kraft zum Tun zu stimulieren:

- in jeder neuen Situation – der Jugendliche, der neu in einer Wohngruppe ist, kann diese Kraft entwickeln, wenn er, unterstützt durch die Pädagoginnen, seine neue Welt mit ihren Möglichkeiten und Grenzen erkundet;

- indem Pädagoginnen auch die nicht angemessenen Ängste des Kindes ernst nehmen und im Sinne einer Ent-Trübung mit ihm besprechen;
- als Einleitung, um eine neue Ebene der Unabhängigkeit herzustellen;
- als Teil von Rollen- und/oder Phantasiespielen, in denen das Kind seine verinnerlichten Erfahrungen gestaltet und veröffentlicht (Schmidtchen 1991);
- mit dem Kind ins Café im Ort gehen und Leute beobachten und mit einigen von ihnen sprechen;
- das Kind anregen, zu nagen, zu kauen und die Zähne in etwas hineinzugraben;
- das Kind anregen, sich körperlich, auch sportlich zu betätigen;
- beim Versorgen eines Kleinkindes;
- in der frühen Pubertät und in vergleichbaren Altersstufen, die ebenso lebensgeschichtliche (ökologische) Übergänge darstellen, wie z. B. Adoleszenz, Familienbildung usw.

Stadium 3: Die Kraft zum Denken

Alter: 18 Monate bis 3 Jahre

Wesentliche Aspekte der Situation

Das Kind entwickelt Bilder und Ideen von der Welt, die es ausprobiert. Das Kind lernt hier auch, zu unterscheiden zwischen ‚ich' und ‚du', ebenso zwischen ‚mein' und ‚dein'. Es probiert sich mit Negativität, mit einem kraftvollen Nein aus. Körperlich lernt es, seinen Körper immer klarer unter Kontrolle zu bekommen – von daher lernt das Kind auch, dass es sich selbst zunehmend bestimmen kann. Ebenso lernt das Kind im Umgang mit seiner Verdauung, dass es etwas geben, aber auch behalten kann. Kontrolle, Selbstbestimmung, aber auch Getrenntheit und Negativität sind wichtige Themen dieser Phase.

Grundbedürfnisse in dieser Phase sind:

- über die Welt nachdenken, Konzepte entwickeln und überprüfen lernen;
- herausfinden und fragen, wie die Welt funktioniert;
- herausfinden, wo und wie die Grenzen der Welt sind; geben sie genug Raum für eigenes Handeln und sind sie tragfähig genug für Schutz;
- Verbindungen zwischen sinnlichen Ereignissen herstellen;
- Negativität und Ambivalenz ausdrücken, ohne dabei die Beziehung zu verlieren;
- sich körperlich auch gegen andere einsetzen;
- Kontrolle entwickeln über den eigenen Körper;
- Trennen von ‚mein' und ‚dein';

Hilfreiche Erlaubnisse bzw. Botschaften in dieser Phase:

- Es ist in Ordnung, dass Du Deine Kräfte ausprobierst.
- Es ist gut, wenn Du spürst, wo Deine Grenzen sind, und dass Du ‚nein' sagst.
- Es ist gut, dass Du beginnst, Dich von mir zu trennen, und Du darfst wiederkommen.
- Du brauchst nur für Dich selbst zu denken. Du brauchst keine Verantwortung für andere zu übernehmen und nicht zu glauben, dass Du für sie denken musst.
- Du kannst Dir über das, was Du an Bedürfnissen und Gefühlen spürst, sicher sein.
- Du kannst Dir Gedanken machen über Deine Gefühle und Gefühle haben in Bezug auf Deine Gedanken.
- Du kannst Menschen wissen lassen, wenn Du wütend bist.

Natürliche Möglichkeiten, um die Kraft zum Denken zu entwickeln:

- im Alter zwischen 1½ und 3 Jahren;
- beim Versorgen eines 2-Jährigen;
- Abhängigkeit in Beziehung wahrnehmen und Schritte daraus entwickeln;
- neue Denkfähigkeiten entwickeln und neue Informationen lernen;
- eigene Positionen entwickeln und sich dafür einsetzen.

Einschränkungen des Kreislaufs in diesem Stadium

Das Kind erlebt Einschränkungen in diesem Stadium entweder in Richtung von schnellem Groß-Werden (übermäßiger Selbständigkeit): ‚Beeil Dich und werde erwachsen!' (‚Sei nicht abhängig!'), oder in Richtung übermäßiger Abhängigkeit: ‚Bleib klein!' (‚Werde nicht erwachsen!').

Einige Methoden, um die Entwicklung der Kraft zum Denken zu stimulieren:

- Die Eigenpersönlichkeit unterstützen:
  - Deutlich machen, wer wofür verantwortlich ist. Es ist hilfreich, von der Abhängigkeit zur Unabhängigkeit zu kommen, indem wir die Verantwortungen deutlich halten.

    - Darauf hinweisen, dass Menschen für ihr Verhalten verantwortlich sind. Dinge und Situationen sind nicht verantwortlich für Verhalten.
    - Die Kinder anregen, Fragen zu stellen, anstatt Aussagen zu machen: „Kannst Du mir den Ball geben?“, anstatt: „Ich würde gerne mit dem Ball spielen.“
    - Kinder darin unterstützen, ‚nein‘ zu sagen und sich auch klar abzugrenzen.
- Eine Struktur zum Denken entwickeln, um abzuklären, wie Menschen denken:
    - Welche Gefühle hat das Kind?
    - Was sind die Tatsachen?
    - Was denkt das Kind?
    - Welche Meinung hat das Kind dazu?

Stadium 4: Die Kraft zur Ich-Findung (Identität)

Alter: 3 bis 6 Jahre

Wesentliche Aspekte der Situation

Das Kind, das sich in der Welt ausprobiert hat, kommt nun dazu, ein Bild von sich selbst zu entwickeln. Fragen der Identität, auch der geschlechtlichen Identität werden wichtig. Die Identifikation mit dem gleichgeschlechtlichen Elternteil und die Auseinandersetzung mit dem gegengeschlechtlichen Elternteil werden bedeutsame Teile des Selbstbildes. Auch das Ausprobieren des eigenen Bildes ‚in der Welt‘ – sprich Kindergarten oder Nachbarschaftsgruppe – werden wichtig.

Grundbedürfnisse in dieser Phase sind:

- eine Identität aufbauen und herausfinden: „Wer bin ich?‘;
- herausfinden, was es bedeutet, ein ‚Junge‘ oder ein ‚Mädchen‘ (oder etwas anderes) zu sein;
- Bestimmungen der Wirklichkeit testen und ihre Konsequenzen herausfinden;
- die eigene Kraft ausüben, um Beziehungen zu beeinflussen;
- Phantasie von Wirklichkeit trennen;
- die Fähigkeit entwickeln, seine eigene innere Wirklichkeit zu verändern.

Hilfreiche Erlaubnisse, bzw. Botschaften in dieser Phase:

- das Kind darin unterstützen, dass es seine eigene Sicht von der Welt entwickelt, dass es sich identisch erlebt („ich bin …“) und dass es seine Stärke einsetzt und erprobt;

- es ermutigen, kraftvoll zu sein und ‚dennoch' Bedürfnisse zu haben;
- das Kind darin unterstützen, dass es sich nicht krank, hilflos, wütend, traurig oder sonst wie geben muss, um Unterstützung zu bekommen;
- dem Kind vermitteln, dass es wichtig ist, wenn es herausfindet, wer es ist;
- das Kind darin unterstützen, Rollen auszuprobieren und sich von Rollen abzugrenzen;
- das Kind darin unterstützen, sich Dinge vorzustellen, ohne Angst zu haben, dass sie deswegen wahr werden (Ich darf ganz wütend sein auf jemanden – und bin nicht schuld, wenn die Person dann geht oder leidet oder ähnliches – ein wichtiges Thema z. B. für Kinder in Trennungsfamilien.);
- das Kind darin unterstützen, die Konsequenzen seines Verhaltens herauszufinden (z. B.: „Es ist in Ordnung, dass Du Ballspielen willst. Die Konsequenz ist, dass Du nicht in der gleichen Zeit basteln kannst.").

Natürliche Möglichkeiten, um die Kraft zur Ich-Findung zu entwickeln:

- wenn das Kind neue Grenzen des Denkens und der Unabhängigkeit entwickelt;
- wenn das Kind eine neue Beziehung zu Familie, Kindergarten, Gruppe oder Umgebung sucht;
- wenn wir eine neue Rolle ausführen oder uns vorbereiten, eine neue Fähigkeit zu lernen; z. B. der Jugendliche, der seinen Platz in der Ausbildung einnimmt;
- mit 13 bis 15 Jahren, wenn die Jugendlichen ihren Platz in der Welt als Jugendliche neu einnehmen.

Einschränkungen des Kreislaufs in diesem Stadium

Die Botschaft ‚Bleib klein!' (‚Werde nicht erwachsen!') kann dazu führen, dass das Kind gehemmt darin ist, seinen Ärger auszudrücken. Es wird eher furchtsam, ängstlich oder hilflos reagieren, anstatt potent und kompetent zu seinem Ärger zu stehen. Ebenso wird es dem Kind schwerfallen, zu seinen sexuellen (genitalen) Impulsen zu stehen, da es sich damit aus vertrauten Beziehungsbahnen heraus begibt. Oder das Kind bekommt Impulse in Richtung ‚Beeil dich und werde erwachsen!' (‚Sei nicht abhängig!').

Dies kann dazu führen, dass das Kind sich nicht mehr zumutet, wenn es etwas von den erwachsenen Personen braucht. Es kann sein, dass das Kind sich nicht mehr erlaubt, sich mit Angst zuzumuten, da es die darin auftauchende Abhängigkeit stärker fürchtet als das ‚sich mit seiner Angst einsam machen'.

Das Kind kann auch dazu neigen, nährende/kleinkindhafte Bedürfnisse in sexuelle Bedürfnisse umzuwandeln. Diese Sexualisierung der Beziehung führt zu schwerwiegenden Einschränkungen der Beziehungsfähigkeit, da das Kind sich nicht erlaubt, selbstbestimmt Sexualität zu erproben, sondern stattdessen sich oft als Sexualobjekt von Erwachsenen ‚anbietet' (was die Verantwortung der Erwachsenen für die Einhaltung von Grenzen in keiner Weise mindert).

Einige Methoden, um die Entwicklung der Kraft zur Ich-Findung zu stimulieren:

- das Kind darin unterstützen, Geschlechtsrollenspiele zu entwickeln;
- die kindliche Neugierde auf seinen Körper und auf die Körper der anderen ernst nehmen und es in seinem Erforschen unterstützen;
- das Kind unterstützen, die eigenen Grenzen und die der anderen wahrzunehmen und diese Grenzen zu achten;
- das Kind darin unterstützen, seinen Platz in der Gemeinschaft auszufüllen und sich dafür auch einzusetzen;
- das Kind darin unterstützen, sich mit seinen Wünschen und Bedürfnissen wahrzunehmen und sich damit zuzumuten.

Stadium 5: Die Kraft zum Geschicktsein

Alter: 6 bis 12 Jahre

Wesentliche Aspekte der Situation

Das Kind, das mittlerweile Kraft in den Bereichen Da-Sein, Tun, Denken und Identität gesammelt hat, nimmt nun seinen Platz in der Welt ein, so, wie es ist. Es probiert sich mit seinen Fähigkeiten in Familie und Schule aus. Dabei geht es darum, sich weiter auszuprobieren, sozusagen ‚geschickt zu werden' mit dem, was das Kind erworben hat, aber auch immer wieder Aufgaben aus den vorigen Bereichen nachzuarbeiten bzw. darin nachzureifen.

Grundbedürfnisse:

- sich mit seinen Fähigkeiten ausprobieren;
- unterschiedliche Arten ausprobieren, Aufgaben zu lösen;
- eigene körperliche, geistige, gefühlsmäßige und gesellschaftliche Fähigkeiten und Fertigkeiten entwickeln;
- streiten, ablehnen, sich abgrenzen;

- eigene Ansichten, Methoden und Benehmen entwickeln;
- Fehler machen, um herauszufinden, was funktioniert.

Hilfreiche Erlaubnisse bzw. Botschaften in dieser Phase:

- dem Kind vermitteln, dass es ist wichtig zu lernen, Dinge auf seine Art zu tun und seine eigenen Methoden und Ansichten zu entwickeln;
- das Kind darin unterstützen, sich und seinen Gefühlen und sonstigen Wahrnehmungen zu vertrauen und sich davon leiten zu lassen;
- das Kind darin unterstützen, das Denken zu üben, indem es nachdenkt, bevor es Position bezieht und sich etwas zu eigen macht;
- das Kind darin unterstützen, anderer Meinung zu sein und diese angemessen zu vertreten.

Natürliche Möglichkeiten, die Kraft zum Geschicktsein zu entwickeln:

- nachdem man Identitätsentscheidungen verändert hat;
- wenn man eine neue Art lernt, etwas zu tun;
- als Eltern eines 6- bis 12-Jährigen.

Stadium 6: Die Kraft zur Erneuerung

Alter: 13 bis 18 Jahre

Wesentliche Aspekte der Situation

Wesentliche Aspekte der Persönlichkeit sind entwickelt. Zentrale Themen sind nun die Gestaltung der Sexualität und zunehmend, den Platz in der Erwachsenenwelt einzunehmen. Wesentliche Aufgabe dieser Phase ist es auch, die bisherigen Phasen noch einmal zu durchwandern und die Themen auf einem neuen Niveau zu bearbeiten.

- *Die Kraft zum Da-Sein:* Mit 13 kann das Bedürfnis, umsorgt zu werden, nichts zu tun, einfach nur abhängig zu sein, wieder auftauchen. Dieser Schritt in die Abhängigkeit ist sinnvoll zur Erlangung der Bereitschaft, hin zu größerer Unabhängigkeit zu gehen. Die Entdeckung der eigenen Sexualität verunsichert, irritiert und braucht die frühe Verbundenheit noch einmal.
- *Die Kraft zum Tun:* In dieser Phase geht es darum, sich mit seinen Sinnen zu erleben. Sinnliche Befriedigung anzustreben, ist wichtiger als das Erreichen von äußeren Zielen. Der Jugendliche macht sozusagen kleine Forschungs-

reisen in die Sinnes- und Körperwelt – und schult dabei seine Sinne und seinen Körper.

- *Die Kraft zum Denken:* Das ‚Nein' – die vitale, auch konflikthafte Abgrenzung wird im Alter um 14 Jahren noch einmal wichtig. Abgrenzung und Selbstbestimmung tauchen hier wieder als Leitmotive auf.
- Auch das Ausprobieren und Entwickeln von Welt- und Selbstbildern ist eine wichtige Aufgabe dieser Zeit.
- *Die Kraft zur Ich-Findung (Identität):* Mit 15 Jahren ungefähr werden die Fragen „Wer bin ich?" oder „Wie ist mein Leben?" bedeutsam. Fragen der Identität, der eigenen Bedeutung, des Platzes in der Welt werden neu ausprobiert und bewegt.
- *Die Kraft zum Geschicktsein:* Mit 16 Jahren fangen die Jugendlichen aktiv an, außerhalb des Werterahmens der Eltern, Lehrer oder Mentoren zu treten, wenn sie aus diesen Beziehungen ausbrechen, um selbst Erwachsene zu werden. Es ist der Abschied von Kindheit – das Loslassen und Erinnern alter Bilder und Hoffnungen.

Grundbedürfnisse:

- das Bedürfnis, sexuell zu sein, mit den Bedürfnissen aus anderen Stadien integrieren;
- aus der eigenen Elternbeziehung herauswachsen und sich aus den elterlichen Bindungen lösen;
- eine eigene persönliche Philosophie entwickeln;
- mit sexuellen Beziehungen experimentieren und sich zu einem sexuell aktiven Menschen entwickeln;
- jedes frühere Stadium erneut besuchen;
- einen Platz unter Erwachsenen haben.

Hilfreiche Erlaubnisse bzw. Botschaften in dieser Phase:

- ihm/ihr vermitteln, dass es in Ordnung ist, sexuelle Gefühle, einen Platz unter Erwachsenen und Erfolg zu haben;
- ihm/ihr vermitteln, dass es in Ordnung ist, für die eigenen Bedürfnisse, Gefühle und das Verhalten verantwortlich zu sein;
- ihm/ihr vermitteln, dass es er/sie mit dem Bedürfnis nach Selbständigkeit in Ordnung ist;

- ihm/ihr vermitteln, dass es er/sie jederzeit zu Hause willkommen ist;
- ihm/ihr vermitteln, dass ihn die Liebe der Eltern bzw. die Zuwendung der PädagogInnen begleitet.[4]

Natürliche Möglichkeiten, die Kraft zur Erneuerung zu entwickeln:

- nachdem wir neue Fertigkeiten eingeführt haben;
- beim Übergang von einem sozialen Zustand in einen anderen (z. B. Wechsel einer Wohnsituation oder Arbeitsstelle, Auseinandersetzung mit der Frage der Gestaltung von partnerschaftlichen Beziehungen).

Einschränkungen des Kreislaufs in diesem Stadium

Da in diesem Stadium die vorherigen Stadien noch einmal bearbeitet wurden, können die Schwierigkeiten aus einem vorangegangenen Stadium in einer mehr veränderten, oft sexuellen Form im Stadium 6 zurückkehren, z. B.: „Ich kann nicht genug (Pflege) bekommen" aus Stadium 1 mag im Stadium 6 zu „Ich kann nicht genug (Sex) bekommen" werden.

Stadium 7: Die Kraft zur Wiederaufbereitung

Alter: ab 19 Jahre

Wesentliche Aspekte der Situation

Ein interessanter Aspekt an dem Modell der Kreisläufe der Kraft ist die Idee, dass die Entwicklung nicht mit 6, 12 oder 18 Jahren abgeschlossen ist, sondern dass die Entwicklung der Persönlichkeit hier als lebenslang erachtet wird. Die Aufgaben, die für die folgenden Phasen anstehen, sind:

- wahrnehmen, welche Entwicklungsthemen uns bewegen, welche Themen unseres Lebensplans angesprochen sind und wo es ansteht, ihn (den Lebensplan – einschließlich der Probleme aus vergangenen Stadien) weiterzuentwickeln;

---

4 Einem Kind/Jugendlichen/jungen Erwachsenen den Segen mit auf den Weg zu geben, ist eine Geste, die, insofern sie authentisch gegeben wird, sehr stärkend und heilsam sein kann.

- dafür zu sorgen, dass wir in einem sozialen Netz leben, in dem wir die Unterstützung, die wir brauchen, um uns zu entwickeln – und zwar Zuwendung, Stimulation und Struktur – auch bekommen;
- unsere Lebensphilosophie, in der sich auch unsere Identität ausdrückt, beizubehalten, indem wir sie unseren Erfahrungen gemäß weiterentwickeln;
- Verantwortung in der Welt übernehmen, für uns selbst, aber auch für Aufgaben im beruflichen und sozialen Bereich – und hierfür auch unsere Kompetenz nutzen und entwickeln;
- uns den Rollenveränderungen stellen, die wir in unserem Leben gestalten und erleben – als Partner, Elternteil, Lernender, Lehrer, Erwachsener, Großeltern, usw.

Grundbedürfnisse:

- Unterstützung brauchen für die Entscheidung: „Es ist in Ordnung, hier zu sein (auf dieser neuen Ebene)“;
- herausfinden, wer er/sie ist und was er/sie tun kann;
- lernen, „wie es gemacht wird“;
- streiten, Rangfolgen und Werte verändern;
- Sexualität entwickeln;
- neue, unabhängige Unterstützungssysteme schaffen;
- mehr als ein Entwicklungsstadium zur Zeit erlernen.

Kapitel 5
Alltag als Raum der Begegnung und Entwicklung

5.1 Jeder Augenblick ist die Beste aller Gelegenheiten

In diesem Kapitel wird Alltag in der stationären Wohngruppe dargestellt. Wichtige Prozesse (Arbeitsvollzüge, die sich immer wiederholen/Kernprozesse) werden in Bezug auf ihre Wirksamkeit beschrieben und Möglichkeiten des Handelns werden aufgezeigt.

Unter Alltag verstehen wir die Gestaltung des gemeinsamen Lebens mit definierten Rollen, Regeln, Regelmäßigkeiten, Zielen und Ressourcen. Es ist das Zusammenkommen von Menschen zu dem Zweck, den Kindern und Jugendlichen und ihren Familien zu helfen, sich zu finden, Verletzungen zu bewältigen und sich den Möglichkeiten entsprechend zu entwickeln.

Die PädagogInnen bringen sich, ihre Geschichte, ihre Kompetenzen und Erfahrungen mit, ebenso wie die Vorgaben, Konzepte und Ressourcen der Einrichtung. Miteinander entsteht eine *Begegnung*, die im gelungenen Fall für beide Seiten eine öffnende und bereichernde Erfahrung ist. Solch eine Begegnung heißt, dass der Kontakt beide Personen berührt, dass sie sich mit ihrem authentischen Selbst in diesem Kontakt befinden – und dass wesentliche, existenzielle Themen berührt werden: Wie darf Nähe und Distanz im Hier und Jetzt gestaltet werden? Wie ehrlich darf ich sein? Was bedeutet Halt geben, Halt brauchen, Halt nehmen – in dieser Situation? Beide, PädagogIn und Kind, definieren die Welt, die aktuelle Situation mit ihren Möglichkeiten in diesem Moment – im Rahmen der vorgegebenen Bedingungen. Beide entwickeln sich mit und in dieser Begegnung in ihrer Persönlichkeit.

5.2 Die pädagogische Beziehung

Die Pädagogin trägt die Hauptverantwortung für die Situation. Sie ist und bleibt diejenige, die zu entscheiden hat, wie viel Nähe hier passend, wie viel ‚neue Erfahrung' jetzt schon passend ist. Ist es hilfreich, die Situation emotional zu vertiefen, oder soll die neue Erfahrung eher kognitiv verankert werden? Das Kind entscheidet, wie weit es sich einlässt und sich zeigt und ausprobiert. Die PädagogIn ermutigt oder begrenzt je nach Einschätzung der Situation und den Möglichkeiten des Kindes – und gestaltet aus diesem Verständnis heraus die jeweiligen Prozesse.

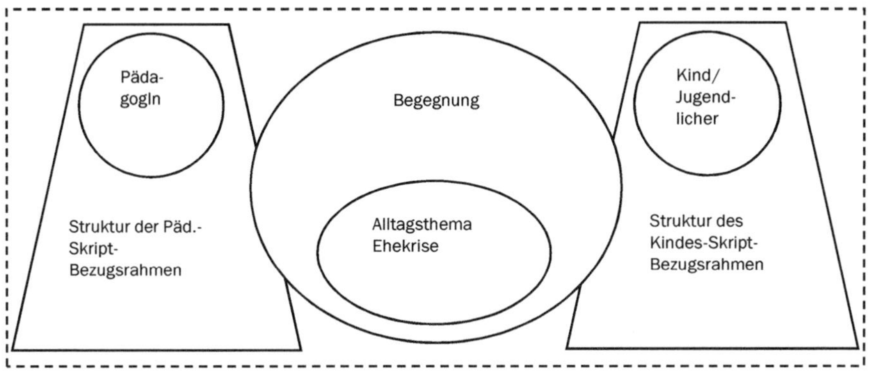

Abb. 31: Die pädagogische Beziehung

5.3 Ziele entwickeln – Verträge gestalten

Ziele in der stationären Kinder- und Jugendhilfe – und zwar Veränderungsziele – sind ein großer, wichtiger und wirkmächtiger Bereich. Schauen wir uns die Situation von Carine aus dem Kapitel Hunger und Nahrung an, so wird verständlich, dass der Wunsch nach Veränderung zunächst nicht von Carine und ihren jeweiligen Bezugspersonen geäußert wurde.

Carine, 12 Jahre, kam mit 10 Jahren in die Wohngruppe. Sie verweigerte das Essen bei allen gemeinsamen Gelegenheiten. Sie hielt es nicht aus, an einem Tisch zu sitzen, an dem gegessen wurde. Stattdessen stopfte sie heimlich Süßes oder Essen, das gerade da war, in sich hinein. Dabei blieb sie körperlich dünn und ausgemergelt. Zu ihrer Vorgeschichte gehörte Verwahrlosung und massive Gewalt in den ersten Jahren, Mutter ging weg, als sie 2 Jahre alt war, Vater war überfordert, Suchtkrank (Alkohol, Cannabis).

Nach 1,5 Jahren in der Wohngruppe hatte sie gelernt, an gemeinsamen Essen teilzunehmen, hatte etwas zugenommen und konnte es manchmal zulassen, extra versorgt zu werden.

Carine selbst hatte sich darauf eingerichtet, irgendwie zu überleben und der Vater, der kaum noch mit ihr zu tun hatte, war auch nicht interessiert an komplexer und nachhaltiger Entwicklungsarbeit. Beide hatten sich in ihrer Welt der Not eingerichtet. Carine war eine Überlebensspezialistin in dieser Welt der Unverbindlichkeit und Gefahr. Sie befand sich in Übereinstimmung mit den erlebten Regeln dieser Welt – und war so in einer Homöostase, einem Gleichgewicht mit den familiären, sozialen und intrapsychischen Bedingungen. Veränderung bedeutete zunächst mal Gefahr – Verlust von vertrauter Sicherheit. Die Impulse zur Aufnahme kamen daher nicht von Carine oder ihrem Vater, sondern als Vorschlag der Kinder- und Jugendpsychiatrie, in der Carine vorher untergebracht war.

Carine ließ sich auf diesen Vorschlag ein – eher aus einer Anpassung heraus. Die Alternative wären andere Einrichtungen oder andere Maßnahmen gewesen – aber nicht die Rückkehr in ihre frühere Welt, in der es keine verlässlichen Erwachsenen gab, die sich um sie hätten kümmern können. Diese Anpassung ist noch keine Zustimmung und noch kein eigenes Ziel – es ist eine Möglichkeit, um in diese Richtung arbeiten zu können.

Ziele drücken Hoffnung aus, Veränderungsorientierung –

> „Ich will … in meinem Leben etwas verändern. Ich will etwas erreichen. Ich will, dass es mir besser geht als jetzt. Ich will mich auf den Weg machen – und mich lösen vom Alten. Ich will …"

ist ein mächtiger Gedanke und Wunsch und wirkt erst einmal angepasst. Er bedeutet, dass ich nicht mehr übereinstimme mit dem, wie ich jetzt lebe, und all die bewussten und unbewussten Sicherheiten loslasse – nicht sofort, aber in der weiteren Folge.

Eine weitere häufige Problematik ist, dass viele der Kinder und Jugendlichen wenig Zugang zu ihren Gefühlen und Bedürfnissen haben, so dass dieses ‚ich will' oft aus einer rebellischen Haltung resultiert. Im Kontrast zur energiearmen Resignation ist die Rebellion ein Zeichen von Energie und oft verknüpft mit dem Gedanken: ‚so nicht mehr weiter', Rebellion aktiviert das Denken, wie Veränderung möglich sein könnte. PädagogInnen haben dabei die doppelte Aufgabe,

- einerseits Veränderung zu unterstützten, anzuregen und sinnvolle Ziele mit zu entwickeln, z. B. erst einmal Wahrnehmung des Eigenen zu üben,
- und andererseits die Schwierigkeiten dieser Veränderung zu würdigen und unrealistisch scheinende Veränderungswünsche infrage zu stellen.

Die Veränderung des psychischen und interpersonalen Gleichgewichtes, in dem sich Menschen und (Mehrpersonen-)Systeme eingerichtet haben, ist ein Prozess, der Behutsamkeit, Respekt für die bisherigen Problemlösungen sowie Anerkennung der Kompetenz der Betroffenen braucht.

Als TransaktionsanalytikerInnen verstehen wir diesen Prozess als einen gemeinsam zu definierenden und gestaltenden Prozess. Wir binden die Beteiligten (Kinder, Eltern) partnerschaftlich ein und entwickeln hierfür Verträge mit ihnen.

> „Der Vertragsgedanke ist bei Berne (vgl. 2005/1966) maßgeblich davon geleitet, die Ausnutzung von Klientinnen und Klienten durch allmächtige Therapeuten zu beenden und ihnen ihre Kraft, ihre Fähigkeiten, ihre Verantwortung und ihre Rechte zurückzugeben." (Schneider 2002, S. 95)

Wir gehen davon aus, dass Ziele und Verträge in Absprache mit den Beteiligten und in ausreichender Transparenz stattfinden – die wesentlichen Punkte müssen für alle Vertragsseiten offen sein. Dabei gehen wir davon aus, dass zunächst jede Seite ihre eigene Sicht bzw. ‚Konstruktion' des Problems hat.

Steiner (1987) hat wichtige Kriterien für Absprachen oder Verträge definiert, wie: die gegenseitige Übereinkunft über das Thema, der Vertrag wird von beiden Seiten besiegelt, dadurch sind beide Seiten aktiv an der gemeinsamen Aufgabe beteiligt. Leistung und Gegenleistung sind wichtig, die Pädagogin bringt ihre professionellen und persönlichen Fähigkeiten ein, das Kind bringt seine Mitarbeit ein. Die verantwortlichen Bezugspersonen müssen mit der Arbeit einverstanden und die Verträge müssen rechtlich eindeutig sein.

- Die Jugendamtsmitarbeiterin sieht möglicherweise ein von Verwahrlosung bedrohtes Kind, dessen Kindeswohl gefährdet ist, wenn es nicht sicher untergebracht ist.
- Carine dagegen sieht das Problem, dass die anderen immer so viel von ihr wollen und ihr nicht geben, was sie glaubt zu wollen und zu brauchen.
- Der Vater sieht ein Kind, das immer wieder wegläuft, schwierig ist, aber sonst ganz in Ordnung.
- Und die Mitarbeiterin der Einrichtung sieht ein unsicher gebundenes Kind mit einer massiven Selbstabwertung.

Alle schauen auf die gleiche Situation und konstruieren sich ihre jeweils eigene Wirklichkeit. Wollen sie zu einem Team werden, das gemeinsam Carine in ihrer Entwicklung unterstützt, ist es wichtig, eine Haltung und Einstellung zu entwickeln, der sich alle anschließen können.

Dabei sind für jede Seite bestimmte Aspekte nicht verhandelbar – z. B. die Sicherung des Kindeswohls beim Jugendamt, z. B. die Frage des Sich-abgrenzen-Dürfens bei Carine. Jede/r der Beteiligten hat achtenswerte und essenzielle Anliegen, die im Vertrag aufgegriffen werden, um zu einer wirksamen und ehrlichen Zusammenarbeit zu kommen.

In diesem Austausch der Erwachsenen entsteht, wenn dieser Prozess gelingt, ein tiefer werdendes Verständnis des Kindes. Aus dem ‚Problemkind' wird ein Kind, das noch unentdeckte Potenziale hat. Es entsteht ein ‚kollektives Eltern-Ich', das für das Kind einen Raum schafft, in dem es sich entwickeln und Belastungen bewältigen kann (Capoferri in Jecht/Kauka 2017, S. 232 ff.).

> „Durch die Aktivierung des Erwachsenen-Ichs der Verantwortlichen gelangt man hin zur Energiebesetzung des nährenden oder positiv kritischen Eltern-Ichs der ganzen Gruppe. Das ist ein kollektives Eltern-Ich, das die positiv-erzieherischen Entscheidungen unterstützt und dadurch Erlaubnis und Anerkennung gibt." (ebd., S. 233)

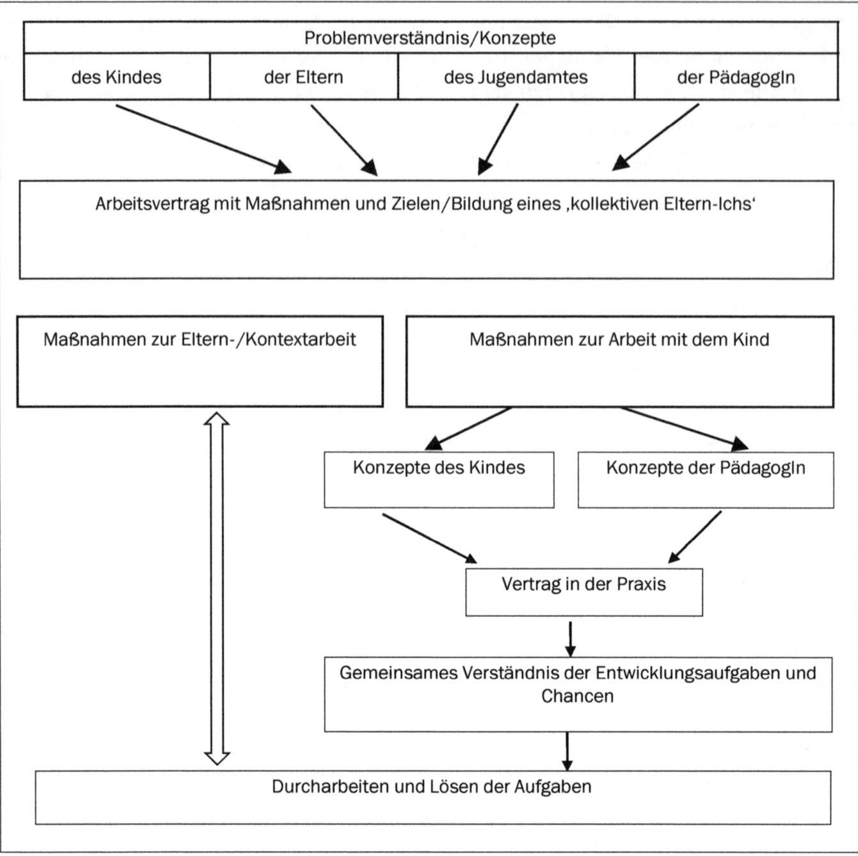

Abb. 32: Der Prozess der Vertragsfindung als Konstruktion gemeinsamer Arbeit

Dabei hat die Absprache, die dann getroffen wird, sowohl geschäftliche als auch rechtliche Aspekte – hier sprechen wir in der Transaktionsanalyse vom *Geschäftsvertrag* und von pädagogisch/heilpädagogischen Aspekten: der *(heil-)pädagogische Vertrag*. Eine Serie von verschiedenen Verträgen, die alle dasselbe Ziel haben: die gesunde Entwicklung des Kindes.

Im Geschäftsvertrag werden die allgemeinen Ziele, die Maßnahmen, Rollen, Rechte und Pflichten der Beteiligten festgelegt. Als Träger einer Jugendhilfeeinrichtung schließen wir einen Vertrag mit dem Jugendamt im Landkreis – die Leistungs-, Entgelt- und Qualitätsentwicklungsvereinbarung. Nehmen wir ein Mädchen in der Einrichtung auf, schließen wir einen Vertrag mit dem zuständigen Jugendamt. In diesem Vertrag werden gemeinsam mit dem Mädchen, dessen Sorgeberechtigten und dem Jugendamt Ziele festgelegt, der Hilfeplan. Die Hilfe wird regelmäßig von den Beteiligten überprüft, mindestens einmal im Jahr, oft halbjährlich.

Beim formalen Vertrag unterliegen wir als Träger den Bestimmungen der Sozialgesetzgebung, wie z. B. den entsprechenden Erlassen darüber, dem Kind Informationen über die Schweigepflicht zu vermitteln, Kindeswohlgefährdung zu melden und den Zugang zu Beschwerdeprozessen zu erläutern. Wir stellen sicher, dass die Kinder und Jugendlichen den Ablauf in der Wohngruppe verstehen, dass sie sich sicher fühlen, dass sie z. B. erfahren, wer wann Bereitschaftsdienst hat, wie der zeitliche Rahmen ist, wann, wo, welche Termine für sie und/oder mit ihnen stattfinden.

Der Prozess, in dem das stattfindet, ist das Hilfeplanverfahren nach § 36 KJHG. Es handelt sich um eine Reihe von Dreiecksverträgen (vgl. English 1985), das heißt, dass es, wie oben beschrieben, mehrere Beteiligte gibt, die Verträge in Bezug auf das Kind erarbeiten. Folgende Aspekte sind wichtig:

- Die verschiedenen Verträge müssen in der Zielsetzung aufeinander abgestimmt – und ausreichend transparent – sein.
- Zur Rolle der PädagogInnen gehört einerseits die Rolle der UnterstützerIn, aber ebenso die Seite, die Verträge zu koordinieren. Die PädagogIn hat mit einzuschätzen, ob z. B. eine Rückführung eines Kindes in die Familie möglich und sinnvoll ist oder ob die Eltern noch wesentliche Entwicklungsschritte zu tun haben, um ihrem Kind Entwicklungsmöglichkeiten zu geben. Diese Doppelrolle, einerseits UnterstützerIn des Kindes und andererseits die Person zu sein, die die elterliche Situation überprüft, ist ein Rollenkonflikt, der offen angesprochen und gehandhabt werden sollte.
- Wenn das Jugendamt z. B. davon spricht, dass das Ziel der Maßnahme der regelmäßige Schulbesuch und die Vermeidung von Delinquenz sei, so kann das für die PädagogIn der Einrichtung bedeuten, dass das Ziel ist, dass das Kind zunächst lernt, seine Angst und seine Bedürfnisse zu spüren, um so in der Zukunft zu lernen, dass es nicht weglaufen muss und dass es das, was es braucht, auch bekommen kann, wenn es fragt. Diese beiden Ziele (z. B. Schulbesuch und emotionale Kompetenz) sind nicht gleich, beziehen sich aber aufeinander. Die PädagogInnen arbeiten mit dem Kind und der Familie daran, dass das Kind so mit sich und anderen umgeht, dass es die Symptome Schulvermeidung und Diebstahl nicht mehr braucht. Auch hier ist eine ausreichende (aber nicht notwendig absolute) Offenheit der Ziele und Vorgehensweisen hilfreich und notwendig.

Diese Aspekte verdeutlichen, dass die Vertragsarbeit im Rahmen der Jugendhilfe als eine Serie von parallelen Dreiecksverträgen (vgl. Mountain 2015/2008), die aufeinander abgestimmt sein sollten, beschrieben werden kann. Dieses Konzept ermöglicht, dass die Beteiligten kooperieren und damit die Entwicklung des Kindes so gut wie möglich fördern. Steiner (1982) beschrieb vier Anforderungen an eine effektive Vertragsarbeit:

- gegenseitiges Einverständnis,
- ausgewogene Leistung und Gegenleistung,
- Vertragsfähigkeit,
- gesetzliche bzw. moralische Zulässigkeit.

Im nächsten Schritt, der in der Einrichtung stattfindet, wird mit dem Kind zusammen geschaut, was auf der Grundlage des Hilfeplans konkrete, gute und passende Ziele für das Kind sein können, die für das Kind auch sinnvoll und erstrebenswert sind. Solch ein Ziel könnte für Carine z. B. sein, dass sie spürt, wenn sie es wieder nicht aushält in der Gruppe (wenn sie sich z. B. überfordert oder fremdbestimmt erlebt), und dass sie das dann der Pädagogin ihres Vertrauens erzählt. Dieses Ziel würde ihr die Möglichkeit lassen, doch noch mal wegzulaufen, wenn sie es anders nicht aushält – und danach zurückzukommen.

Um dieses Ziel für Carine greifbar und erinnerbar zu machen, könnte die Pädagogin bei Carine anregen, einen Vertrag mit sich selbst abzuschließen mit folgendem Wortlaut:

> „Ich spüre, wenn es mir schlecht geht, und erzähle M. (der Pädagogin) davon."

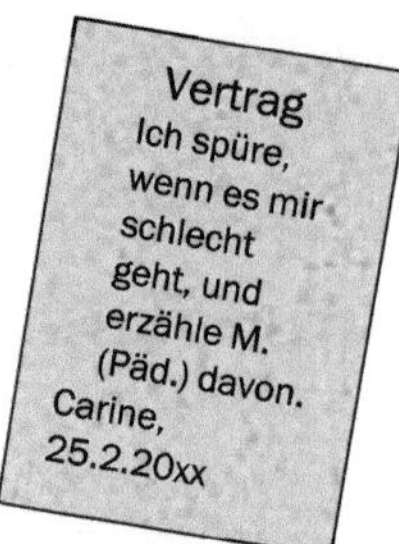

Abb. 33: Pädagogischer Vertrag

Die Pädagogin könnte Carine auffordern, diesen Vertrag aufzuschreiben, zu unterschreiben und zu datieren – und eine Kopie davon bei sich zu tragen. Merkmale von Verträgen:

1) positiv und attraktiv
2) wesentlich
3) überprüfbar
4) schaffbar
5) ethisch und rechtlich angemessen

1) Verträge sind – für alle Beteiligten – positiv formuliert: Sie beschreiben die Anwesenheit und Entwicklung von positiven und wünschenswerten Verhaltens-, Denk- und Fühlweisen;

2) Verträge sind selbst initiierbar – die Ziele, die im Vertrag genannt werden, sind vom Jugendlichen auch selbst mit Unterstützung erreichbar, z. B.: Der Schulabschluss hängt auch von äußeren Faktoren, das Einbringen seiner Fähigkeiten hängt nur vom Jugendlichen ab.
3) Die Erarbeitung von Zielen ist ein wesentlicher Aspekt der Verträge. Im Jugendhilfebereich haben wir es in der Regel mit komplexen Problemsituationen zu tun. Es lassen sich mannigfaltige Problemdefinitionen erstellen. Aufgabe der PädagogIn ist es, dem Jugendlichen und den Eltern zu helfen, die Probleme und die damit verbundenen Ziele, die sich im Vertrag ausdrücken, so zu formulieren, dass sie (die Probleme und Ziele) Wesentliches ausdrücken. Bei Sven ließen sich als Probleme durchaus auch mangelnde Hygiene, mangelnde Verantwortung für sich und andere, unrealistische Selbstsicht usw. formulieren, in diesen Problemdefinitionen sind Probleme im Verhaltensbereich benannt, aber in diesen Themen ist keine Lösungsdynamik beschrieben. Wesentliche Ziele zu finden heißt auch, Ziele zu finden, auf die sich das Kind-Ich freut, das damit auch motiviert ist, sich dafür einzusetzen.
4) Verträge sind schaffbar – im Vertrag werden Ziele genannt, die durch das Kind (die Person) auch realistischerweise erreicht werden können. Der Vertrag öffnet Wege zu realistischen Erfolgsschritten.
5) Verträge sind rechtlich korrekt – im Vertrag gibt es keine Erlaubnis zu rechtlich fragwürdigen Verhaltensweisen, z.B.: „Ich nehme, was ich haben will".

Ziele in diesen Verträgen

Die Ziele, die auf diese Weise mit den Kindern und Jugendlichen entwickelt werden, haben dabei auch den Vorteil, dass sie attraktiv und erreichbar sind.

> Ziele, die nicht erreichbar sind, sind keine hohen Ziele, sondern falsche Ziele.

Das Kind, das ständig wegläuft, braucht nicht das Ziel, immer zu bleiben, sondern ein Ziel, das erreichbar ist – z.B., den Impuls des Weglaufen-Wollens oder -Müssens wahrzunehmen und nach Möglichkeit anzusprechen, etwas länger zu bleiben oder das Weglaufen danach zu besprechen, um den Grund dafür herauszufinden – um es dann seltener zu machen. Ziele, mit denen Kinder überfordert werden oder es unmöglich ist, schädigen die Kinder, da ihnen dadurch vermittelt wird, dass sie ‚nicht genügen' und es ‚nicht schaffen'. Damit würden sie sich ihre einschränkenden Grundüberzeugungen über sich wieder bestätigen, das aber haben die Kinder meist vorher schon zur Genüge erfahren.

Angemessene Ziele entwickeln heißt auch, den Kindern und PädagogInnen zu vermitteln, dass sie erfolgreich sind und auf einem guten Weg. Hierin liegt eine wesentliche Aufgabe von Leitung und von Supervision. PädagogInnen, die unmittelbar mit den Kindern und den Auswirkungen von deren Geschichte in Kontakt sind, rutschen möglicherweise ‚mit-empfindend' in deren Geschichten, Haltungen und Überzeugungen. Das bedeutet, dass sie unbewusst die Beziehung aus einer ungesunden Symbiose gestalten. Sie erleben dann leichter das ‚Noch-nicht-Geschaffte' als das ‚Schon-Geschaffte' und ‚Neu-Entwickelte'. Die Kinder sind meistens innerlich davon überzeugt, dass sie es wieder mal nicht schaffen – und laden die Pädagogin auch ein, dies ebenso zu erleben. Supervision hilft, genau dieses unbewusste ‚Bezugsrahmen-Teilen' wahrzunehmen, zu hinterfragen und zu verändern.

Erziehungsverträge – einige notwendige Anmerkungen

Heilpädagogische Verträge in der Kinder- und Jugendhilfe finden nicht unter der gleichen gegenseitigen Freiheit statt wie Verträge in der Beratung und der Psychotherapie. Wandel (1977) wies darauf hin, dass die erziehende Person/die PädagogIn einerseits sehr wohl Ziele hat, die sie erreichen will – z. B. Verbesserung der Fähigkeit, am Alltag teilzunehmen. Zum anderen findet Erziehung und auch Jugendhilfe im „Rahmen einer hierarchisch strukturierten Beziehung und vielfach innerhalb eines Zwangsverhältnisses statt." (Schlegel 1993, S. 68)

Von daher gibt es hier Unterschiede in der Art der Gleichberechtigung. Die Kinder – und im Beispiel auch Carine – sind nicht berechtigt, einfach zu gehen und den Vertrag, in der Einrichtung zu leben, zu lösen.

Dennoch ist der heilpädagogische Vertrag, den das Kind mit sich und der PädagogIn entwickelt und eingeht – z. B.: „Ich spüre, wenn es mir schlecht geht, und erzähle M. davon." – ein transaktionsanalytischer Vertrag im Sinne der Gleichberechtigung. Genau diese Veränderung – sich zu spüren, sich zu zeigen und auf diese Weise das eigene Skript zu verändern – ist nur in einer freien Entscheidung und in einer vertrauensvollen, gleichwertigen Beziehung möglich. In diesem Kern der pädagogischen Arbeit bleibt das Wesen des Vertragskonzeptes erhalten.

Da das Skript unbewusst ist, ist es notwendig, dass die PädagogInnen die Kinder und Jugendlichen mit den vermuteten skriptgebundenen Denk-, Fühl- und Verhaltensweisen konfrontieren, daher ist generell ein Konfrontationsvertrag (vgl. Schiff et al. 1975) sinnvoll und notwendig. Konfrontationsvertrag bedeutet, dass grundsätzlich mit den Kindern und Jugendlichen besprochen und beschlossen wird, dass sie damit einverstanden sind, dass die PädagogInnen die unbewussten Themen aufnehmen und ansprechen dürfen. Das vermeidet Beschämung und Widerstand, wenn solche Verhaltensweisen angesprochen werden.

Situative Verträge

Verträge werden nicht nur für ferne Ziele abgeschlossen, sondern auch für aktuelle Situationen und für das konkrete Vorgehen darin. Wenn die Pädagogin das Kind z. B. anfassen will, um es zu trösten oder es haltgebend zu ermutigen – ist es sinnvoll und auch notwendig, das Kind z. B. zu fragen, ob das so O.K. sei. Die Berührung des Kindes, die Besprechung eines Themas oder die Durchführung eines Experiments (z. B. das Symbolisieren von Mutter durch einen Gegenstand) sind Interventionen, die eine Zustimmung des Kindes und Jugendlichen brauchen. Diese situativen Verträge brauchen zwar keine langen ‚nondirektiven' Herleitungen, dennoch ist es wichtig, dem Kind den Raum zu einem Bedenken und zu einer Entscheidung zu geben, ob es sich darauf jetzt einlassen will.

Ein Mädchen, das erst kurze Zeit in der Einrichtung lebt, hat einen Konflikt mit einem anderen Mädchen und zieht sich weinend ins Zimmer zurück. Die PädagogIn klopft an und fragt: „Ist es O.K., wenn ich reinkomme?".

Das Mädchen antwortet mit ‚ja' und die PädagogIn betritt ihr Zimmer. Das Mädchen steht mit gesenktem Kopf an der Heizung in der Ecke des Zimmers. Die PädagogIn geht auf sie zu, stellt sich neben sie. Sie weint heftig, und die PädagogIn fragt: „Ich würde dich gerne in den Arm nehmen, darf ich das?". Das Mädchen signalisiert eine Erlaubnis und die PädagogIn nimmt sie in den Arm, streichelt ihren Rücken, bleibt in Beziehung und unterstützt sie, langsam wieder zu sich zu kommen. Als sie aufhört zu weinen nimmt die PädagogIn ihre Arme weg, beugt sich zu ihr, wartet, bis sie den Blick hebt, und fragt: „Ist es wieder ok? Soll ich dich jetzt allein lassen oder möchtest du mit mir in die Gruppe kommen?".

Hier geht es darum, die Mädchen darin zu unterstützen, ihre Kraft, ihre Fähigkeiten, ihre Verantwortung und ihre Rechte für sich aktiv zu nutzen. Es geht darum, dass die Mädchen auf ihre Weise lernen, Verantwortung für sich und für ihren Prozess, ihre Entwicklung, zu übernehmen. Sie haben ‚ja' zu Zielen gesagt, die im Hilfeplan festgelegt wurden, bevor sie in meine Einrichtung zogen. Es ist wichtig, ihnen den Raum zu lassen und sie zu unterstützen, angemessene und für sie passende Ziele für sich zu finden, damit sie nicht mit Anpassung oder Rebellion reagieren.

Anna, 12 Jahre, ist von ihrer Mutter geschlagen und eingesperrt worden. In der Wohngruppe zeigte sie folgendes Verhalten: Sie stahl, log, ärgerte und provozierte die andren Mädchen. Sie verhielt sich in vielfältiger Weise provokativ und destruktiv. Die Tiere mussten vor ihr geschützt werden, weil sie aggressiv und manchmal verletzend mit ihnen umging. Wurde sie mit ihrem Verhalten konfrontiert, lief sie weg. Anna kam mit dem Anliegen zur PädagogIn, zu den zwei Reitstunden in der Woche noch eine zusätzlich zu bekommen. Diese sagte ihr, dass sie es gut finde, dass sie den Wunsch äußere, sie ihr den auch gerne erfüllen möchte.

Anna solle aber schauen, was sie bereit sei, dafür zu tun. Die PädagogIn spiegelte ihr ihr Verhalten, und schickte sie mit den Worten weg, dass sie, sobald sie einen akzeptablen Vorschlag mache, ihrem Wunsch nachgeben werde.

Am nächsten Tag kam sie zur PädagogIn und sagt, sie würde nicht mehr weglaufen, nicht mehr stehlen, nicht mehr lügen. Die PädagogIn machte ihr deutlich, dass sie ihrer Einschätzung nach diesen Vertrag nicht würde einhalten können und dass es wichtig sei, kleine erreichbare Ziele zu formulieren. Ihr war klar, dass Anna nicht einfach so ihr Verhalten verändern konnte, und es war wichtig, dass Anna sich erfolgreich erlebt, indem sie es schafft, den Vertrag einzuhalten. Der Vertrag musste für Anna sinnvoll und realistisch sein. d. h. der Vertrag musste von allen Ich-Zuständen offen und positiv bejaht werden. Das bedeutete, dass das ER von Anna und der PädagogIn die Sinnhaftigkeit und die Machbarkeit überprüfte, zustimmte, das freie Kind-Ich von Anna musste Lust haben, sich auf den Vertrag einzulassen, und Annas EL musste prüfen, ob es Einwände hatte.

Die Weglauf-Tendenzen waren bei Anna als ein sehr bedeutsames Problem und daher schlug die PädagogIn *folgenden Vertrag* vor: Anna erhält noch in derselben Woche eine Reitstunde extra und verspricht, nicht wegzulaufen, wenn es einen Konflikt gibt. Stattdessen wird sie zu einer Person ihres Vertrauens gehen und um Unterstützung bitten oder, wenn das nicht möglich ist, eine Runde ums Haus laufen. Die PädagogIn und sie gaben sich die Hand nach der Vereinbarung.

Anna erlebte ihre Selbstwirksamkeit, und sie erlebte, dass sie ernst genommen wurde von mir. Die PädagogIn stärkte sie in ihrem ER und ermutigte sie, neue Entscheidungen zu treffen.

Not-Verträge/Lebensvertrag

Es ist notwendig, Kinder und Jugendliche, die selbstverletzende bis hin zu suizidale Tendenzen haben, auf diese Tendenzen anzusprechen. Es geht zunächst darum, in ein Gespräch darüber zu kommen. Ziel ist es,

- Selbstverletzung zu vermeiden,
- abzuschätzen, ob es sich bei den suizidalen Gedanken z. B. um wiederkehrende Gedanken handelt oder um Gedanken und Handlungsplanung,
- die mögliche Gefahr einzuschätzen und
- eventuell notwendige Maßnahmen zum Schutz des Kindes einzuleiten.

Jana, 14 Jahre, ist seit 3 Jahren in der stationären Wohngruppe. Sie hatte stark selbstverletzende Verhaltensweisen (sich selbst schneiden und vermehrte Unfälle), war oft und lange abgängig von der Gruppe und hat sich jetzt etwas stabiler auf die Gruppe eingelassen. Sie ist zunehmend in der Lage, sich auf Gespräche mit ihrer BezugspädagogIn einzulassen.

Als Kleinkind lebte sie mit ihrer depressiven und suchtkranken Mutter allein, erlebte dabei immer wieder auch gewalttätige Eskapaden mit verschiedenen Freunden ihrer Mutter.

Jana sehnt sich sehr nach ihrer Mutter und hat große Sorgen, dass ihre Mutter sich etwas antun könnte. Ihre Selbstverletzungen sind so auch ein Stück weit zu verstehen als ein Sich-Verbinden mit ihrer Mutter. Dies kann sowohl ein Identifizieren mit der Mutter sein als auch ein Appell, dass Mutter sich um sie kümmert.

Jana hat sich in der Küche beim Schneiden von Äpfeln mit dem Messer verletzt.

Päd.	Mensch, da hast Du Dich wieder verletzt, dass Du blutest. Tut es weh?
J.	Nee, ist schon gut.
Päd.	Lass mich mal schauen, damit ich die Wunde versorgen kann.
J.	Wenn's sein muss.
Päd.	Ja, das muss sein – ich will das gut versorgen, damit es Dir nicht weh tut und Du keine Entzündung bekommst.
J.	O.K. (Jana wird ruhiger)
Päd.	Ich hab den Eindruck, dass Du manchmal nicht auf Dich aufpasst und Dich dann schon fast absichtlich verletzt – kann das sein?
J.	Mmh – manchmal.
Päd.	Mensch prima, dass Du das so sagen kannst. Hast Du eine Idee, wieso Du das machst?

In der Folge entwickelt sich ein Gespräch, bei dem Jana erzählt und ihr auf diese Weise bewusst wird, dass sie sich verletzt, wenn sie sich traurig fühlt. Dann würde sie Druck fühlen – und der Schmerz würde sie davon ablenken – und das sei erleichternd. Die PädagogIn vereinbart mit Jana, dass sich Jana das nächste Mal, wenn sie solch einen Druck spüre, an sie, die PädagogIn wenden würde. Die PädagogIn hilft Jana, das Symptom Selbstverletzung als Lösung für das Problem ihres Verlorenheitsgefühls zu verstehen und zu respektieren. Dieses Erkennen, Verstehen und Annehmen der intensiven Gefühle befähigt Jana zu einem angemesseneren, schützenderen Umgang mit sich selbst und ihren autoaggressiven Impulsen.

Mit diesen Kindern und Jugendlichen ist ein Lebensschutzvertrag entweder auf einen begrenzten Zeitraum oder unbegrenzt notwendig. Ein solcher Vertrag kann lauten: „Ich werde mein Leben weder absichtlich noch unabsichtlich gefährden". In Bezug auf Gewalt gegen andere kann der Vertrag ganz ähnlich gestaltet werden. Auch hier ist die positive Formulierung den „nicht"-Verträgen vorzuziehen. Es ist wichtig, die Verträge in Bezug auf Selbstverletzung individuell zu formulieren.

Schließlich

Im Vertragskonzept drückt sich die tiefe Überzeugung von TransaktionsanalytikerInnen aus, dass Menschen Wege aus ihrer Not gehen wollen und können. Humanistische Richtungen sprechen dabei von: ‚The power is in the patient' (das ist ein Buchtitel von den Gouldings), oder :‚Der Klient weist den Weg'.

Diese Überzeugung praktizieren wir, indem wir Ziele mit den Kindern, Jugendlichen und Eltern über Verträge in dieser Weise gestalten.

Die feinschrittige Art der Zielgestaltung ermöglicht es, Menschen da abzuholen, wo sie im Hier und Jetzt der konkreten Begegnung sind. Dadurch entstehen Prozesse, in denen alle Beteiligten sich als erfolgreich erleben und stärker werden können.

Ziele zu entwickeln und Verträge zu gestalten, gehört so zu den herausragenden Kernkompetenzen transaktionsanalytisch orientierter PädagogInnen – und es braucht gute Erfahrung, Ausbildung und Supervision, um die Prozesse mit diesen ‚Werkzeugen' heilsam zu gestalten.

5.4 Zuhören – wahrnehmen, verstehen und antworten

Nach dem Abendbrot sucht Michelle, 15 Jahre, noch die Nähe der PädagogIn. Sie ist da, will offensichtlich etwas erzählen, wird aber nicht von sich aus aktiv. Es entwickelt sich folgendes Gespräch:

Päd.	Na, Michelle, Du streichst um mich rum? Es scheint, als würdest Du etwas von mir wollen, aber irgendwie Dich nicht trauen – kann das sein?
M.	(nickt) Mmh, ja – in der Schule war das ganz blöd heute, ich bin echt genervt.
Päd.	Du willst mir was erzählen? Prima – dann lass uns doch ins Büro setzen, da haben wir Ruhe – O.K.?
M.	Die anderen haben mich heute wieder voll geärgert, aber diesmal hab ich der Leonie eine reingehauen, ich lass nicht alles mit mir machen! Und dann hab ich eine vom Lehrer drübergekriegt!
Päd.	Ich hör, das hat Dich geärgert, dass die anderen so mit Dir umgehen. (Mmh) Kann das sein, dass Dich das auch verletzt hat?
M.	Ja, die machen mich total runter.
Päd.	Und das tut Dir dann auch weh, dass Du da keinen guten Platz hast – und die anderen Dich nicht wollen?
M.	(atmet schwer) Ja, das ist ätzend.
Päd.	Das ist das, was Du schon häufiger erlebt hast – das versteh ich gut –, und zugleich ist das schwierig, wenn Du dann so zurückschlägst – oder wie siehst Du das?

Michelle erkennt im weiteren Verlauf, wie sehr das Ausgeschlossen-Werden ein schmerzhaftes Thema für sie, die auch in ihrer Familie keinen sicheren Platz hatte, ist, und kann verstehen und annehmen, dass ihre Aggression kein guter Umgang mit ihrer Verletzung ist.

Zuhören – ist mehr als das Aufnehmen von Informationen. Aktives, mitfühlendes, verstehendes Zuhören kann ein Moment sein, in dem das Kind sich vom Anderen gehört, verstanden und angenommen erlebt – und auf diese Weise sich selbst hört, versteht und annimmt.

Abb. 34: Begegnung (F. Findling 2019)

Für Michelle im obigen Beispiel bedeutet es, dass sie lernt, die authentischen Gefühle des Schmerzes dadurch, dass sie früh und wiederholt zurückgewiesen wurde, und der Angst, nämlich wieder weggeschickt zu werden, wahrzunehmen und anzunehmen. Sie hält es im Gespräch mit der Pädagogin aus, diese Gefühle einen Moment lang zu spüren und den Trost der Beziehung zuzulassen. Sie bekommt ein Modell, wie sie selbst irgendwann klüger und autonomer mit sich selbst und ihren Kränkungen umgehen kann.

Zuhören ist hier der Pfad, auf dem das Mädchen sich selbst tiefer erkennen und annehmen konnte. Die Pädagogin hört zu, was das Mädchen sagt, bleibt ihr körperlich zugewandt, schaut sie an, bestätigt dem Mädchen seine Wahrnehmung. Sie paraphrasiert, was das Mädchen sagt, sie wiederholt es mit eigenen Worten – „Ich hör, das hat Dich geärgert, dass die anderen so mit Dir umgehen."

Sie spürt nach, welche Empfindungen, Gefühle und Inhalte noch deutlich werden, in dem, was das Mädchen sagt. Sie hört zwischen den Zeilen und hinter das Gesagte. Sie verbalisiert und spiegelt das, was sie auf diese Weise wahrnimmt, und bietet es dem Mädchen als Verstehensmöglichkeit an, ohne ihr eine Deutung aufzudrücken: „Und das tut Dir dann auch weh, dass Du da keinen guten Platz hast – und die anderen Dich nicht wollen?". Sie gibt dem Mädchen auf diese Weise Raum, sich selber zu spüren und zu verstehen. Sie hilft ihr, mit diesen neuen Inhalten und Erfahrungen angemessener umzugehen und das Problemverhalten, die Prügelei mir der Klassenkameradin, seltener zu verwenden oder „zu brauchen".

Die Pädagogin vermeidet es auf diese Weise, sich von dem ‚Fehl'-Verhalten des Mädchens (Prügelei) bestimmen zu lassen. Mit diesem wahrscheinlich skriptgebundenen Verhalten lädt das Mädchen dazu ein, dass andere sie schimpfen, sanktionieren und letztlich wieder wegschicken – was dann wieder die vertraute Reaktion wäre. Die Pädagogin spürt, erkennt und benennt das authentische Anliegen unter dem Verhalten, das aus dem rebellischen oder vorwurfsvollen Kind-Ich gestaltet wird.

Dabei bleibt sie durchgehend in ihrer Haltung *wertschätzend.* Sie schimpft auch nicht, dass das Mädchen zum vielfach wiederholten Mal aggressiv eskaliert ist, weil sie um die Not des Mädchens weiß und das aggressive Verhalten als Abwehr und somit auch als früheren Schutz anerkennt. Zugleich öffnet sie sich dem Mädchen *empathisch.* Sie lässt sich in professioneller Weise mitfühlend auf das Mädchen ein – ohne mit ihr symbiotisch zu verschmelzen. Sie fühlt – an manchen Stellen klarer als das Mädchen –, auch ohne dass sie schon diese Gefühle wahrnimmt. Zugleich achtet die PädagogIn in ihrer Rückmeldung darauf, dass sie selbst *authentisch* bleibt. Sie gibt keine technisch angelernten Feedbacks, sondern spürt nach, ob das, was sie dem Mädchen sagt, für sie selbst auch innerlich stimmt. Nur in diesem Authentisch-Bleiben kann sich eine potente, heilsame Begegnung zwischen der PädagogIn und dem Mädchen ergeben.

Wertschätzung und Empathie sind die Qualitätskriterien des Zuhörens, die zwischen den beiden Beteiligten wirksam sind. Authentizität ist das Qualitätskriterium, das die Pädagogin für sich selbst zu beachten hat. Inwieweit ist sie in der Lage, dem Mädchen wertschätzend zu sagen: „Du willst mir was erzählen? Prima.", oder ist sie so erschöpft vom Dienst, dass sie eigentlich nichts mehr hören will? Wenn dem so ist, wäre es wichtig, eine andere Lösung zu finden, z. B. einen anderen Zeitpunkt, an dem die PädagogIn aufnahmebereit ist. Eine aushaltende, das Kind ertragende PädagogIn wäre schädigend für das Mädchen. Die alten Erfahrungen des ‚Ich-bin-zu viel-und-nicht-in-Ordnung' würden sonst bestätigt werden.

Bedingungen für gutes Zuhören: Schutz – Vertraulichkeit – Selbstverantwortung

Wie oben deutlich wurde, ist die gute und ausreichende Selbstsorge der PädagogIn eine notwendige Voraussetzung für heilsames Zuhören. Zuhören ist ein Prozess, der mit der ganzen Person stattfindet. Das Thema, das besprochen wird, ist oft gar nicht so wichtig, sondern die Art des Zuhörens ist der eigentliche Prozess, um den es geht. Dazu ist es notwendig, dass PädagogInnen spüren, ob sie im konkreten Moment offen sind für möglicherweise schwierige, belastende Themen und Prozesse – und sich gegebenenfalls um alternative Situationen mit dem Kind bemühen.

Im Beispiel mit Michelle achtet die PädagogIn auf *Schutz und die Erlaubnis, sich mit diesem Thema zu beschäftigen*, indem sie ein offensichtlich wichtiges Gespräch nicht im Nebenbei der Küche zulässt und führt, sondern für ein angemessenes Setting sorgt. Sie geht mit dem Kind ins Büro und hat für sich geklärt, dass sie nicht gleich wieder weg muss. Die Pädagogin achtet auch auf

Vertraulichkeit. Durch den Wechsel in das Pädagogen-Büro sorgt sie dafür, dass Michelle von sich erzählen kann, ohne dass das direkt für alle anderen offen ist. Sie ermöglicht so eine vertrauliche, geschützte Situation.

Auch in Bezug auf die *Selbstverantwortung* achtet die Pädagogin immer wieder darauf, z. B. zu fragen, ob Michelle erzählen will, mit ihr kommen will. Die Pädagogin entscheidet nicht für Michelle, sondern gibt ihr immer wieder die Möglichkeit, zu spüren und zu entscheiden, was sie will. Dies ist ein Beispiel für situativ wichtige „kleine" Absprachen bzw. Verträge, die Bezug zum Gesamtvertrag haben.

Zuhören und Verändern

Jule, 15 Jahre, ist seit 3 Jahren in der stationären Wohngruppe, davor in anderen Einrichtungen oder Kliniken. Jule stiehlt immer wieder bei den Kindern der Gruppe oder auch in der Schule oder in Geschäften. Die Bearbeitung dieser Vorgänge kostet meist Zeit und Energie, zumal Jule wenig Einsicht in dieses Problem hat. Nach einem dieser Vorfälle gibt es unter anderem dieses Gespräch:

Jule	Die regen sich total auf – wegen so einem T-Shirt.
Päd.	Das fällt Dir schwer, zu sehen, dass das für die Geschäftsleute blöd ist, dass Du ihnen was wegnimmst.
Jule	Mensch, die haben 10.000 Stück davon und machen so einen Aufstand wegen einem! Ich will auch so was haben!
Päd.	Das kann ich gut verstehen. Du hast wirklich ein Bedürfnis, auch mal so schöne Sachen zu haben, Du hast eigentlich Lust, so was auch mal zu bekommen!
Jule	Genau! Ich krieg so was nie! Mir schenkt keiner was! Ich habe auch Lust auf ‚was kriegen'!
Päd.	Das verstehe ich – Du hast wirklich ein Bedürfnis, dass jemand Dir etwas schenkt – dass jemand Lust hat, etwas für Dich zu tun oder zu geben.
Jule	Ja, das stimmt –
Päd.	Das kann ich nachvollziehen. Du hast als Kind nicht wirklich bekommen, was Du gewollt hättest – und da hat die kleine Jule irgendwie gelernt: ‚Ich krieg sowieso nichts – ich frag auch nicht mehr'. Kann das sein?
Jule	Ja – Mama war ja auch krank, die konnte mir ja auch nichts geben – die war ja immer auf Droge – Mann, war die drauf!
Päd.	Ja – und die kleine Jule ist da ziemlich verloren gegangen – und hat gedacht, wenn ich was will, muss ich es mir nehmen – sonst krieg ich gar nichts!
Jule	Ja, das ist ja auch so! Ich krieg ja auch nichts.
Päd.	Da bin ich mir nicht sicher. Ich glaube, heute würdest Du schon etwas bekommen, wenn Du Dir was wünschen würdest – vielleicht nicht immer, aber da sind schon Menschen, die Dir gerne was geben.
Jule	Naja, weiß nicht ...

Das Gespräch läuft noch einen Moment weiter – und Jule lässt das Bild der ‚kleinen Jule' ebenso zu wie die eventuelle Möglichkeit, dass heute Menschen ihr etwas geben wollen.

In diesem Gespräch fand zum einen das Zuhören statt, das Jule darin unterstützte, sich selber mit ihren Bedürfnissen wahrzunehmen – und verstehender und annehmender mit sich umzugehen. Zugleich findet hier aber auch die Einladung und Anregung statt, dass Jule sich auch mit ihrer Geschichte wahrnimmt und versteht. Die Pädagogin fördert die *Ich-Zustands-Differenzierung* und gibt damit Antwort.

Zunächst stärkt sie Jule in ihrer erwachsenen Realitätswahrnehmung, indem sie die Frustration der Geschäftsleute (die Perspektive der Anderen) behutsam und wertschätzend aufgreift:

Päd.	Das fällt Dir schwer, zu sehen, dass das für die Geschäftsleute blöd ist, dass Du ihnen was wegnimmst.

Dann geht sie nicht auf die provokant rebellischen Anteile von Jule ein, sondern greift das mögliche Bedürfnis von Jule auf:

Päd.	Das kann ich gut verstehen. Du hast wirklich ein Bedürfnis, auch mal so schöne Sachen zu haben, Du hast eigentlich Lust, so was auch mal zu bekommen!

Sie ermutigt Jule, zu sich selbst, ihren Bedürfnissen und zu ihrer Entmutigung hinzuschauen. Schließlich weist sie Jule auf ihre Geschichte hin und bietet ihr das Bild einer ‚kleinen Jule' an.

Päd.	Das kann ich nachvollziehen. Du hast als Kind nicht wirklich bekommen, was Du gewollt hättest – und da hat die kleine Jule irgendwie gelernt: ‚Ich krieg sowieso nichts – ich frag auch nicht mehr'. Kann das sein?

Die Pädagogin spricht das Er-Ich an und wirbt um Verständnis für das Kind-Ich, mit dem Ziel der Selbstbeelterung (James), dass Jana von ihrem Er-Ich auf ihr Kind-Ich mit seinen Bedürfnissen achtet.

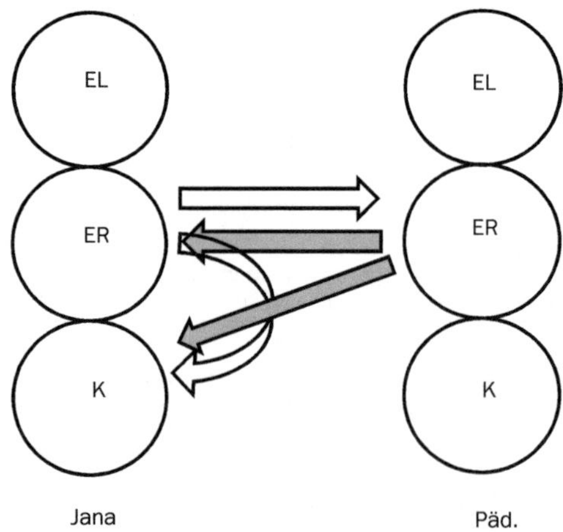

Abb. 35: Ich-Zustands-Differenzierung

Auf diese Weise unterstützt die Pädagogin Jule, dass sie lernt, sich mit ihrer kindlichen Angst und Verletzung wahrzunehmen, sich zu verstehen – und sich mit dieser Verletzung anzunehmen. So wird Jule darin unterstützt, nicht nur die Trübung wahrzunehmen und ihr ER durch die Informationen zu enttrüben („Niemand will mir etwas geben."), sondern auch in Richtung einer Neu-Entscheidung zu gehen, die heißen könnte: „Ich bin es wert, etwas zu bekommen, und andere sind bereit, mir auch etwas zu geben". Zugleich erlebt Jule die Erlaubnis, Bedürfnisse wahrzunehmen und sie sich selbst zu erfüllen oder jemanden darum zu bitten. Dieses Thema hat zwei Bereiche – die Sicht über die anderen und den des Selbstwertes. Es bedarf wahrscheinlich eines weiteren Schrittes, um eine Neuentscheidung, die den Selbstwert betrifft, zu vollziehen.

Gerade im stationären Setting ist es in einer solchen Situation möglich, auf verschiedene Weisen daran zu arbeiten, dass Jule in diesem Neu-Entscheidungsprozess unterstützt wird – oder dadurch, dass sie ermutigt wird, ihre Wünsche zu spüren, mitzuteilen und zu erleben, dass manche Wünsche erfüllt werden und manche nicht, z. B. dadurch, dass geschaut wird, wie, wann und von wem sie in angemessener Weise etwas geschenkt bekommen kann.

Zuhören und Heilen

Zuhören ermöglicht auf diese Weise Bewältigung, Neu-Entwicklung und Heilung. Die Kinder/Jugendlichen durchlaufen verschiedene Stadien in diesen Prozessen. Zum einen durchlaufen sie die Stadien der Ent-Trübung:

- *Wahrnehmen:* Sie nehmen ihr dysfunktionales Verhalten wahr, ebenso wie das damit verbundene authentische Anliegen.
- *Verstehen:* Sie verstehen, dass ihr jetziges Verhalten die Lösung einer Not und somit eine kluge Entscheidung war.
- *Würdigen:* Sie können sich selbst mit diesem frühen Verhalten annehmen, würdigen und um die Folgen dieser Situation trauern.
- *Verändern:* In diesem tieferen Sich-Erkennen und -Anerkennen können sie neue Verhaltensweisen ausprobieren, weil es nicht mehr notwendig ist, alte Themen und Gefühle zu verdrängen.

Zum anderen gehen die Kinder/Jugendlichen hier auch einen Weg der *Neu-Entscheidung:* Sie entscheiden sich, z. B. ihre Bedürfnisse und Gefühle wahrzunehmen und sie zu benennen und zu zeigen. Jule entscheidet sich, ihr Bedürfnis nach Beschenkt-Werden wahrzunehmen und wertschätzend damit umzugehen. Dabei lässt sie sowohl Gefühle der Trauer und des Ärgers aus dem Er-Ich zu als auch kindliche Gefühle und Empfindungen von Verlorenheit und Sehnsucht aus ihrer Geschichte. Zugleich integriert sie auch neue Bilder in ihrem Eltern-Ich: Es gibt erwachsene Menschen, die mir etwas geben wollen und die mich mit meinen Bedürfnissen aushalten. Ziel ist eine Neu-Entscheidung, die all ihre Ich-Zustände betrifft. Sie verändert sich in ihrem Fühlen, Denken und Handeln und ihrer Sicht von sich, den anderen. Es ist eine umfassende Skriptveränderung hin zur Autonomie.

Diese Prozesse dauern länger und es kommen in diesen Gesprächen nur Teilschritte zum Ausdruck. Es ist gut und hilfreich, dass die Pädagogin die Tiefe dieser Prozesse vor Augen hat, wenn sie mit Jule spricht. Auf diese Weise kann sie den Prozess so gestalten, dass Jule angeregt wird, Schritt für Schritt die Bewältigung der alten Erfahrung zu verarbeiten und sich der Neu-Entscheidung zu nähern und sie zu vollziehen.

5.5 Umgang mit Gefühlen

Schauen wir noch einmal zurück auf die Überlegungen zur emotionalen Kompetenz im ersten Teil dieses Buches: ‚Gefühle sind im weitesten Sinne *psychophysiologische Reaktionen* auf die Befriedigung oder Nicht-Befriedigung unserer Bedürfnisse.‘ Gefühle sind ein wichtiger Teil unserer Fähigkeit, uns mit der Welt aktiv und zielorientiert auseinanderzusetzen. Um Entwicklung von Menschen und Bewältigung von belastenden Situationen zu ermöglichen, brauchen wir den zuhörenden, mitfühlenden Anderen.

> „Jede Form der Transformation von Krankmachendem in Gesundes braucht von Beginn des menschlichen Lebens an, beim Kind wie beim Erwachsenen, eine resonante Beziehung, in der die emotionale Erfahrung geteilt, reguliert, integriert wird.“ (Plassmann 2019, S. 42)

Die Ziele, die sich daraus für die Arbeit mit den Kindern und Jugendlichen ergeben, sind:

1) Die eigenen Gefühle zu erkennen, z. B. als Angst, Trauer oder Wut, und sie zu verstehen als Teil ihrer Gegenwart oder ihrer Geschichte
2) Einfühlsamkeit gegenüber sich und anderen zu besitzen und respektvoll mit sich und anderen umzugehen
3) Den Umgang mit den eigenen Gefühlen aus dem ER steuern zu können; das bedeutet, dass das Kind in der Lage ist, die Gefühle angemessen so auszudrücken, dass es danach erleichtert ist (und eine reinigende/kathartische Wirkung stattgefunden hat) und mit den Gefühlen in der sozialen Wirklichkeit keine Dramen inszeniert. Es ist z. B. eher im Gespräch mit dem Erzieher

möglich, Wut laut und bewegt zu äußern, als im Gespräch mit dem Schulleiter, bei dem es möglicherweise um die Klärung eines Konfliktes geht.

Umgang mit authentischen Gefühlen

Jana, 14 Jahre, ist seit 3 Jahren in der stationären Wohngruppe. Sie hatte stark selbstverletzende Verhaltensweisen, war oft und lange abgängig und hat sich jetzt etwas stabiler auf die Gruppe eingelassen. Sie ist zunehmend in der Lage, sich auf Gespräche mit ihrer BezugspädagogIn einzulassen. Als Kleinkind lebte sie mit ihrer depressiven und suchtkranken Mutter allein, erlebte dabei immer wieder auch gewalttätige Eskapaden mit verschiedenen Freunden ihrer Mutter.

Jana sehnt sich sehr nach ihrer Mutter und hat große Sorgen, dass ihre Mutter sich etwas antun könnte. Ihre Selbstverletzungen sind so auch ein Stück weit zu verstehen als ein Sich-Verbinden mit ihrer Mutter.

Jana neigte in Situationen, in denen sie zum wiederholten Male von ihrer Mutter ‚versetzt' wurde, zu selbst- oder fremdverletzenden Verhaltensweisen. Sie schwankte zwischen Rückzugsphasen, bei denen sie sich selbst verletzte, und Konflikten mit anderen, wobei sie auch die anderen Kinder gefährdete und verletzte. Die PädagogIn war in solchen Situationen sehr gefordert, einerseits für Sicherheit und Schutz zu sorgen und zum anderen die Situation mit Jana zu nutzen, um zu verstehen, was Jana eigentlich bewegte, und Jana zu befähigen, mit ihren Gefühlen ‚erwachsen' und autonom umzugehen. Es geht also nicht darum, dass Jana nicht oder nicht mehr traurig oder wütend oder verzweifelt ist, sondern dass sie genau die Gefühle, die sie in sich trägt, spürt, reguliert und ausdrückt – und sie auf diese Weise bewältigt – und daran ein Stück heiler wird (sich transformiert, wie R. Plassmann es formuliert).

Damit Jana sich spüren kann, ist es wesentlich und ‚Not-wendend', dass die PädagogIn sich in diesem Kontakt spürt. Ohne hier auf *neurophysiologische* Aspekte dieser Fähigkeit einzugehen – die PädagogIn fühlt mit Jana und auch für Jana (der anderen Person). Sie lässt sich von dem Geschehen und von der Person Jana berühren.

Auf diese Weise trägt sie das Gefühl auch stellvertretend in sich – dieses Mittragen/Containen ist ein wichtiger Schritt in der emotionalen Bewältigung der Belastungen. Es geht nicht darum, zu sagen, ‚Du warst traurig und nun ist gut', sondern: ‚Ich hab den Eindruck, Du bist traurig (ärgerlich, angstvoll, …) – und das ist wichtig, dass Du es spürst und zeigst.'

Die PädagogIn hält es aus, trägt es mit – und bereitet so die Transformation der unaushaltbar scheinenden Gefühle in bewältigte, handhabbare Emotionen vor, die Teil einer erzählbaren Geschichte werden. Hierbei verbalisiert sie die Gefühle in einer wertschätzenden, empathischen Grundhaltung. Jana erlebt sich selbst neu und anders in diesen Spiegeln und kann sich so neu und erwachsener und sich selbst wertschätzender erleben.

Die empathische Grundhaltung im Umgang mit unserem Gegenüber ist erstrebenswert und wichtig. Es gibt aber auch Situationen, in denen der Selbstschutz Vorrang hat. Wenn z. B. die PädagogIn erkennt, dass ein Gefühl auftaucht oder eine Situation beschrieben wird, die für sie selbst unaushaltbar erscheint, ist es wichtig, dass sie eine Grenze setzt und für sich nach Unterstützung sucht. Es ist notwendig, dem Anderen gegenüber deutlich zu machen und ihm zu zeigen, dass seine Empfindungen wichtig sind und zu einem anderen Zeitpunkt Raum bekommen werden.

Dabei kann und darf der Ausdruck der Gefühle intensiv und kraftvoll sein. Der Ausdruck von Gefühlen gehört in diesen pädagogischen Raum, unabhängig davon, ob es sich um gegenwärtige authentische Gefühle handelt oder um kindliche frühe Gefühle. Die Äußerung der Gefühle ist ein notwendiger Schritt, um sie auch zuordnen und schließlich bewältigen zu können.

- Wenn das Kind weint, braucht es Trost – manchmal auch mit angemessenem Körperkontakt.
- Wenn das Kind Angst hat, braucht es Kontakt, Klärung und Halt – es braucht die verlässliche andere Person, die sagt: ‚Komm mal her und erzähl mal'. Diese Person sagt ihr zunächst nicht, dass sie keine Angst haben muss, sondern dass sie um die Angst wissen will und die Angst dann versteht – und dann gegebenenfalls, dass es jetzt hier keinen Grund für diese Angst gibt.
- Wenn das Kind ärgerlich oder wütend ist, braucht es den Zuhörenden und Verstehenden Anderen, der der Kraft und Potenz des Ärgers standhält, ohne sich vor ihr zu erschrecken.
- Wenn das Kind voller Freude und Liebe ist, braucht es ebenso den Zuhörenden und Verstehenden Anderen, der sich mitfreut und der der Kraft und Potenz der Liebe standhält, ohne sich vor ihr zu erschrecken.

Das Erleben, dass die eigenen Gefühle nichts Grenzenloses, nichts Zerstörerisches sind, das in ihnen wütet und ausbrechen will, sondern etwas Normales, das seinen Platz und seinen Ausdruck braucht – das ist notwendig, damit das Kind erfahren kann, dass es nicht dämonisch, sondern liebenswert und in Ordnung auch mit seinen tiefsten Gefühlen ist. Das Zerstörerische ist nämlich nicht das Gefühl an sich, sondern das daraus resultierende Verhalten. Viele der Jugendlichen haben wenige Beispiele von konstruktiv ausgedrückten Gefühlen. Wenn jemand Ärger wahrnimmt, geht es nicht darum, das Gegenüber „zu schlagen", sondern sich selbst zu behaupten – manchmal auch in körperlicher Form, wie z. B. beim Raufen.

Kreative Formen

Gerade mit Kindern kann es hilfreich sein, Gefühle nicht nur über verbale ‚Symbole' auszudrücken, sondern auch über kreative, handlungsorientierte Formen. Das Kind, das beim Spiel mit Bauklötzen einen Turm immer wieder zusammenstürzen lässt, oder das eine Spielfigur immer wieder vom Tisch stürzen lässt und dabei genießerisch die Angst und den Schmerz der Figur spielt, oder das Kind, das einen Klumpen Ton wiederholt laut auf den Tisch knallt – alle diese Formen drücken eine emotionale Besetzung der Handlung aus und es ist hilfreich für das Kind, wenn wir dem erlebten emotionalen Gehalt dieser Spielmomente Ausdruck geben – z.B.: „Da hämmerst Du den Turm aber um – mein Gott, hast Du Power!". Die Resonanz hilft dem Kind, sich mit seiner Dynamik wahrzunehmen, die Gefühle darin zu erkennen, sich damit angenommen zu erleben und sich selbst damit auch anzunehmen.

Dabei ist es natürlich sinnvoll, nicht jede Äußerung oder Bewegung deutend zu verbalisieren. Die Resonanz soll stimulieren, sich wahr- und anzunehmen. Wird sie zu nah, engt sie das Kind eher ein. Wird die Resonanz zu spärlich, lässt sie das Kind mit seiner Dynamik allein. Hier gilt es, das gute Maß im konkreten Prozess zu spüren und auszuprobieren.

Umgang mit Ersatzgefühlen

Möglicherweise erlebt die PädagogIn Situationen, in denen Jana sagt und zeigt, dass sie traurig ist und die PädagogIn hat aber den Eindruck, dass Jana eigentlich wütend ist. Es könnte sein, dass Jana Trauer als Ersatzgefühl nutzt, um dem authentischen Gefühl der Wut auszuweichen. Aus den früheren Ausführungen über Gefühle wurde aufgezeigt, dass das Äußern von ‚Ersatzgefühlen' nicht lösend ist. Zugleich erlebt Jana sich in einem solchen Moment traurig. Sie ‚weiß und spürt nicht', dass sie ein Ersatzgefühl belebt. Dennoch würde eine zum Ersatzgefühl passende Reaktion eine Verstärkung dieses Gefühls durch die PädagogIn und damit eine Verstärkung der Problemhaltung von Jana bedeuten: „Ich darf mich Mama nicht mit meiner Wut zeigen." Ein Ersatzgefühl ist ein Gefühl, das nicht zur aktuellen Situation passt, daran ist es gut erkennbar.

So gilt es, dem Kind das Gefühl Trauer zurückzumelden und es anzuregen, nachzuspüren, ob es neben der Trauer vielleicht noch andere Gefühle spüre, oder etwas direktiver zu fragen, ob es vielleicht auch etwas ärgerlich auf irgendjemand oder die Mutter sei. Dieses Nachfragen findet aber nicht als Belehrung oder Richtigstellung statt, sondern als Anregung und Erlaubnis – mit dem Wissen, dass das Kind selbst wissen und entscheiden wird, wann es den Entwicklungsschritt zum authentischen Gefühl tun wird und die alte Sicherheit ‚Ersatzgefühl' loslässt.

Umgang mit übernommenen Gefühlen

Übernommene Gefühle sind Gefühle, die das Kind durch Identifikation mit der entsprechenden Person in sich übernommen hat. Es sind authentische Gefühle, deswegen ‚schwingen wir mit' – aber keine eigenen. Deswegen werden Kinder sie auch nicht los, wenn sie sie äußern, als wären es eigene.

Möglicherweise hat sich Jana identifiziert mit der Mutter, die selber sehr verloren und verzweifelt war – und die deshalb ohnmächtig resigniert hat. Diese tiefe Ohnmacht und Resignation ist etwas, das nicht unmittelbar aus Janas eigener Lebensgeschichte kommt. Es könnten die Gefühle aus dem Eltern-Ich von Jana sein. Da wir alle in unserem Eltern-Ich wichtige Bezugspersonen aufgenommen haben, wie das die Strukturanalyse 2. Ordnung der Ich-Zustände deutlich macht, können wir diese nacherleben und sowohl erwachsene, kindlich als auch elterliche Anteile erleben und zeigen.

Hier kann es sinnvoll sein, mit Jana über ihre Mutter zu sprechen und deren Ohnmacht und Resignation anzusprechen. Es gilt, Jana darin zu unterstützen, dass sie die Ohnmacht ihrer Mutter erkennt und anerkennt und sich davon abgrenzt. Eine Rückmeldung könnte sein: „Da hat Deine Mutter ganz Schweres erlebt und da ist auch klar, warum sie sich so ohnmächtig und resigniert gezeigt hat. Du hast auch Schwieriges erlebt, aber irgendwie war das auch deins. Ist gut, wenn Du ihre Ohnmacht bei Deiner Mutter lässt."

Die elterliche Gestalt zu erkennen und sich auf diesem Weg abzugrenzen, ohne diese zu beschämen oder zu verurteilen, das ist hier die Aufgabe des Kindes. Auf diese Weise kann es der Mutter auch verbunden bleiben und sich über sie ärgern.

Gefühle – und überhaupt: Die PädagogIn als Person

Der Umgang mit Gefühlen ist – wie oben bereits gesagt – ein Königinnenweg der heilsamen pädagogischen Arbeit – und es ist auch ein schwieriger Weg. In kaum einem anderen Bereich wird die PädagogIn so sehr als Mensch gefordert – mit ihrer Fähigkeit, Gefühle wahrzunehmen, damit umzugehen, sie auszuhalten, sie zu regulieren – und ihnen zum guten Ausdruck zu verhelfen. Authentische, wertschätzende Resonanz ist nur möglich, wenn die PädagogIn ihre eigene Emotionalität zur Verfügung hat. Sie muss in der Lage sein, Trauer, Wut, Angst, Liebe, Scham – das ganze Gefühlsspektrum ihrer selbst zu erkennen und anzuerkennen. Gerade wenn sie aus eigener Erfahrung erlebt hat, wie viel Angst sie vor ihren eigenen Gefühlen hatte, kann sie dem Kind hilfreich zur Seite stehen im Umgang mit seiner Angst vor seinen Gefühlen.

Gerade die PädagogIn, die solche ‚Transformationsprozesse' selber durchgemacht hat, ist aus diesen Erfahrungen heraus eher eine hilfreiche ‚Heilerin', aber auch die Personen, die diese Erfahrungen nicht gemacht haben, können sich im Laufe ihrer beruflichen Erfahrung einfühlen und diese Prozesse begleiten.

5.6 Umgang mit Bedürfnissen

Auch wenn praktisch alle Abschnitte im Kapitel ‚Alltag' direkt oder indirekt mit Bedürfnissen und deren Befriedigung zu tun haben, so wollen wir dem Bedürfnis nach Zuwendung (oder Strokes, wie Berne 1975 es formulierte) und der Arbeit damit einen extra Abschnitt widmen. Das Bedürfnis nach Zuwendung ist basal und existenziell – die Arbeit damit wirkt sich auf die Kinder und den Gruppenalltag in starker Weise aus.

Es ist für alle Beteiligten ein grundlegender Unterschied, ob die Pädagogin das Kind, das von der Schule kommt, begrüßt mit: „Emily, wie schön, dass Du da bist. Ich freu mich." (unbedingt positive Zuwendung), und dann die Frage: „Wie kommt es, dass Du 5 Minuten zu spät kommst?", oder mit einem kritischen Vorwurf: „Du bist schon wieder 5 Minuten zu spät! Da sprechen wir gleich noch mal drüber!" (bedingt negative Zuwendung).

Die Art und Weise, wie wir Zuwendung geben und annehmen, wird bestimmt vom Maß unserer Autonomie, bzw. dem Maß und der Art, wie wir es im Skript verankert haben. Zum Beispiel die inneren Fragen: „Bin ich es wert, etwas Positives zu bekommen?", „Ist mein Bedürfnis nach Gesehen-Werden und Zuwendung aushaltbar oder bin ich eine Zumutung?", oder: „Sind andere Menschen fähig, mich auszuhalten und mir etwas zu geben?" – solche Fragen werden jeden Tag berührt und beantwortet in der Art und Weise, wie PädagogInnen Zuwendung geben und wie die Kinder sich und anderen Zuwendung geben und annehmen.

In der stationären Kinder- und Jugendhilfe leben Kinder und Jugendliche, denen positive Strokes meist fremd sind. Sie kennen es, nur selten gelobt zu werden, und sind häufig entmutigt. Sie haben in der Vergangenheit erlebt, dass sie abgelehnt wurden, dass sie ‚es nicht bringen', dass sie als schuldig angesehen werden. Viele der Kinder haben Gewalt erlebt, haben in Unsicherheit gelebt, haben Eltern erlebt, die keinen Halt und keinen Schutz gegeben haben. Mangelndes Selbstbewusstsein ist die Folge, dies äußert sich oft in aggressivem Verhalten und/oder Verweigerung. Die Kinder tragen oft unbewusste Glaubenssätze in sich, z. B.:

- Ich bin es nicht wert, was zu bekommen, nach Anerkennung frage ich nicht.
- Ich kann nichts, ich brauche nichts, ich habe keine Bedürfnisse und wenn doch, dann zeige ich es nicht.
- Ich gehöre nicht dazu – wer mir Wertschätzung gibt, meint es nicht ernst.
- Nur wenn ich aushalte, habe ich einen Platz im Leben.

Die Murmelrunde

Praxisbericht Sylvia Dormann

Neben der Beachtung der allgemeinen Kommunikation wie Begrüßung, Essen, Hausaufgaben, Spiele, ... wird in unserer Einrichtung auch regelmäßig ein Ritual praktiziert, das dieses Zuwendungsverhalten der Mädchen zum Thema hat – die Murmelrunde: eine Methode, die in den Gruppen regelmäßig und verlässlich angewandt wird.
Kommt ein Mädchen neu in unsere Wohngruppe, erhält es ‚als Grundausstattung' ein Einweckglas mit ihrem Namen, das Murmelglas. Hier kann es seine Murmeln sammeln, die es in der Murmelrunde bekommt.

Das Mädchen bekommt Murmeln, wenn es einen Stroke von einem anderen Mädchen, einer Pädagogin erhält oder es sich selbst stroket. Die Mädchen sammeln die Murmeln für eine ‚Wunscherfüllung', bis sie die Menge an Murmeln zusammenhaben, die sie dafür benötigen. Die Murmeln tauschen sie gegen einen Wunsch ein. Einige Mädchen tauschen ihre Murmeln gegen ein Essen im Restaurant mit einer Pädagogin ihrer Wahl. Andere wollen einen Ausflug auf eine Insel, in einen Freizeitpark, ins Theater, auf ein Rockkonzert, in die Oper machen. Ein Kinobesuch ist beliebt oder eine extra Reitstunde.

Wir murmeln regelmäßig. Dazu sitzen wir zusammen, am Küchentisch, d. h. die Mädchen und die Pädagoginnen, die im Dienst sind. Das findet an festgelegten Tagen, z. B. nach dem Gruppengespräch und/oder nach besonderen Anlässen statt.
Wir tragen die Murmelgläser herein, diese stehen auf der Durchreiche, und eins der Mädchen stellt sich als Murmelfee zur Verfügung, diese Rolle wird gerne eingenommen. Die Murmelfee verteilt die Murmeln von dem großen Murmelglas in die individuellen Murmelgläser.

Nun beginnen wir: Die Mädchen werden der Reihe nach ‚bemurmelt'. z. B. sagt Lola zu Kimberly: „Du bist heute in der Schule mit mir zur Sozialarbeiterin gegangen, um die Sache mit Kim zu klären. Dafür möchte ich dir drei Murmeln geben". Ein anderes Mädchen sagt: „Wir haben uns die Woche nicht gestritten, obwohl ich ein paar Mal echt ätzend war zu dir. Dafür gebe ich dir zwei Murmeln".

Wenn die Mädchen noch neu sind und das Ritual nicht kennen, sind sie meistens noch sehr zurückhaltend. Sie hören den erfahrenen Mädchen zu und nehmen ihre Murmeln oft schweigend, fast beschämt an. In dieser Phase ist es wichtig, als Pädagogin „die Gruppe, die Runde zu führen". Die Murmelrunde ist kein „Selbstläufer". Hier findet ein Prozess statt, der die Mädchen tief in ihrer Person berührt. Wenn man als Unbeteiligte dabeisitzt, so scheint es, als säße da eine Gruppe gutgelaunter Mädchen, die sich ‚bemurmeln', und der Ernst, die Tiefe dessen, was da passiert, wird nicht bewusst. Gerade neue Mitarbeiterinnen brauchen hier Unterstützung und Ermutigung, auszuprobieren, die Murmelrunde selbst zu moderieren. Die ersten Male machen sie dies zusammen mit erfahrenen Kolleginnen.

Als Leiterin dieses Rituals muss ich präsent und aktiv sein und ein gewisses Standing haben. Ich muss auf die Mädchen achten, vor allem auf das, was nebenbei passiert. Es ist notwendig, in dieser Runde für Schutz sorgen – Schutz z. B. im Umgang mit negativen, neidvollen Blicken, gegen ein abfälliges Kichern. Es ist nicht erlaubt, Nebengespräche zu führen. Alle Sinne, alle Augen, alle Aufmerksamkeit gilt dem Mädchen, welches ‚bemurmelt' wird. Wir erwarten von den Mädchen eine Ernsthaftigkeit, Respekt und Wertschätzung.

Es ist wichtig, dass wir uns bewusst sind, dass in dieser Runde etwas passieren kann, vor dem die Mädchen sich fürchten, und bei dem sie dann unseren Schutz, unseren Halt benötigen. Sie probieren sich aus und müssen sich darauf verlassen können, dass sie nicht ausgelacht, nicht beschämt werden. Wird der Respekt nicht eingehalten, wird das betreffende Mädchen mit seiner Aussage konfrontiert und gestoppt. Die Mädchen treffen eventuell eine neue Entscheidung, wenn sie es z. B. zulassen, dass sie gelobt werden, oder wenn sie sich vielleicht selbst stroken. Das bedarf einer sicheren Atmosphäre und PädagogInnen, die Schutz bieten vor den verheerenden Folgen, die das Kind-Ich des Kindes/der Jugendlichen befürchtet.

Es ist uns gelungen, eine Stroke-Kultur zu etablieren, die die zu betreuenden Mädchen, die Mitarbeiterinnen und mich fördern und in unserer Entwicklung stimulieren. Die eigene Arbeit wertschätzend zu sehen und wertschätzend gesehen zu werden, ist auch für uns PädagogInnen eine gute und wertvolle Erfahrung.

L., 11 Jahre alt, wird ‚bemurmelt', weil sie am Nachmittag den ‚Gruppenputz' hervorragend erledigt hat. Zudem hatte sie es zum ersten Mal geschafft, nach der Schule pünktlich am Essenstisch zu sitzen. L. wurde während des ‚Bemurmelns' immer stiller und fing plötzlich zu weinen an. Sie sagte, sie habe die Murmeln nicht verdient. Sie habe den ganzen Vormittag in der Schule Stress gemacht, und nun würde sie auch noch Murmeln bekommen. Sie schluchzte. Sie erzählte zudem, dass ihre Mutter recht habe: Sie sei ein schlimmes Kind.

C., 16 Jahre und zwei Wochen bei uns. Vorher lebte sie in zwei anderen Einrichtungen, auch längere Zeit in der Kinder- und Jugendpsychiatrie. Morgens gab es einen Konflikt mit der Pädagogin, C. wollte nicht aufstehen. C. beleidigte die Pädagogin massiv, als diese nicht nachgab und forderte, dass C. aufsteht und zur Schule geht, kletterte C. aus dem Fenster.

Sie meldete sich im Laufe des Vormittages aus einer Praxis für Psychotherapie, die ein paar Kilometer weiter in einem Dorf liegt. Sie wurde dort abgeholt. Später gab es in der Gruppe ein klärendes Gespräch mit Leitung und der Pädagogin vom Morgen. Ich sprach deutliche, sehr klare Worte, vor allem in Bezug auf meine Mitarbeiterinnen. Dass ich nicht dulde, dass diese beleidigt werden, dass wir ihr hier einen guten Platz bieten und sie sich an die Regeln halten muss. Das Mädchen lief schimpfend aus dem Gespräch, ging aber in ihr Zimmer.

Ich ging später zu ihr ins Zimmer, nachdem die anderen Mädchen zu Mittag gegessen hatten, und bot ihr an, mit den beiden Mädchen, die später aus der Schule kommen, zu essen. Ich wollte ihr deutlich machen, dass ihr Verhalten nicht geduldet wird und sie deswegen nicht wie selbstverständlich am Essen in der Gemeinschaft teilnehmen durfte. Jedoch wollte ich ihr ermöglichen, schnell wieder in die Gruppengemeinschaft zu kommen. Sie nahm das Angebot an, und ließ sich am Nachmittag zudem darauf ein, ihren Gruppenputz gemeinsam mit den anderen Mädchen zu verrichten. Das war das erste Mal, seit sie in unserer Einrichtung lebte, und sie machte das ohne Murren und sehr schnell. Ich merkte ihr an, dass sie sich sehr bemühte, zu machen, was verlangt war, und wieder gut im Kontakt zu sein. Auch besprachen wir die Konsequenz für ihr Handeln – eine Woche Küchendienst.

Gegen Abend erlebe ich sie gelöst und im guten Kontakt mit den anderen Mädchen. Ich beschloss, nach dem Abendessen zu murmeln. C. erhielt Murmeln von mir, weil

- sie sich gemeldet hat und in die Gruppe zurückgekehrt war.
- weil sie die ‚Standpauke' von mir ausgehalten hat und kein zweites Mal weggelaufen ist.
- weil sie den Gruppenputz gut mitgemacht hat.
- weil sie die Konsequenz angenommen hat.

Auch C. weinte. Sie weinte still, und ich wusste, dass sie weinte, weil sie damit nicht gerechnet hatte. Vermutlich hatte sie in der Vergangenheit erlebt, dass sie für ihr negatives Verhalten bestraft wurde.

An diesem Beispiel wird deutlich, wie wichtig es ist, behutsam zu sein, wenn wir mit Kindern und Jugendlichen im stationären Jugendhilfesetting arbeiten. Dass uns bewusst sein muss, wie viel da passiert, wenn wir die Mädchen ermutigen, alte Zuschreibungen, ihre bisherigen Verhaltensweisen, ihre bisherigen Erfahrungen zu überdenken, und neue Erfahrungen zuzulassen.

Wir PädagogInnen haben auch ein gemeinsames Murmelglas. An einem Wochenende lösten wir unsere Murmeln ein: Alle Mädchen kochten für uns. Sie kauften im Vorfeld ein und besprachen gemeinsam, wer welche Tätigkeit übernehmen sollte. Als die Mädchen uns ins Esszimmer baten, war der Tisch liebevoll gedeckt, und wir sollten uns unseren Platz suchen: Sie hatten keine Namenskarten gestaltet, sondern hatten auf einem Kärtchen einen Satz geschrieben, den die Pädagogin öfter sagt. Zudem stand vor dem Tisch ein Flipchart, und die Mädchen hatten verschiedene Sätze für uns aufgeschrieben:

- Danke, dass Ihr uns so unterstützt.
- Wir haben Euch lieb.
- Wir sind kompliziert, aber Ihr findet immer eine Lösung.
- Ihr seid alle unterschiedlich, aber wir mögen jede von Euch.

So begann das Essen schon sehr fröhlich und gelöst. Es gab ein tolles Essen, mit Nachtisch, und zusätzlich einen Schokoladenkuchen, die Mädchen hatten den Kuchen garniert mit dem Namen unserer Einrichtung.

Anschließend murmelten wir: Es war das erste Mal, dass das ganze Team mit den Mädchen murmelte. N., ein Mädchen, das schon zwei Jahre in meiner Einrichtung lebt, sagte, als wir PädagogInnen dran waren, und ‚bemurmelt' wurden, Folgendes: „Ich möchte Euch Murmeln dafür geben, dass ich hier bei Euch sein darf. Wenn ich später gefragt werde, wie meine Kindheit war, dann werde ich von Euch erzählen. Dass es schön war." Sie begann zu weinen.

Versorgung der PädagogInnen – über die Zuwendung der Zuwendenden

Das Geben von Zuwendung, die wertschätzende Zugewandtheit des Professionellen für seine KlientInnen ist eine der basalen heilenden/heilsamen Tätigkeiten. Wertschätzend/strokend zu bleiben, auch wenn die Kinder häufig massiv dazu einladen, sie zu missachten, ist eine hohe Leistung. Sie setzt u. a. voraus, dass die Pädagogin selbst gelernt hat, für sich zu sorgen. Die Pädagogin, die diese Fähigkeit hat, hat gelernt, dass das Bedürfnis nach Strokes ein grundlegend menschliches Bedürfnis ist. Sie hat die Kompetenz, ihr eigenes Bedürfnis wahrzunehmen, zu achten und für die Befriedigung zu sorgen.

Haben PädagogInnen diese Kompetenz nicht, kommt es in einem Arbeitsfeld, in dem extreme Unterversorgung der MitarbeiterInnen untereinander und von den Kindern und Jugendlichen eher die Regel ist, häufig zu zwei Formen der Kompensation oder Bewältigung des eigenen Mangels:

Entweder werden die Kinder/Jugendlichen in einem Übermaß oder in einer nicht angemessenen Weise versorgt, in einem Maß und einer Art der Versorgung, die nicht dem Bedürfnis der Jugendlichen entspricht. Die Kinder werden so zu einem Ersatzobjekt für die PädagogInnen, das sie ‚ganz viel' versorgen, um den eigenen Hunger nicht zu spüren oder in der Zukunft emotional von ihnen versorgt zu werden. Die Beziehung wird in diesem Fall im Sinne einer ungesunden Symbiose gestaltet. Die Kinder sind mit dieser Zuwendung nicht wirklich gemeint, sie bleiben hungrig und bedürftig. Die Pädagogin gibt und gibt – und erlebt sich als nicht wirksam. Sie gibt mehr und die Spirale, die zum Ausbrennen führt, ist eröffnet. Die Kinder erleben sich als ‚unendlich bekommend und nie satt werdend' – und erleben sich mit ihrer Bedürftigkeit als nimmersatt, maßlos, monströs und nicht wirklich liebenswert. Der ‚versagende Erwachsene' und das ‚monströs bedürftige Kind' bestätigen sich so aneinander ihre frühen skriptgebundenen Glaubenssätze.

Eine andere Form der Kompensation/Bewältigung des Mangels ist der ‚Gang in die Rigidität'. Im pädagogischen Alltag dominieren Zielorientierung und Funktionalität. Es gibt wenig ‚Gemütliches', die Räume sind funktional, oft nachlässig eingerichtet. Im Alltag gibt es wenig Momente des freundlichen, nahen Beisammenseins. Die Abspaltung der Bedürftigkeit des Pädagogen, hier ist die männliche Form nicht zufällig gewählt, führt dazu, dass im Alltag alles Bedürftige vermieden wird. Es wird eine Kultur der Härte etabliert. Da den Kindern diese Form der Unterversorgtheit (wenn auch in oft destruktiverer Form) von zu Hause vertraut ist, richten sie sich darin ein. Extra-Zuwendung, meistens bedingt negative Zuwendung, kann in diesem funktional orientierten Kontext über Regelbrüche organisiert werden. Das führt dann wieder zu mehr Regeln und mehr Zielorientierung. Regel und Sanktionen anstelle von Beziehungen – so lautet die Regel in diesem Setting. Der Weg in die Dynamik des Ausbrennens ist auch hier nah.

Zurück zum Thema Versorgung der Versorgenden: Zur Sicherung der Zufriedenheit und der Qualität der PädagogInnen ist es wichtig, dass diese sich in jedem Arbeitsfeld fragen, wie es mit ihrer *eigenen* Versorgung darin aussieht. Wie organisieren sich die PädagogInnen,

- dass sie von den Kindern Zuwendung bekommen, sei es durch Feedback der Kinder, durch Geburtstagsgeschenke der Kinder an sie – dabei können sich die Kinder auch als wirksam erleben: das, was sie zu geben haben, ist wertvoll – oder durch Bilanzgespräche, in denen die Entwicklung der Kinder und die Leistung der Pädagoginnen gewürdigt werden.
- dass sie von Eltern Feedback bekommen – hier können die Eltern lernen, pädagogisches Handeln, das sie von den Erziehern erwarten, zu erkennen, zu benennen und zu schätzen. Sie würden dadurch auch für sich Bilder sinnvollen pädagogischen Handelns entwickeln;
- dass sie von KollegInnen Feedback erhalten – es ist notwendig, im pädagogischen Alltag Raum für differenzierte, wertschätzende und auch nährende Rückmeldung Raum und Zeit zu schaffen.
- dass sie von Vorgesetzten Anerkennung erhalten!

5.7 Umgang mit Regeln

Kinder, die aus Lebenssituationen kommen, in denen unklare, nicht verlässliche Regeln ‚die Regel' waren, brauchen die Erfahrung, dass Menschen in der Einrichtung auf eine Weise präsent sind:

- verlässlich,
- plausibel,
- transparent und
- partizipativ.

Diese vier Eigenschaften lassen sich als Qualitätskriterien für Regeln und ihre Anwendung nutzen.

Ist die Regel verlässlich? Das fragt danach, ob z. B. die Regel, dass jedes Kind sich vor dem Zubettgehen die Zähne putzen soll, auch für jedes Kind und für jeden Abend gilt – oder ob es von der Durchsetzungskraft der PädagogIn und/ oder dem Charme oder Widerstand des Kindes abhängt, ob die Regel gilt. Hat die Pädagogin die persönliche Potenz und Erfahrung, die Regel durchzusetzen, ohne in einen Machtkampf zu gehen und das Kind ‚brechen' zu wollen.

Zugleich ist es wichtig, diese Regel nicht als absolut und immer gültig zu praktizieren. Wenn ein Kind Erfahrungen mit massiven körperlichen Übergriffen gemacht hat, z. B. mit oralem Missbrauch, so kann es sein, dass es von dieser

Regel eine Weile überfordert ist – und Zeit braucht, um seine Art und Verlässlichkeit der Mundhygiene zu finden. Hier ist dann eine flexible Handhabung der Regel notwendig.

Die Aufgabe der PädagogIn lässt sich mit dem Wertequadrat gut aufzeigen. Sie muss für die Kinder verlässlich sein, ohne rigide zu werden, und muss zugleich flexibel auf jedes einzelne Kind reagieren, ohne beliebig zu werden, da dies bei den Kindern alte Situationen und Ängste wachruft.

Abb. 36: Werte- und Entwicklungsquadrat (siehe u. a. Friedemann Schulz von Thun)

Auf diese Weise wird die Regel zu einem Teil von Miteinander, in dem die PädagogIn sich klar vertritt, sich für die Regel – und den damit verbundenen Wert (Gesundheit) – einsetzt. Über diese Art der Präsenz entwickeln sie und das Team, mit dem sie arbeitet, eine ‚neue Autorität' (Omer/von Schlippe 2010), die das Kind nicht zur Anpassung, sondern zur Partizipation und zur Selbstbestimmung bringen will.

Ist die Regel plausibel? Damit ein Kind eine Regel für sich annehmen und integrieren kann, muss es den Sinn und Zweck einer Regel verstehen. Was ist der Sinn der Regel und wie wirkt sie? Der Sinn der Regel, dass die Kinder täglich Zähne putzen, ist einerseits die Erhaltung der Gesundheit des Kindes und andererseits die Befähigung des Kindes, Verantwortung für sich und seine Gesundheit zu übernehmen. Da in Wohngruppen oft differenzierte Regelwerke ausgearbeitet wurden, ist es hilfreich für Kinder und Jugendliche, wenn die PädagogInnen sich die Zeit nehmen, ihnen den Sinn dieser Regel verstehbar zu machen. Auf diese Weise werden die Kinder darin unterstützt, diese ‚Fremdbestimmung', die eine Regel immer auch ist, sich anzueignen und so zur eigenen Norm zu machen (Der Gedanke „Ich kann, weil ich will, was ich muss" wird Kant zugeschrieben).

Ist die Regel transparent? Insbesondere bei Kindern, die in massiver Weise diffusen Regeln und exzessiven Grenzüberschreitungen ausgesetzt waren, tragen in sich die Erwartung von einer solch diffusen, verletzenden, willkürlichen Welt. Für sie ist es insbesondere wichtig, dass Regeln nicht nur im Anwendungsfall durchgegangen werden, sondern dass der Umgang mit Regeln, die Inhalte, ihre Anwendung, die Konsequenzen bei Regelverletzungen, die Maßnahmen zur Regeleinhaltung usw. dem Kind ausreichend bekannt gemacht werden, damit es nicht davon ‚überrascht' wird – da eine solche Überraschung zunächst mal als Überschwemmung und Fremdbestimmung erlebt wird. Wilma Weiß beschreibt sehr anschaulich, wie wichtig es gerade für traumatisierte Kinder ist, in die Regeln und Normen der Gruppe eingeführt zu werden, in die sie aufgenommen werden (Weiß 2011).

Ist die Kultur im Umgang mit den Regeln partizipativ? In dieser Frage spiegeln sich die anderen Punkte wider. Es geht nicht darum, die Regeln mit den Kindern kollegial zu diskutieren und völlig offen zu sein in der Gestaltung der Regeln, denn das würde eine Überforderung der Kinder bedeuten. Es geht darum, mit Kindern in Beziehung zu gehen und die Regeln für das Leben anzuwenden – und diese Anwendung miteinander zu gestalten.

5.8 Die Gruppe als Lebens- und Beziehungsraum

Jana (siehe unten) kam in eine Gruppe mit 7 anderen Kindern zwischen 12 und 17 Jahren, die bereits einige Zeit miteinander gelebt und sich dabei recht stabil entwickelt hatten. Jana nimmt die Regeln und Angebote der Gruppe oberflächlich an, ohne sich dabei authentisch zu zeigen. Sie bietet schnell an, hilfreich zu sein, z. B. wenn es darum geht, die Küche noch sauber zu machen oder zu klären, wie das jüngste Mädchen der Gruppe von der Schule zurückkommt. Sie handelt oft aus einem überfürsorglichen Eltern-Ich heraus und geht dabei unausgesprochen davon aus, dass die anderen, auch die PädagogInnen, ohne sie nicht klarkommen. Diese versteckte Abwertung führt recht schnell zu Konflikten. Die anderen Kinder schimpfen über die ‚übergriffige' Art und die PädagogInnen lassen sich die Entscheidungen nicht aus der Hand nehmen. Jana reagiert dann oft mit tagelangem Rückzug und auch Selbstverletzungen. Sie erlebt sich missverstanden und entwertet in ihrem Bemühen, das vermutlich aus ihrer Geschichte stammt.

Gruppenentwicklung: Jede Gruppe, unabhängig ob professionell oder privat, ob erwachsene oder kindliche TeilnehmerInnen, bearbeitet bestimmte Themen im Verlauf ihrer Entwicklung. Die Bearbeitung dieser Themen bestimmt dann den möglichen Erfolg dieser Gruppe. Zwei US-amerikanische Sozialpädagogen haben ein Entwicklungsmodell mit 5 Phasen entwickelt (vgl. Bernstein/Lowy 1969), das aus unserer Erfahrung hilfreich ist, um im heilpädagogischen Rahmen Gruppen zu führen und zu moderieren. Auch wenn in Janas Fall die Gruppe nicht neu gegründet wurde, so ist der Einschnitt in die Gruppenwirklichkeit durch den Abschied eines anderen Kindes und die Aufnahme eines neuen Kindes so immens, dass die Gruppe letztlich die Phasen erneut durchläuft.

Dieses Geschehen hat zwei Ebenen, die für die PädagogInnen und Janas Entwicklung wichtig sind:

- die Ebene der regulären Gruppenentwicklung und
- die Ebene der Re-Inszenierung eigener Lebensgeschichte.

In der folgenden Tabelle stellen wir Merkmale und Aufgaben der verschiedenen Phasen vor, ebenso wie Aufgaben für die Gruppenleitung.

Tab. 9: Gruppenphasen und Leitungsaufgaben

Gruppenphase	**Leitungsaufgaben**
Orientierungsphase	
Die TeilnehmerInnen haben noch kein klares Bild von der Gruppe. Sie kommen oft aus einer Situation, die belastend und kaum aushaltbar war. Welche Regeln, welche Erwartungen, welche Normen bestimmen hier den Alltag? Wie sicher sind sie in den neuen Bedingungen? Was genau müssen sie tun, um sicher und dazugehörig zu sein?	Dieser Moment des Neu-Beginns und diese Phase der Orientierung sind ein Moment des Dazwischen. Hier wird ein neuer Raum betreten. Was Hermann Hesse über die Lebensstufen sagt, ist auch ein Versprechen über diese Situation: „Und jedem Anfang wohnt ein Zauber inne, Der uns beschützt und der uns hilft, zu leben." Die PädagogIn ist aufgefordert, für Klarheit zu sorgen, indem sie Informationen darüber gibt, was die Chancen dieser neuen Situation sind, was sie erwartet, was die Möglichkeiten, Regeln, Grenzen und Ziele der Gruppe sind. Dabei ist es wichtig, dass sie Einzelne nicht zu sehr hervorhebt, sondern ihnen einen Schutzraum lässt.
Machtkampfphase	
Die Gruppe hat ein Bild der Erwartungen und Möglichkeiten bekommen und braucht jetzt die Erfahrung von Verbindlichkeit und Schutz. Was ist mein Platz in der Gruppe? Wie sicher bin ich? Welche Rechte habe ich wirklich? Ist die Leitung stark genug, um mich zu schützen? Diese Phase ist oft gekennzeichnet von Regelbrüchen und Konfrontationen. Das Bedürfnis hinter den Regelbrüchen ist Schutz und Verlässlichkeit.	In der Machtkampfphase hat Leitung die Aufgabe, Konflikte und Regelbrüche zu erkennen und sie zu sich heranzuholen. Die Gruppe hat das Bedürfnis, zu erleben, ob sie als Leitung in der Lage ist, für Schutz zu sorgen und sich durchzusetzen, ohne dabei verletzend destruktiv zu sein – also z. B. genervt loszuschreien. Es geht hier um das Zeigen und „Zur-Verfügung-Stellen" von erwachsenem, potentem Schutz – als Voraussetzung für vertrauensvolle Entwicklung. Das kann heißen, allgemeine Erscheinungen, wie z. B. nachlässig, abwertendes Verhalten beim Essen, aufzugreifen oder auch einzelne dominante oder unterwürfige Gruppenmitglieder anzusprechen und auf sie einzuwirken.
Vertrautheitsphase	
Nachdem geklärt ist, was der Rahmen der Gruppe ist, wer welchen Platz darin hat und ob die Regeln genug Schutz geben, entsteht oft eine Dynamik von Nähe. Es tauchen Bilder eines ‚Wir' auf, es kommt zu gemeinsamen Aktionen und es entstehen Momente der Innigkeit untereinander und auch zur Leitung hin.	In dieser Phase hat Gruppenleitung die Aufgabe, die Bedürfnisse nach Nähe und Identität angemessen zu unterstützen. Gemeinsame Aktivitäten, die nach außen gehen (z. B. Klettergarten), ebenso wie Aktivitäten, die nach innen gehen und Nähe betonen (z. B. gemeinsam einen guten Film- oder Spieleabend zu gestalten), sind hier mögliche Angebote. Wenn es in dieser Phase zu Konflikten und Regelverletzungen kommt, kann dies verstanden wer-

	den als ein zeitweiliger ‚Rückfall' in die Machtkampfphase oder – entwicklungsorientiert gesprochen – als eine Überprüfung, ob die Gruppenleitung noch Schutz geben kann, wenn so viel Nähe zugelassen wird.
Differenzierungsphase	
Die Gruppe hat jetzt alle notwendigen ‚Kräfte' entwickelt, um gut arbeiten zu können. Alle Beteiligten haben nun in ihrer Weise ihren Platz und sind als Personen sichtbar. Jetzt kann die Wohngruppe ihre Entwicklungsaufgaben in individueller und differenzierter Weise aufnehmen. Die ‚schwierigen' Verhaltensweisen des einzelnen Kindes können nun sichtbar (und gezeigt) werden – und Antworten der Gruppe und der PädagogIn bekommen. Das Kind, das Angst hat, Nähe zuzulassen, weil es dann immer beschämt wurde, wird jetzt in seiner Angst sichtbar und kann schrittweise lernen, sich einzulassen und sich abzugrenzen. Dieser Prozess, der von Vorwärts- und Rückwärtsbewegungen gekennzeichnet ist, wird in dem heilenden Milieu verstehend und schützend begleitet und gestaltet. Das Kind wird weder beschämt noch bestraft, wenn es bestimmte Situationen noch nicht zulassen kann. Interessanterweise nehmen in heilpädagogischen Gruppen in dieser Phase jeweils ein oder zwei Kinder die Aufmerksamkeit der Gruppe mit ihren Prozessen in Anspruch – gerade so viel, wie die Gruppe tragen kann. Nach einer Zeit der Bearbeitung treten diese Kinder ‚von der Bühne' zurück, fordern nicht mehr so viel Aufmerksamkeit – und andere Kinder können die Bühne betreten und den Raum der Gruppe nutzen.	Die PädagogIn tritt einerseits in dieser Phase von der unmittelbaren Leitung der Gruppe zurück. Sie nimmt die Entwicklungen der Gruppe und Kinder wahr und lässt ihnen mehr Raum, sich miteinander auszuprobieren und zu entwickeln. Dabei achtet sie darauf, dass die Kinder Themen wie z. B., sich gegenseitig in der Schule zu unterstützen, wahrnehmen und aufgreifen. Sie regt die Gruppe in vielfältiger Weise an, sich weiterzuentwickeln. Neben diesen gruppenbezogenen Maßnahmen achtet die PädagogIn auch auf die Entwicklung der einzelnen Kinder, spricht sie an, gibt ihnen Raum für vertiefende, haltgebende Gespräche und Erfahrungen. Gerade in dieser Phase ist es hilfreich und notwendig, wenn die PädagogIn um die beiden Ebenen des heilenden Alltagsmilieus weiß und sie angemessen einbringt. Es ist wichtig, dass sie die altersangemessene Alltagsebene der Gruppe und der Kinder sehen und benennen kann und zum anderen die psychologischen Entwicklungsthemen der Kinder kennt, erkennt und darauf angemessen und zielführend interveniert.
Abschiedsphase	
Abschied findet in einer Wohngruppe normalerweise nicht als Auflösung der ganzen Gruppe statt, sondern als Weggang von einem oder zwei Kindern. So, wie das Hinzukommen eines Kindes die ganze Gruppe bewegt, so ist es auch mit dem Abschied eines Kindes. Abschied heißt Veränderung – und auch Verlust. Es heißt Ausblick auf Neues, aber auch Loslassen von Altem. Diese tiefe Veränderung führt oft zu Verunsicherung, zum Wiedererleben früherer Abschiede, die möglicherweise belastend und beängstigend gestaltet wurden. Die Gruppe – und in ihr einzelne Kinder in unterschiedlicher Weise – fallen in ihrer Entwicklung zurück, sie verhalten sich wieder in einer Weise, als hätten sie kaum etwas gelernt in der Zeit der Gruppe. Es ist vielleicht auch ein unbewusster Versuch, die Gruppe und die Beziehungen darin zu verlängern. Zugleich ist es der Beginn des Abschieds, der sich gerade in dieser ‚Leugnung' ausdrückt. Abschied – gerade von wichtigen Beziehungen – braucht diese Phasen: • *Leugnung* – denn ich will es erst nicht wahrhaben, dass Du gehst; • *Protest/Ärger* – denn der Teil in mir, mit dem ich	Die PädagogIn hat die Aufgabe, die Gruppe darin zu unterstützen, sich diesen Themen und Gefühlen zu stellen. Es ist wichtig, dass sie rechtzeitig und nachhaltig auf den Abschied hinweist. Wenn die Kinder dann vermeidend, provokant oder ängstlich reagieren, ist es hilfreich, das mit den Kindern aufzugreifen und den Kindern zu helfen, dies als ‚normalen' Teil eines guten Abschieds zu verstehen und zu gestalten. Mit dem Kind zurückzuschauen – und sich mit ihm über die guten Entwicklungsschritte zu freuen – und zugleich die noch vorhandenen Grenzen und Entwicklungsaufgaben zu sehen oder/und mit der Gruppe darüber zu sprechen, was sie dem Kind, das geht, mitgeben wollen an guten Wünschen und Bildern –, solche Maßnahmen bereiten das Kind darauf vor, seinen Abschied eigenständig zu gestalten. Wenn das Kind die Gruppe beendet, weil es von der Gruppensituation überfordert ist – und es drückt das z. B. dadurch aus, dass es immer wieder wegläuft, oder dadurch, dass es sich so schwierig verhält, dass es unter den gegebenen Bedingungen nicht gut begrenzt und geschützt

mich eingelassen habe, will nicht, dass Du gehst;
- *Trauer* – wenn ich den Protest hinter mir habe, kann ich trauernd loslassen;
- *Schmerz* – wenn ich Dich losgelassen habe, spüre ich, dass auch ein Teil von mir fehlt;
- *Versöhnung* – ich spüre, dass ich mit dem, was ist und was ich mitgenommen habe, weiterleben kann – und reicher geworden bin;
- *Neu-Strukturierung* – ich nehme wahr, dass das, was ich aus der ‚verlorenen' Beziehung mitgenommen habe, mir hilft, mein Leben gut und besser zu gestalten.

Selbstverständlich finden diese Phasen nicht in Reinform hintereinander statt, aber inhaltlich gehören sie in den Prozess der Verarbeitung des Weggehens. Durch diese emotionale Bewältigung wird das Ende der Gruppe in der alten Form kein Abbruch, sondern ein Abschied, in dem die Kinder das mitnehmen, was sie für sich an Selbst- und Sozialfähigkeiten entwickelt haben.

werden kann –, gerade dann ist es wichtig, mit dem Kind daran zu arbeiten, was es gut gemacht hat, und dass die Gründe der Beendigung der Maßnahme nicht darin liegen, dass das Kind ‚falsch' sei. Vielleicht ist die Einrichtung im Moment nicht passend oder nicht ausreichend – oder vielleicht ist es für das Kind auch richtig, dass es entscheiden kann, zu gehen – auch damit es eventuell später wiederkommen kann.

Die Gestaltung des Abschiedes ist ein Kernprozess in der stationären Jugendhilfe und es ist wesentlich für alle Beteiligten, respektvoll und realistisch zurückzuschauen, um den Weg angemessen würdigen zu können.

5.9 Gruppe als sozialer Ort der Re-Inszenierung

Jana erlebt *in ihrer Wahrnehmung* in der Wohngruppe, dass die anderen (Kinder und PädagogIn) nicht wirklich alleine zurechtkommen. Die PädagogIn ist manchmal belastet durch die Anforderungen der Kinder und hat Momente, in denen sie nicht weiß, was sie als nächstes tun soll. Diese Situationen, die weder außergewöhnlich noch gefährlich sind, lösen in Jana Ängste und skriptbedingte Abwehr aus. Entweder sie übernimmt Verantwortung für die PädagogIn, indem sie sich um die anderen Kinder kümmert, oder sie zieht sich zurück, um keine weitere befürchtete Belastung für die PädagogIn zu sein. Die Angst, die Jana an dieser Stelle bewegt, ist die Angst, die sie als Kind in den ersten Lebensjahren entwickelt und gespürt hat, wenn Mutter drogen- oder gewaltbedingt nicht zur Verfügung stand. Jana spürt ihre alte Angst, dass Mutter eskaliert oder zusammenbricht. In der Wahrnehmung des frühen Kindes bedeutete beides eine nicht aushaltbare Gefahr und Angst – und so musste sie alles tun, um für Mutters Wohlergehen zu sorgen und ihren Stress zu mindern.

In der Gruppe tut sie jetzt alles, um den Stress von der PädagogIn wegzunehmen. Sie versucht, andere Kinder zu beeinflussen, wird manchmal zur Ersatzerzieherin, fragt nach der Befindlichkeit der PädagogIn oder macht sich ‚fürsorglich weg'. Dies führt bei der PädagogIn interessanterweise dazu, dass sie sich zunächst verwirrt fühlt, sozusagen ein Stückchen hilflos wird – um anschließend eine fast mörderische, eskalierende Wut auf Jana zu empfinden. Da sie eine erfahrene PädagogIn ist, weiß sie, dass diese Empfindungen nicht in die reale Beziehung zwischen sie und Jana gehören, sondern ein mitempfundener Teil von Janas Lebensgeschichte sind.

In Besprechungen mit der Teamleitung und in der Supervision wird der PädagogIn deutlich, dass sie hier vermutlich die Empfindungen der Mutter von Jana in sich erlebt hat. Diese trug in sich ebenso ein massives Empfinden von Überforderung und Unzulänglichkeit – und andererseits eskalierende, aggressive Abwehrimpulse.

Die anderen Kinder sind in diesem Kontext eine zusätzliche Quelle von Stress und Gefahr. Ihr Verhalten, ihre Probleme erhöhen die Wahrscheinlichkeit, dass die PädagogIn nicht klarkommt – und zusammenbrechen könnte, wie sie es vermutlich von der Mutter erlebt hatte. Also muss Jana versuchen, auch die anderen Kinder unter Kontrolle zu bekommen – durch Fürsorge, Drohung und Manipulationen. Bei den anderen Kindern führte das schnell zu Ärger und Momenten der Ausstoßung – so dass Jana sich ihre Skriptüberzeugungen bestätigen konnte („Ich bin nicht gut genug und schaffe es nicht, Mama zu schützen. Ich werde nicht gemocht.").

Dabei ist Jana die Tiefe und Herkunft ihrer Ängste und Reaktionen nicht bewusst und sie kann sie auch zunächst nicht steuern. Durch die Art ihres unbewussten Wahrnehmens, ihre innere Bewertung und Reaktion darauf, ebenso wie ihr Verhalten, das darauf folgt, lädt sie die anderen ein, sich wieder so zu verhalten, wie Mutter es früher getan hat – nicht verantwortlich, eskalierend und zurückweisend.

In der Gegenwart der Gruppe findet so die Ursprungssituation als eine Art unbewusste Re-Inszenierung statt.

Wie in dem Kapitel ‚Alltag als heilendes Milieu' schon ausgeführt wurde, so ist Gruppe der Ort, an dem die Kinder ihre unbewältigte Geschichte unbewusst einbringen und die vertrauten Muster ihrer früheren Welt und ihrer Beziehungen wiederholen und andere einladen, die entsprechenden Positionen einzunehmen. Ohne dies konkret und bewusst miteinander abzusprechen, bilden die Gruppenmitglieder so ein soziales Ganzes, in dem sie jeweils bedeutsame Teile ihrer Geschichten in und mit den anderen ankern und wiederholen können. Diese Dynamik ist mit der Theorie der psychologischen Spiele, vor allem dem Drama-Dreieck, für die PädagogInnen und die Jugendlichen gut zu verstehen.

Auf ‚erwachsener' Ebene gestalten die Kinder so ihre Wirklichkeit den Aufgaben und Möglichkeiten entsprechend; auf Ebene ihrer Kind- und Eltern-Ich-Zustände bilden sie eine unbewusste Wirklichkeit, mit der sie Altes wiederholen, um es zu bewältigen oder zu bewahren.

Die Aufgabe der PädagogIn ist zunächst einmal, von dieser Möglichkeit zu wissen und offen zu sein für Wahrnehmungen, die darauf hindeuten, dass Jana nicht aus der Gegenwart heraus handelt. Wenn sie wahrnimmt, dass Jana aus einer kindlichen oder elterlichen Trübung heraus handelt, kann sie entsprechend vorgehen (siehe hierzu das Kapitel Ent-Trübungen). Sie unterstützt Jana darin, sich selbst wahrzunehmen, sich selbst zu verstehen – und sich dann angemessener, kraftvoller und respektvoller in die Gruppe einzubringen.

Auf der Ebene der Gruppe entsteht so zunehmend eine Atmosphäre von Gleichen, die in gegenseitiger Wertschätzung miteinander umgehen. Dieser ‚erwachsene', respektvolle Umgang fördert und stabilisiert die Ent-Trübungen und Neu-Entscheidungen, die hier gefragt sind:

- sich selbst ernst zu nehmen und sich zu achten,
- die anderen ernst zu nehmen und zu achten und
- die Möglichkeiten, die die Welt bietet, zu sehen und zu nutzen.

So wird der Alltag der Gruppe zu einer bewusst geförderten Quelle der Entwicklung und Heilung der Kinder in ihrer Persönlichkeit.

5.10 Rahmen, Rituale und der Tag in seinem Ablauf

Die tiefere Wirksamkeit der Wohngruppe ergibt sich aus einer Vielzahl einzelner Faktoren und Handlungen, die alle dem gleichen Ziel dienen – der Unterstützung des Kindes in seiner Entwicklung. Folgende Themen sollen hier beispielhaft für die intensive Wirkung des Settings als Ganzes stehen: Rahmen und Rituale – der Raum und seine Architektur, Einschlafen, Aufwachen, Essen – sowie der Tag in seinem Ablauf.

Rahmen und Rituale

Der Raum und seine Architektur

Der Raum und seine Architektur, in dem die Wohngruppe stattfindet, haben eine Bedeutung für die Prozesse, die darin stattfinden. Licht, Wärme, Größe, Gestalt – all das sind Botschaften an das Kind, die es einladen oder bremsen.

Wie sehr ermöglicht es die Architektur, Räume für das Ich-Sein und das Wir-Sein anzubieten und zu verbinden. Gibt es eine ausreichende Zahl guter Räume, z. B. groß, hell, sauber, sichtgeschützt und mit Ausblick nach draußen? Gibt es angenehme Räume für die Gemeinschaft, in denen die Gruppe als Ganzes, aber auch in kleineren Untergruppen sein kann? Wie unterstützt die Architektur des Gebäudes diese Bedürfnisse nach Individuation und Gemeinschaft? Wie unterstützt die Einrichtung ein Empfinden davon, ‚wertvoll' zu sein? Es hat eine Wirkung, ob die Möbel noch anschaubar oder schon in der „7. Generation durchgesessen" sind.

Wenn Kinder ihre Möbel zerstören oder beschädigen, so bringen sie auf diese Weise ihr eigenes inneres Erleben von Wertlosigkeit oder Beschädig-Sein nach außen – sie symbolisieren es. Hier gilt es zu entscheiden, wie das Team mit dieser nach außen getragenen Sach- und Selbstzerstörung umgeht. Wenn das Team jeweils neue Möbel anschafft, um den freundlichen Eindruck aufrechtzuerhalten, besteht die Gefahr, dass sie auf diese Weise die Aspekte der Selbstzerstörung und -entwertung übergehen und unsichtbar machen. Wenn das Team die zerstörten Möbel einfach stehen lässt, besteht die Gefahr, dass das Kind in seiner Selbstentwertung bestätigt wird und sich mit seinen Verhaltensweisen durchsetzt. Der innere Bezugsrahmen prägt dann die äußere Wirklichkeit.

Diesen Vandalismus des Kindes im Gemeinschafts- oder eigenen Raum aufzugreifen und es mit ihm zu besprechen als Ausdruck seiner Entwicklung und seiner Not – das ist die Aufgabe des Teams.

Auch die Gestaltung der Sanitärräume hat hohe und gute Bedeutung. Kinder und speziell Jugendliche durchlaufen vielfältige körperliche Veränderungen, die sie häufig zutiefst verunsichern. Der pubertierende männliche Jugendliche wird von seinen Hormon- und Wachstumsschüben ebenso verunsichert wie die weibliche Jugendliche von ihrer körperlichen Entwicklung und dem Einsetzen ihrer Regel. Die Sanitärräume sind Räume, in denen die Körper in besonderer Weise erfahren werden. Hier hängen Spiegel, in denen die Jugendlichen Bilder ihrer Körper und von deren Entwicklung sehen können. Hier haben sie auch Zeit, sich selbst beim Waschen/Duschen zu berühren. Hier richten sie den Körper her für den Gang in die Welt.

Das *Ziel der Einrichtung eines Sanitärraumes* sollte sein, das Kind/den Jugendlichen einzuladen, ein wertschätzendes, differenziertes Bild seines eigenen Körpers zu machen. Ein Sanitärraum, der Kinder zu dieser Entwicklung stimulieren soll, müsste

- warm sein (auch fußwarm),
- hell, um sich klar zu sehen, aber nicht grell, damit die Körper nicht künstlich bleich wirken,
- groß genug, um sich auch mal hinzusetzen,
- sauber, damit die Angst vor dem ‚Ekligen' des eigenen Körpers nicht von der Außenwelt verstärkt wird,
- gut zu durchlüften,
- gemütlich eingerichtet mit z. B. Blumen und/oder Bildern
- abschließbar (Grenze).

Mit diesen (und möglicherweise noch vielen anderen) Mitteln wird der Sanitärraum zur ständigen Stimulation der Entwicklung eines positiven Selbstbildes. Der Raum lädt ein, sich selbst liebevoll und realistisch anzuschauen.

Aufwachen und Einschlafen

Aufwachen und Einschlafen – zwei große Schritte, die jeden Tag wieder zu schaffen sind. Die altersgemäßen Kompetenzen, die damit verbunden sind, sind überschaubar. Morgens: ‚ja' zum Tag sagen, sich sammeln, aufstehen, sich zurechtmachen, frühstücken, anderen Menschen begegnen und in die Welt hinausgehen – Schule, Ausbildung, Arbeit. Abends: den Tag mit seinen Tätigkeiten loslassen, sich zurechtmachen, ins Bett gehen, einschlafen.

Auf psychologischer Ebene sieht das oft schwierig aus. Hier geht es einerseits um ein Ja zum Leben mit seinen Aufgaben und andererseits um ein Loslassen von Alltagssicherheit, die wir durch gewohnte Lebensmuster aufrechterhalten.

Aufwachen ist ein Prozess, in dem die Kinder jeden Morgen neu ins Leben gehen. Wer an sich oder anderen erlebt hat, wie eine schwere Depression die Kraft zum Aufstehen blockiert, weiß, dass dieses Ja zum Leben, Ja zur Aktivität nicht selbstverständlich ist, sondern eine tiefe Ich-Leistung.

Die Kinder kommen aus einem Reich von Träumen – guten oder beängstigenden – und müssen sich wieder sammeln und ausrichten auf den Tag. Die Bilder, die noch nachklingen, müssen beiseitegelegt werden und das Erwachsenen-Ich des Kindes muss/sollte die Führung übernehmen. Es geht darum, aus der Wärme des Bettes, aus dem schützenden Ort heraus, wieder in die Welt zu gehen und sich dabei ihren Anforderungen zu stellen. Das Thema ‚darf ich ich sein', wenn ich mich zeige und nach draußen gehe, wird dabei angesprochen und überprüft.

Kinder, die erlebt haben, dass sie fremdbestimmt und/oder beschämt werden, wenn sie sich zeigen, besetzen diesen Moment oft mit Angst und reagieren mit Vermeidung. Es geht also nicht (nur) darum, die Bequemlichkeit und Wärme des Bettes zu verlassen, sondern auch darum, den geschützten Ort zu verlassen und in die Welt zu gehen. Auch hier kann die PädagogIn hilfreiche Person sein, wenn sie unterstützt und willkommen heißt. Das vertraute Ritual des liebevollen Begrüßt-Werdens, die Gerüche des Frühstücks, das passende Angesprochen- oder In-Ruhe-gelassen-Werden helfen dem Kind, einen eigenen Weg in die Welt zu finden und zu gestalten und ‚ja' zu dieser Aufgabe zu sagen.

Einschlafen heißt auch: loslassen der geübten Muster zur Selbstkontrolle – stark sein oder hilflos sein, was auch immer die geübte ‚Maske' ist. Im Moment des Einschlafens hilft diese Strategie nicht mehr – und das Unbewusste, Verdrängte kann nach oben kommen. Hier können PädagogInnen Kinder begleiten, diese Schwelle zu bewältigen und zu lernen, ‚sich loszulassen'.

Lara, 17 Jahre, kam nach einem Alkoholentzug in die stationäre Wohngruppe. Ihre Mutter, ebenso wie ihre Großmutter, war laut Akte depressiv und nicht in der Lage, sich um Lara zu kümmern. Der Vater erlebte sich überfordert, hatte sich getrennt und eine ‚neue' Familie gegründet.

Lara zeigte sich in der Beziehung zu ihrer PädagogIn oft konflikthaft ‚klebrig'. Gerade vor dem Schlafengehen wollte sie Zeit mit ihr verbringen, wollte, dass die PädagogIn länger bleibt, jammerte, war nie zufrieden – und wenn die PädagogIn dann doch ging, kam es vor, dass Lara sich selbst verletzte.

Die PädagogIn bemühte sich sehr um Lara, hielt das ‚Gequengel' aus, schluckte ihren Ärger runter und fühlte sich hilflos und ungenügend. Innerlich ging die PädagogIn dann weg, um ihre Impulse nicht zu spüren, Lara wegzuschicken. Lara reinszenierte auf diese Weise die Situation, die sie mit der Mutter erlebt hatte – eine Mutter, die überfordert war und sie nicht ‚wirklich' wollte. Sie wiederholte auf ihre Weise die Not des von der Mutter weggeschickten Kindes.

Nachdem das Team diese Situation reflektiert hatte – und die PädagogIn sich von ihrer Betroffenheit und Gegenübertragung distanzierte –, entwickelten sie ein Vorgehen, bei dem der kindliche Anteil von Lara stärker gesehen und angesprochen wurde: Die PädagogIn besprach die Situation mit Lara und zeigte ihr auf, dass in dieser Situation ein ‚erwachsenes, normales' Problem präsent sei – nämlich loszulassen – und zugleich ein kindliches Problem. Lara hätte wohl nicht erlebt, dass da eine behütende, begleitende und schützende Mutter war, die sie als Kind in den Schlaf begleitet hatte. Stattdessen hatte Lara oft vor dem Einschlafen massive Angst erlebt – und war damit allein und erlebte sich verloren und verlassen. Sie, die PädagogIn, wolle und könne ihr jetzt nicht die Mutter ersetzen, aber sie könnten doch ein gutes Zu-Bett-geh-Ritual entwickeln, bei dem sie jeden Abend, wenn sie Dienst habe, mit Lara eine halbe Stunde Tee oder Milch trinke, erzähle, vorlese – was auch immer gut sei, damit sie sich wohl und sicher fühle.

Auch wenn Lara zunächst Schwierigkeiten hatte, sich auf ein so verbindliches Ritual einzulassen, freute sie sich doch zunehmend darauf – und die Sicherheit der Wiederholung half ihr, die tiefe Not, die sich im Quengeln ausdrückte, zu begrenzen. Für die PädagogIn war es hilfreich, das Bild eines ein- bis zweijährigen Kindes vor sich zu haben, das von der Mutter chronisch alleingelassen wurde, um das verzweifelt-aggressive Quengeln auszuhalten, sich davon abzugrenzen und für das Mädchen mit seinen unterschiedlichen Anteilen präsent zu bleiben.

Hunger, Essen und Nahrung

Das Bedürfnis nach körperlicher und seelischer Nahrung ist fundamental und allgegenwärtig. Im Umgang mit diesem Bedürfnis finden sich wichtige Skriptthemen wieder. Von daher ist die Art und Weise, wie Wohngruppen damit umgehen, ein wichtiges Qualitäts-Merkmal. Hierzu noch mal das Beispiel von Carine (s. Kap. 5.3):

Carine, 12 Jahre, kam mit 10 Jahren in die Wohngruppe. Sie verweigerte das Essen bei allen gemeinsamen Gelegenheiten. Sie hielt es nicht aus, mit an einem Tisch zu sitzen, an dem gegessen wurde. Stattdessen stopfte sie heimlich Süßes oder Essen, das gerade da war, in sich hinein. Dabei blieb sie körperlich dünn und ausgemergelt. Zu ihrer Vorgeschichte gehörte Verwahrlosung und massive Gewalt in den ersten Jahren, ihre Mutter ging weg, als sie 2 Jahre alt war, Vater war überfordert, Suchtkrank (Alkohol, Cannabis).

Nach 1,5 Jahren in der Wohngruppe hatte sie gelernt, an gemeinsamen Essen teilzunehmen, hatte etwas zugenommen und konnte es manchmal zulassen, extra versorgt zu werden.

Essen und Genährt-Werden als Teil der Entwicklung der Kraft zum Da-Sein

Essen spricht uns in unserer frühesten Erfahrung an. Wie wurden wir genährt, wie angenommen in unserem Bedürfnis nach Nahrung und Verbindung? Wie durften wir zeigen, dass wir etwas wollen und brauchen? Der Säugling, der geboren wird, ist auf vielfältige Weise abhängig und hat noch wenige Möglichkeiten, sich in dieser Welt zu äußern oder selbständig zu handeln. Durch das Zeigen des Hungers, durch das lustvolle oder erduldete Genährt-Werden wird auch das Erleben von Selbst, anderen und der Welt geprägt. Der Säugling nimmt nicht nur die Muttermilch oder den Brei in sich auf, sondern zugleich auch die Mutter. Er entwickelt die Fähigkeit und die Erfahrung,

- nehmen zu können im Sinne von fähig sein, etwas zu tun, um Hunger zu stillen – er erlebt sich selbstwirksam,
- nehmen zu können, ohne vergiftet, verfügt, verletzt zu werden,
- sich zeigen zu dürfen, mit seinem Hunger – und den anderen dabei nicht überfordert zu erleben. Die Welt ist nicht defizitär, bzw. als Ich-Erfahrung verstanden: Meine Bedürftigkeit wird angenommen, ist nicht bedrohlich und ich bin nicht unersättlich.
- Andere sind in der Lage, mich zu nähren. Mein Bedürfnis ist für andere nicht schädlich.

Hunger wahrnehmen, sich nähren lassen, annehmen und angenommen sein, satt werden können – als frühe Entscheidungen des Kindes: „Ich bin in Ordnung mit meinen Bedürfnissen und meiner Kraft. Die anderen können mich nähren und geben mir gerne. In der Welt ist genug da, von dem, was wir brauchen."

Das Kind, das in diesen Bereichen eingeschränkt wurde, nimmt entweder nichts in sich auf, vermeidet das Essen oder nimmt in sich auf, ohne es zu verwerten. Beides wurde von Carine praktiziert. Sie hatte früh gelernt, dass es gefährlich war, von Mutter zu nehmen. Mutter war weder verlässlich noch wohlwollend (wenn sie unter Drogen stand). So lernte Carine, nicht mit den anderen zu essen, sondern heimlich Essen zu stehlen und in sich hineinzuschlingen. Da sie aber keine innere Erlaubnis hatte, zu nehmen und satt zu werden, wurde sie auch nicht genährt von dieser Nahrung. Ihr fehlte der Andere, der ihr vermittelte, dass sie in Ordnung ist mit ihrem Bedürfnis und dass sie nehmen und satt werden darf.

Essen als Nähren

Die Essenskultur ist ein wichtiger Bestandteil jeder Wohngruppe. Wie gestalten die PädagogInnen eine Situation,

- in der die Kinder jeweils ihren guten und ausreichenden Platz haben,
- in der ausreichend Essen vorhanden ist,
- in der die PädagogIn deutlich ist als die, die die Kinder nährt – ihnen z. B. guten Appetit wünscht oder sich in kongruenter und wertschätzender Weise über ihren Appetit freut –,
- in der die Kinder in guter und ausreichender Weise von ihren Erlebnissen berichten können.

Carine hatte es geschafft, immer häufiger an gemeinsamen Essen teilzunehmen. Dabei war es den Pädagoginnen wichtig, dieses Essen in einer guten, freundlichen, aufmerksamen Atmosphäre zu gestalten. Das Essen wurde auch von den Pädagoginnen aufgetan. Die Gruppe sitzt gemeinsam um den Tisch. Es findet ein ‚Wir nähren Euch' statt. Die Pädagoginnen achten darauf, dass das Essen in ausreichender Weise da ist und dass es auch Essen gibt, das den Kindern schmeckt.

Carine erlebt, dass ihr gegeben wird und dass sie nehmen kann, ohne dass sie sich deswegen benutzen lassen muss, und ohne, dass sie verletzt wird. Sie kann es zulassen, ihr Haben-Wollen und Brauchen-Wollen zu spüren und zu zeigen, und macht dabei die Erfahrung, dass das möglich ist.

Manchmal bricht sie noch aus oder kommt nicht. Da die Pädagoginnen um die tiefe Bedeutung dieses Prozesses wissen, lassen sie ihr Raum, regen sie an zu bleiben, ohne sie zu zwingen. Wenn Carine provoziert, um weggeschickt zu werden, besprechen die Pädagoginnen mit ihr, ob die Teilnahme für sie im Moment gut ist und auch für die Gruppe ertragbar.

Dass Carine sich auf gemeinsames Essen eingelassen hat, drückt aus, dass sie ein inneres Bild entwickelt hat, in dem sie sich selbst als in Ordnung erlebt mit ihren Bedürfnissen und in dem die anderen genügend Verlässlichkeit und Fähigkeit haben, um für sie da sein zu können.

In dieser Situation wird deutlich, wie sehr ein Kind wie Carine hier eine grundlegend neue Erfahrung mit sich, den anderen und der Welt macht. Hier findet eine Neu-Entscheidung in tiefer Weise statt. Für Carine war es heilsam, dass die PädagogInnen sie unterstützten,

- in ihrem Tempo an den Tisch zu kommen (in die Gemeinschaft und in Beziehung),
- in ihrem Maß das Essen auszuprobieren (selbstbestimmt und sicher)
- und auf diese Weise die PädagogInnen in sich aufzunehmen. Symbolisch verspeiste Carine die PädagogInnen, die ihr das Essen auftaten. Es ging nicht

nur um das Essen, sondern auch um die andere Person, die sie bestätigt in ihrem körperlichen und psychischen Hunger und ihrer Möglichkeit, satt zu werden durch das Essen und an ihr, der Pädagogin.

Essen wird so zu einem heilsamen Prozess, in dem ein neues In-der-Welt-Sein entwickelt und ausprobiert wird. Sowohl durch die freundliche und wertschätzende Haltung der Pädagogin, aber auch durch ihr *Wissen* um das unbewältigte Drama kann die Pädagogin sowohl die 12-jährige Carine anregen, sich auf angemessene Verhaltensweisen einzulassen, als auch die halb- und einjährige Carine ansprechen, die existenzielle Angst vor Verlassen-Werden und Vernichtet- oder Benutzt-Werden hat.

Mit dem Strukturmodell lässt sich der Prozess als umfassende Neu-Entscheidung verstehen:

- Im ER lernt Carine, sich altersgemäß zu verhalten – Essen, Nahrung, Beisammensein, Teilen-
- Im K macht sie ergänzende Erfahrungen zu den Themen: da sein dürfen, brauchen usw., spürt ihre Ängste und lässt sich auf Neues ein.
- Im EL verinnerlicht sie ergänzende Gestalten, die ihr Erlaubnis für Neues geben, ohne dass sie ihre Eltern verraten muss.

Hier finden sowohl altersgemäße Prozesse statt, nämlich Tischsitten, Essgewohnheiten, teilen können usw. Es geht sowohl um das Einüben von regelmäßiger und gesunder Ernährung in einem sozial geregelten und freundlichen Kontext als auch um kindhafte, regressive Prozesse, nämlich z. B. brauchen dürfen, sich anvertrauen dürfen, in Ordnung sein mit eigenen Bedürfnissen.

Der Tag in seinem Ablauf

Vanessa, 14 Jahre, lebt seit 3 Jahren in der Wohngruppe. Sie wurde in Absprache mit den Eltern mit 4 Jahren aus der Familie genommen, weil es den Eltern nicht gelang, ihr ein stabiles, sicheres Zuhause zu bieten. Zwischen beiden Eltern kam es immer wieder zu massiven Konflikten, auch mit körperlicher Gewalt. Die Mutter war alkoholabhängig und sehr schwankend in ihrer Haltung zu Vanessa. Der Vater war häufiger abwesend, sowohl weil er in Konfliktphasen ausgezogen als auch weil er zweimal wegen Körperverletzungen und Drogenhandel in Haft war. Nach Aufenthalt in verschiedenen anderen Einrichtungen war Vanessa in die aktuelle Einrichtung gekommen.

Sie war innerlich davon überzeugt, dass es keine sichere Nähe gibt und dass Konflikte immer eskalieren. Das Leben und Wiederholen dieser Grundüberzeugungen prägten ihr Verhalten, wie z. B. in *folgender Sequenz:*

Vanessa benahm sich der Pädagogin gegenüber bereits den Nachmittag über provokant und weigerte sich, nach dem Abendessen ihre Aufgaben in der Küche zu erledigen. Die PädagogIn, eine erfahrene und potente Fachkraft, spürte massiven Ärger in sich und hatte den Impuls, loszubrüllen und Vanessa wegzuschicken. Da sie spürte, dass etwas in ihrer eigenen Reaktion übermäßig war, behielt sie diesen Zorn für sich, setzte Vanessa aber klare Grenzen und schickte sie mit einigem Aufwand, aber ohne Eskalation früher auf ihr Zimmer – und kündigte weitere Sanktionen an.

Am nächsten Morgen war die Stimmung zwischen Vanessa und der PädagogIn gespannt. Vanessa erwartete ihren frühen Erfahrungen entsprechend eine eskalierende oder verzweifelte Mutter/PädagogIn und verhielt sich distanziert, ängstlich und zugleich rebellisch provokant. Sie forderte die PädagogIn auch unbewusst weiter auf, sie wegzuschicken.

Die PädagogIn spürte die Provokation des Mädchens und ahnte die Not darunter. Sie achtete darauf, Vanessa so viel Klarheit wie möglich zu geben. Sie lobte sie für das Aufstehen und verwies zugleich darauf, dass sie den Konflikt vom Vorabend noch mal am Abend in aller Ruhe besprechen würden.

Sie achtete darauf, dass Vanessa mit anderen Mädchen zusammen zur Schule fuhr – und sich nicht allein auf den Weg machte. Die beiden anderen Mädchen, mit denen sie zur Schule fuhr, wirkten hier wie eine Peergroup – eine soziale Ressource, die Vanessa half, in der Alltagsstruktur drinzubleiben. Vanessa machte die Erfahrungen, dass weder die PädagogIn verrückt oder gewalttätig geworden war noch die soziale Struktur sich mit ihren Abläufen und Regeln auflöste. Dies war für Vanessa eine wichtige Erfahrung. Der gegenwärtige Alltag in seinen Bezügen und Abläufen war stärker als die innerlich befürchteten Muster.

Als Vanessa aus der Schule kam, war die PädagogIn nicht im Dienst. Die Pädagogin, die nun im Dienst war, achtete darauf, dass die Bezüge und Rituale, die Vanessa gewohnt war, auch eingehalten wurden. Sie aß mit Vanessa und der Gruppe zu Mittag, organisierte die Hausaufgaben und die Nachmittagsaufgaben. Vanessa nahm distanziert und ein bisschen wie betäubt teil. Sie war innerlich noch damit beschäftigt, wie der Konflikt mit ‚ihrer' PädagogIn weitergehen würde. Zugleich war es auch hier so, dass sie erlebte, dass ein Konflikt nicht dazu führte, dass ‚die Welt explodiert', sondern dass die Muster bestehen und die Menschen zugewandt und verlässlich bleiben.

Die erste PädagogIn hatte in der Dienstbesprechung am Morgen die Situation für sich geklärt. Die Bilder von Gewalt und Verzweiflung, die sie in sich gespürt hatte, konnte sie verstehen als Erleben einer komplementären Transaktion und einer entsprechenden Gegenübertragung. Sie hatte die Wut und Verzweiflung der Mutter in sich gespürt – und konnte sich durch das Verstehen gut lösen aus diesem Erleben. Dieses ‚Herausholen' der PädagogIn aus dem mitfühlenden Erleben, aus der beziehungsorientierten komplementären Gegenübertragung, ist ein wichtiges und wesentliches Qualitätsmerkmal gelingender transaktionsanalytischer Pädagogik. Kraftvolle Pädagogik lässt sich ein, geht in die Beziehung und lässt Betroffensein, Berührung und Einbezogensein zu. Die Alltagsrituale und die Reaktionen der PädagogInnen bieten Sicherheit und Schutz. Nur so „können wir das, was als Tiefenstruktur verborgen war, ins Bewusstsein heben und psychisch verfügbar machen." (Bollas

1995, S. 21) Durch die Bewusstwerdung der tieferen Dynamik konnte die PädagogIn die Not von Vanessa angemessener erkennen, sich davon distanzieren – und so neu und in ‚erwachsener' Weise Vanessa zur Verfügung stehen.

Als sie, die Pädagogin, am Abend wieder in den Dienst kam, sorgte sie dafür, dass sie mit Vanessa eine gemeinsame Zeit hatte, ohne von den anderen Kindern gestört zu werden. Vanessa befand sich in einer Ambivalenz von ‚das überhaupt nicht wollen' und andererseits einem Bedürfnis, wieder in die gute Beziehung zurückzukommen. Die Pädagogin klärte mit Vanessa, dass sie bestimmte Verhaltensweisen nicht akzeptieren würde – und dass sie auch Grenzen setzen würde und könne. Zugleich betonte sie, dass sie verstehe, dass es Vanessa schwerfalle, sich auf so ein ruhiges und nahes Miteinander einzulassen. Sie könne sich vorstellen, dass Vanessa dann auch Angst spüren, ob irgendetwas dann wieder explodieren würde.

Vanessa hörte zu, wehrte die Idee ab und ließ sie dennoch wirken. Die Pädagogin beharrte nicht auf ihrer Idee, aber sagte ihr, dass sie das ‚ja mal sacken lassen könne'. Vanessa ging danach wieder zu den anderen Mädchen und ging auf das Thema nicht mehr ein.

Vanessa hat in diesen zwei Tagen eindringliche und gute Erfahrungen mit Hilfe der PädagogInnen machen können. Sie hatte andere, speziell ihre BezugspädagogIn, eingeladen, ihre Skriptüberzeugungen zu verstärken. Beide PädagogInnen, ebenso wie die zum Teil ritualisierten Abläufe des Tages, die Peergroup in ihrer Selbstverständlichkeit und auch die Schule als strukturiertes Geschehen, halfen Vanessa, eine korrigierende Erfahrung zu machen.

Vanessas Erwachsenen-Ich-Trübung vom Kind-Ich: „Wenn ich mich einlasse, werde ich verletzt", und ihre Erwachsenen-Ich-Trübung vom Eltern-Ich: „Alle Erwachsenen sind verrückt und gefährlich", wurden nicht bestätigt, sondern im Rahmen des Möglichen bewältigt. Es fand eine Ent-Trübung statt, auch wenn Vanessa sie zu diesem Zeitpunkt noch nicht benennen konnte und wollte.

Der Tag wird auf diese Weise in seinem Ablauf genutzt, um den Kindern Entwicklungsräume und Anlässe zu geben – und sie auch zu stimulieren, sich mit sich und ihren zum Teil festgefahrenen Selbst- und Weltbildern auseinanderzusetzen und sie zu verändern. Die Kinder verweilen nicht in einer Komfortzone der unbegrenzten Akzeptanz, sondern werden ihrem Entwicklungsstand gemäß gefordert.

Es ist aus unserer Erfahrung sinnvoll, diese Leistungsdimension stationärer Jugendhilfe mit sehen und zu benennen.

5.11 Elternarbeit

Elternarbeit ist wesentlicher und vielschichtiger Teil dieser Arbeit. Aus dem transaktionsanalytischen Verständnis von Identität kann es eine Arbeit mit dem Kind nicht ohne Eltern geben. Die Eltern sind, ob die Beteiligten das wollen oder nicht, Teil des Kindes, seiner Identität, seiner Geschichte, seiner Art, in der Welt zu sein. Daher ist die Wiederherstellung der Eltern-Kind-Beziehung eine lebenslange positive Ressource, die für beide Seiten wichtig ist (vgl. Nowick/Nowick 2009).

Gerade in der stationären Kinder- und Jugendhilfe ist es manchmal schwer für PädagogInnen, hier eine wertschätzende, respektvolle Haltung Eltern gegenüber einzunehmen. Auch wenn Eltern sich bemühen, auf ihre Weise ihr Bestes geben, so erleben die PädagogInnen gerade in diesem Bereich manchmal Eltern, die die Kinder massiv haben verwahrlosen lassen, die den Kindern Gewalt, Missbrauch und Folter zugemutet haben. Dennoch ist es klar, dass PädagogInnen dafür Sorge tragen, dass sie in einer Haltung der Wertschätzung und Kooperation mit den Eltern bleiben. Das heißt nicht, irgendeine Gefahr zu leugnen, aber dass sie z. B. in einem ‚begleiteten Umgang' den Eltern auch eine Chance geben, ihren Kindern anders und neu zu begegnen.

Wie schwierig das sein kann, machte für mich ein Beispiel deutlich, das ich in dieser Massivität nicht oft erlebt habe:

In einer stationären Wohngruppe brachte das Team ein 13-jähriges Mädchen ein, das massiv Nähe zu einem neuen männlichen Pädagogen suchte. Diese Nähe war nicht unbedingt sexualisiert, verunsicherte den Pädagogen aber dennoch stark.

In einer Aufstellung stellten wir das Mädchen, den Pädagogen und nach einer Weile den Vater des Mädchens auf (die Vertreterin des Mädchens suchte etwas oder jemanden jenseits des Pädagogen). Die Vertreterin des Mädchens zog es stark zu ihrem Vater hin. An dieser Stelle gab die Gruppenleitung die Information herein, dass der Vater des Mädchens die Mutter vor 10 Jahren getötet hatte und dass das Mädchen dabei anwesend gewesen war. Auch als wir die Mutter zur Aufstellung hinzufügten, blieb das Mädchen dabei, ‚liebend', sehnsüchtig zum Vater zu wollen.

Das Team hatte starke Probleme, dem Vater überhaupt einen Raum zu geben – und schon gar nicht einen Raum, in dem das Mädchen dem Vater verbunden oder nah sein wollte. Es war für das Team hilfreich, wahrzunehmen, wie weit sie die Wut und Verzweiflung des Mädchens in sich trugen. Sie konnten sich davon mehr lösen und Möglichkeiten suchen, in denen das Mädchen sich mit seiner Geschichte und seiner Beziehung zu seinem Vater auseinandersetzen konnte – und einen eigenen Weg zwischen Liebe, Hass, Trauer und Sehnsucht finden, ohne zu erstarren.

Elternarbeit und Elternberatung

Allgemein gilt es, die Arbeit mit den Eltern selbst anzuschauen. Helmut Adler (in Textor 2001) unterscheidet hier Elternarbeit von Elternberatung.

Unter *Elternarbeit* versteht er die Arbeit der PädagogIn zusammen mit den Eltern für das Kind, z. B. die Klärung einer gemeinsamen verlässlichen Reaktion, wenn das Kind sich in einer bestimmten Weise verhält. Die Eltern sind Partner in der Arbeit für das Kind und die Methoden und Ziele, die für das Kind sinnvoll sind, werden gemeinsam abgesprochen.

Wenn es den Eltern z. B. schwer fällt, in guter Weise Grenzen zu setzen – z. B. Begrenzung des Fernsehkonsums –, so unterstützt die PädagogIn die Eltern darin, für sie passende Formen der Grenzsetzung zu entwickeln, z. B. die Grenzsetzungen mit positiven Verstärkern ‚zu versüßen'. Da Eltern sich oft unsicher, manchmal versagend und schuldig fühlen, ist die Beziehungsarbeit mit ihnen ein wichtiger Teil, um sie zu entlasten und sie zu unterstützen, Probleme angemessen (erwachsen) wahrzunehmen und dann lösend mit ihnen umzugehen. Beziehungspflege kann manchmal einfach darin bestehen, bei ihnen vorbeizufahren, sie unverbindlich zu besuchen und eine Atmosphäre des gegenseitigen O.K. zu vermitteln.

Zugleich kann Elternarbeit auch komplex und sehr fokussiert auf Befähigung der Eltern hin zielen.

Mona begann im Alter von etwa 8 Jahren, sich selbst zu verletzen. Sie verfügte früh über ein Handy und hatte darüber mit 12 Jahren Kontakt zu erwachsenen Männern, chattete mit ihnen und erhielt und verschickte Nacktbilder. Als sie sich den Eltern anvertraute, reagierten diese aufgeregt. Es kam nicht zu einer Anzeige, weil alle Chatverläufe von den Eltern gelöscht worden waren.

Mona veränderte sich danach auch äußerlich, nahm stark zu, zog sich vermehrt zurück, verletzte sich massiv, drohte mit Suizid. Sie wurde mit 13 Jahren in die Kinder- und Jugendpsychiatrie aufgenommen. Von da aus kam sie zu uns in die Wohngruppe, Diagnose Traumafolgestörung.

In den Elterngesprächen konnten sich die Eltern das sexualisierte Verhalten ihrer Tochter nicht erklären – auch die Diagnose Traumafolgestörung nicht, sie hätten immer alles getan für Mona. Auch wurde die Belastung deutlicher, die durch die Depression der Mutter und die häufige Abwesenheit des Vaters für Mona entstanden war. Die Mutter fühlte sich ein Stück entlastet, weil die Erklärungen ihr halfen, ihre Tochter zu verstehen. Die Mutter hatte sich schuldig gefühlt und nach Erklärungen gesucht, weshalb es ihrer Tochter so schlecht ging. Dies ermöglichte es der Mutter, mit Mona Zeiten zu verbringen, in denen sich beide eher unbeschwert erlebten. Dies war in der Entwicklung der Mutter-Tochter-Beziehung ein wichtiger Wendepunkt.

In dem Maß, in dem die Mutter sich nicht mehr nur schuldig fühlte, öffnete sie sich auch in den Gesprächen (ohne den Vater) mehr. Sie berichtete von sexuellen Übergriffen, die ihr selbst durch den Großvater widerfahren waren. Sie habe bisher mit niemandem darüber gesprochen, auch ihr Mann, Monas Vater, wisse nichts davon. Die Mutter erzählte mir, wie sehr sie sich schäme und dass sie das Geschehen vermutlich über Jahrzehnte verdrängt habe. Sie würde auf keinen Fall mit ihren Eltern darüber sprechen, sie wolle nicht verantwortlich sein, „wenn die Familie zerbricht".

In den darauffolgenden Gesprächen, die die Pädagogin ohne Monas Vater führte, konnte die Mutter die Auswirkungen dieses verdrängten Missbrauchs auf sie selbst, auf ihre Beziehung zu Mona und auf Mona mehr verstehen. Sie konnte sehen, dass ihr eigener ‚blinder Fleck' wie ein Wiederholungszwang auf ihre Tochter gewirkt hatte – und sie selbst eine verminderte mütterliche Sensitivität entwickelt hatte. Es kamen in den Gesprächen noch mehr Erinnerungen hoch und sie nahm wahr, dass sie die Sexualisierung von Mona nicht hatte wahrnehmen können und wollen – und dass dies das Drama mit vorangetrieben hatte.

All dies ermöglichte der Mutter, verständnisvoller mit sich selbst zu sein – und auch mit Mona Gespräche darüber zu führen, dass sie nicht gut geschützt worden sei von ihr – und dass ihr das leidtat. Diese Gespräche mit der Tochter waren wichtig für Mutter und Mona – und wurden in den Gesprächen vor- und nachbesprochen.

Wichtig bei dieser Form der Elternarbeit ist, dass die PädagogIn sich als professionelle Partnerin in diesem Team versteht, die gemeinsam mit den Eltern daran arbeitet, dass das Kind jeweils bekommt, was für seine Entwicklung passend ist. Die Entwicklung von Zuwendung, Grenzsetzung, Spiel und Beschäftigung mit den Kindern, die Verabredung von bestimmten Tätigkeiten und der Austausch über die Prozesse und die Entwicklung des Kindes sind Kernprozesse in diesem Bereich.

Bei *Elternberatung* wechselt der Fokus. Im Beispiel mit der fehlenden Grenzsetzung kann es z. B. sein, dass es zunächst nicht darum geht, mit den Eltern angemessene Formen der Grenzsetzung zu erarbeiten, sondern mit ihnen zu klären, was Grenzsetzung für sie bedeutet.

Lenas Mutter fiel es außerordentlich schwer, Lena, 12 Jahre, angemessene Grenzen zu setzen. Während der Wochenendbeurlaubungen bei der Mutter kam es immer wieder zu Situationen, in denen Lena unbegrenzt Computer spielen durfte bzw. auch unbegrenzt sich mit Freunden und Freundinnen treffen konnte. Die Mutter setzte zwar Grenzen, aber in einer Weise, die Lena nicht akzeptierte und leicht übergehen konnte – was häufig dazu führte, dass Lena verwirrt und gestresst aus diesen Wochenenden kam.

Lenas Mutter war in hohem Maß daran interessiert, als Mutter ihrer Tochter einen guten Rahmen zu geben, besuchte Elternkurse und vermied es dennoch immer wieder, Lena klare Grenzen zu setzen. Im Gespräch mit der PädagogIn wurde deutlich, dass Lenas Mutter einen alkoholisierten, jähzornigen Vater gehabt hatte, der Grenzen gewalttätig, verletzend und willkürlich gesetzt hatte. Grenzen zu setzen, war für die Mutter verbunden mit der Erinnerung an tiefe Angst und tiefen Schmerz aus ihrer Zeit als Kind. Wann immer sie Grenzen setzen wollte, kam sie in einen inneren Konflikt mit dieser frühen, prägenden Erfahrung. Mit ihrer Vermeidung, Grenzen zu setzen, schützte die Mutter sich vor dem Erleben der alten Angst und Lena vor dem Überschwemmt-Werden durch gewalttätige Grenzen.

Es war hilfreich für die Mutter, mit der PädagogIn diesen Hintergrund ihrer Schwierigkeiten zu erkennen, die Lösung, die dies beinhaltete, zu würdigen und die Folgen zugleich zu betrauern. Es half der Mutter aber auch, zu erkennen, dass Grenzsetzung nicht immer gewalttätig und verletzend sein muss, sondern auch klar und schützend sein kann – und sie probierte sich in den nächsten Wochen Schritt für Schritt darin, ihrer Tochter ‚gute Grenzen' zu setzen.

In der Elternberatung ist der Fokus nicht primär das Kind, sondern die Entwicklung der Eltern – als Paar oder als Person, je nach Thema und Situation. Für PädagogInnen ist es wichtig, sich zu vergegenwärtigen, dass sie in diesem Moment in einer anderen Rolle sind als bei der Elternarbeit. Die Führung einer Elternberatung, bei der die Eltern selbst im Fokus sind – und auch Verstehen und Unterstützung brauchen –, ist gerade für junge KollegInnen ein herausforderndes Unterfangen. Qualifizierungen – unterstützende Fort- und Weiterbildungen in diesem Bereich – sind oft notwendig zur guten Qualitätssicherung.

P, 7 Jahre, ist seit 6 Monaten in der Wohngruppe. Sie kam in die Wohngruppe, da der Kindergarten eine Kindeswohlgefährdung vermutete aufgrund ihres sexualisierten Verhaltens. Sie hat einen ältesten Bruder, von dem sie nichts weiß. Der nächste Bruder, 8 Jahre, und eine Halbschwester leben bei der Mutter und ihrem neuen Mann. Den ältesten Bruder hat die Mutter beim Vater gelassen, als sie sich getrennt hatten. Die Mutter hat keinen Kontakt zu dem ältesten Sohn. Er lebt jetzt in einer Pflegefamilie, weil es beim Vater zu massiver Gewalt gegen das Kind kam.

P fühlt sich in der Wohngruppe wohl. Die Mutter besucht sie regelmäßig in der WG, allerdings bleibt die Beziehung zwischen P und ihrer Mutter distanziert und die Mutter wirkt angestrengt und hilflos. Es wirkte, als wollte die Mutter sich von ihrer Tochter verabschieden. Sie betonte oft, wie wohl sich P in der Gruppe fühlte und wie wenig sie ihr ja geben könne. Es wirkte, als wolle sie eine Erlaubnis haben, ihr Kind loszulassen – und es ‚ganz' wegzugeben.

Bei einem Gespräch wies die Mutter darauf hin, wie froh sich P von ihr verabschiedete, als sie mit ihrer Pädagogin wieder zurück in die Wohngruppe fuhr – „richtig fröhlich sei sie gewesen". Die Pädagogin fragte sie daraufhin: „Was denken Sie, was P denkt, wie es ihrer Mama geht, wenn sie ihr beim Abschied sagen würde: ‚Ich bin traurig und Du fehlst mir?'"

Die Mutter fing an zu weinen und konnte begreifen und zulassen, dass P unter ihrer ‚fröhlich'-Maske traurig war, dass sie ihre Mutter vermisste und sich tapfer stellte, damit Mama ihren Schmerz nicht spürte. Dies öffnete im Weiteren die Möglichkeit, den Blick auf den unbewältigten Schmerz mit ihrem ersten Sohn und auch auf frühere unbewältigte Dramen zu richten.

Es war wichtig in diesem Beispiel, dass die Pädagogin nicht auf die Scheinlösung einging, ‚das Kind loszulassen' – was wahrscheinlich eine frühe Erfahrung der Mutter wiederholt hätte. Stattdessen konfrontierte sie die Mutter in einer wertschätzenden und haltgebenden Weise mit den authentischen Gefühlen der Tochter und ermöglichte der Mutter so, sich den Gefühlen der Tochter und ihren eigenen Gefühlen zu stellen – und nicht in einer schmerzenden Vermeidung und Wiederholung zu bleiben.

An dieser Stelle wird deutlich, wie Elternarbeit und Elternberatung ineinander übergehen. *Elternarbeit* hieß hier, die Mutter darin zu unterstützen, dass sie P erlaubt und ermutigt, traurig zu sein über ihr Weggehen. Der Fokus war das Kind.

Elternberatung hieß, die Mutter darin zu unterstützen, ihre eigene Trauer und ihren Schmerz zu spüren um den Verlust des Kontaktes zu ihrem Sohn. Es gehört zu transaktionsanalytischer Elternberatung dazu, Eltern den Raum zu geben, diesen Schmerz zu spüren und auch auszudrücken. Diese manchmal intensiven emotionalen Prozesse brauchen eine gute Standfestigkeit (Potency) der Pädagogin und die klare Position, dass sie die Eltern an dieser Stelle nicht zur ‚Therapie wegschickt'. Oft haben PädagogInnen hier Zweifel, ob das nicht in die Psychotherapie gehöre oder in eine Beratungsstelle. Aus unserer Erfahrung unterstützen und befähigten PädagogInnen Eltern darin, ehrlich und wahrhaftig zu ihren Kindern hinzuschauen, deren Bewegtheit zu erkennen und anzuerkennen. Hierzu gehört dann auch, dass die Eltern sich in ihrer eigenen Bewegtheit erkennen und anerkennen.

Für Eltern ist es hilfreich zu benennen, was ihre Kinder brauchen, wie im Beispiel von P beschrieben, damit sie in die Lage versetzt werden, ihren Kindern das zu geben, was sie brauchen. Es geht auch darum, Themenbereiche zu definieren und zu erkennen, was für die PädagogInnen bearbeitbar ist und welche Themen z. B. an einer Beratungsstelle oder in einer Psychotherapie bearbeitet werden sollten. Mit manchen Eltern ist eine konstruktive Zusammenarbeit schwer oder nicht möglich. Folgende Ideen (vgl. Hoyer/Hyatt 2015) erleichtern das weitere Vorgehen:

- Wenn Eltern für das Kind oder andere einen Risikofaktor darstellen.
- Wenn es Eltern an Motivation mangelt.
- Wenn ihre psychische Gesundheit vorrangig zum Thema wird.
- Wenn sie eine negative Einstellung zu ihrem Kind haben.

Die Durcharbeitung der identifizierten Themen der Eltern mag dann in einer Beratungsstelle oder im Rahmen einer Psychotherapie erfolgen.

Die Arbeit in einer anderen Institution ersetzt nicht die Elternarbeit der Pädagoginnen, da diese die Kinder oder Jugendlichen erleben und dadurch deren Themen kennen und wünschenswerterweise mit den Eltern, wenn möglich, im Interesse der Kinder an einem ‚Strick' ziehen können. Diese Zusammenarbeit wird als ‚kollektives Eltern-Ich' beschrieben (vgl. Capoferri 2017), indem alle am Wachstumsprozess des Kindes Beteiligten sich regelmäßig in größeren Abständen treffen, um eine gemeinsame Strategie zu entwickeln und das Kind zu begleiten. Das ist ein Ziel, das sicher nicht in allen Fällen umsetzbar sein wird. Trotzdem ist es hilfreich, diese Vorstellung im Kopf zu haben, um Anteile dieser Vorstellung zu verwirklichen.

Das Erkennen, Spüren und Anerkennen dieser ganz unterschiedlichen Themen mit der damit verbundenen Dynamik ist ein wichtiger Teil der Begegnung und Arbeit mit den Eltern.

Manchmal wird Elternarbeit auch Netzwerkarbeit in einem weiteren und fast detektivischen Sinn.

Svenja, 15 Jahre, lebte seit 3 Jahren in der Wohngruppe. Ihre leiblichen Eltern starben, als sie noch ein Baby war, an den Folgen ihres Alkoholkonsums. Auch danach hatte sie einen bewegten und von Abbrüchen belasteten Lebensweg. Sie wuchs einige Jahre bei ihrer ebenfalls alkoholkranken Großmutter auf. Nach deren Tod kam sie mit sieben Jahren zu einer Cousine ihrer leiblichen Mutter. Als deren Ehe zerbrach, wurde Svenja mit 13 Jahren in der Wohngruppe aufgenommen. Die Pflegemutter verstarb im Jahr darauf, zum Pflegevater und den leiblichen Kindern der Familie bestand seitdem kein Kontakt.

Svenja hatte, wenn sie nach ihren leiblichen Eltern gefragt hatte, von der Großtante immer gehört, dass diese „gesoffen“, sich nicht gekümmert hätten und sie nicht danach fragen solle. Sie war in ihrer Wahrnehmung das ungeliebte und weggeschickte Kind von ‚schlechten Eltern‘. Diese Lebensgeschichte wirkte sich in ihrer Entwicklung aus. Svenja fiel auf durch ihr niedriges Selbstbewusstsein, sie eckte an in der Schule und bei Gleichaltrigen, sie pflegte sich nicht, hatte kein gutes Gespür für ihren Körper, fand sich ‚eklig‘.

Neben der unmittelbaren Arbeit mit Svenja begannen Mitarbeiterinnen der Wohngruppe damit, die verbliebenen Familienmitglieder und deren Kontaktdaten zu recherchieren, und machten zwei Brüder des Vaters ausfindig. Diese waren nach anfänglicher Skepsis bereit, sich mit Svenja und einer Pädagogin der Einrichtung zu treffen.

Einer der Onkel besaß einen Gasthof in Süddeutschland und dort fand das erste Treffen statt. Die Pädagogin reiste mit Svenja in diese für sie fremde und doch irgendwie vertraute Stadt. Beide Onkel hatten Familie und die Cousinen begegneten Svenja entgegen ihren tiefen Befürchtungen offen und herzlich. Der ältere Bruder berichtete, dass er nichts beschönigen wolle, sein Bruder habe massiv getrunken, da könne er nichts schönreden. Es habe Gewalt gegeben unter den Eheleuten, und heftige Trinkgelage. Jedoch berichtete er auch folgende Geschichte:

„Als Du geboren wurdest, da wohnte Dein Vater mit Deiner Mutter hier um die Ecke. Er hat sich so gefreut über Deine Geburt., wir alle haben uns so gefreut. Jeden Morgen fuhr er Dich im Kinderwagen spazieren, und er hielt jedes Mal hier an. Voller Stolz zeigte er Dich immer wieder und sagte: ‚Schau mal, meine Tochter‘.“ Svenja weinte bei seinen Worten, und auch die Pädagogin war tief berührt. In den Worten des Onkels war die Liebe zu spüren, die der Vater vermutlich zu seinem Kind gehabt hatte. Svenja hörte das erste Mal, dass sich ihr Vater gefreut hatte, und dass ihr Vater stolz auf sie gewesen war.

Svenja erzählte in der Folgezeit oft von dem Besuch bei ihren Verwandten, und von dem, was sie dort erfahren hatte. Sie schaffte es noch nicht, Kontakt zu den Onkeln und deren Familien verlässlich zu halten, jedoch hatte sie ihr Bild von sich selbst, von ihren Eltern korrigiert.

In diesem Beispiel wird einerseits die Familie darin unterstützt, angemessen mit der Nichte und Cousine umzugehen. Familiäre Ressourcen werden gefunden und aktiviert. Zugleich wird auch eine Form des Re-Parentings gestaltet. Svenja erhält und integriert neue Bilder ihrer Eltern und verinnerlicht diese in ihrem Eltern-Ich. Dies ermöglicht ihr im Weiteren, sich von der Identität des ‚ekligen' nicht liebenswerten Kindes mehr zu lösen und sich geliebt zu erleben.

Es ist im Interesse der Kinder und Jugendlichen, die ‚Elternarbeit' auch auf andere wichtige Bezugspersonen bei Bedarf auszuweiten und den Kontakt zu den ‚anderen' professionellen Bezugspersonen zu halten, da der Stil des Umganges oft sehr unterschiedlich ist. So können gemeinsam Themenbereiche erarbeitet werden, um die sich die jeweilig zuständige Bezugsperson in Abstimmung mit den anderen kümmert. So dass der Schutzraum für die Kinder und Jugendlichen auf diese Weise erweitert wird (vgl. Capoferri 2017).

Kapitel 6
Schließlich

Wir sind am Ende eines langen Weges zu diesem Buch und durch dieses Buch hindurch – was wollen wir, dass es bei Ihnen/Euch bleibt? Transaktionsanalytische Pädagogik:

- ist Begegnung – ist ein Miteinander-Wachsen und -Reifen in unterschiedlichen Rollen,
- ist mehrperspektivische Verstehens- und multimodale Methodenkompetenz,
- ist überzeugt von der Kompetenz und Potenz der Menschen, für die sie da ist,
- ist wirksam, weiß um ihre Wirkung und benennt die Wirkungen,
- bewegt und macht Freude,
- ist fähig zur Tiefe,
- unterstützt Menschen (Kinder, Jugendliche und Erwachsene) dabei, heil, ganz und reif zu werden
- und unterstützt Menschen, ihre Grenzen anzuerkennen.

Das Erreichen dieser Qualität geht nicht von selbst. Es braucht:

- PädagogInnen, die sich weiterentwickeln wollen in ihren Kompetenzen und als Menschen – und dafür auch Zeit und Energie investieren (und oft auch Geld) –,
- PädagogInnen, die ihre Leidenschaft für ihre Arbeit mit ihrer Klugheit und Achtsamkeit für ihre Selbstsorge verbinden können,
- Führungskräfte, die klare Ideen von den Qualitäten haben, die sie für die Kinder mit ihren Familien, für ihre MitarbeiterInnen und für ihr Unternehmen erreichen wollen,
- Führungskräfte, die ihre Ziele auch in angemessene Personal- und Organisationsentwicklung umsetzen können,
- politisch Verantwortliche in den Landkreisen und Städten, die verstehen, wie viel und welche professionelle Qualität hier nötig ist, um regionale Lebensqualität zu sichern,
- politisch Verantwortliche, die in der Lage sind, dies auch in Budgets und entsprechende politische Beschlüsse umzusetzen, damit die Verträge eine verlässliche Grundlage für die Arbeit sein können.

Wer sich für die Weiterbildung zur TransaktionsanalytikerIn oder für Zertifizierungen von Einrichtungen auf dieser Grundlage interessiert, kann sich bei der Deutschen Gesellschaft für Transaktionsanalyse (DGTA) informieren. Transaktionsanalytische Pädagogik ist eingebunden in nationale und internationale Fachverbände. Die Weiterbildung in Transaktionsanalyse wird durchgeführt von anerkannten Lehrenden im Rahmen der Anforderungen der DGTA und der Europäischen Gesellschaft für Transaktionsanalyse (EATA). In diesen Verbänden werden deutschland-, europa- und auch weltweit die Anforderungen für Weiterbildung und Prüfungen entwickelt und gesichert.

Wir wünschen denen, die diesen Weg gehen, gute Begegnungen mit sich, anderen und der Welt.

Sachregister

4 Perspektiven der Diagnostik 30
Abgrenzungen im Hier und Jetzt 14
Ablauf 159
Abwertung 39
Agitiertes Verhalten 41
Aktivität 58
Alte Muster 15
Ambulanten Hilfen 18
Anforderungen 14
Angebot- und ‚Leistungsgesetz' 18
Angst 27, 46
  massive 31
Angststörungen 26
Anormal 28
Anpassung 23
Antreiber/Gegeneinschärfungen 76
Aufgeschlossenheit 23
Aufwachen und Einschlafen 160
Ausbeutung der Kinder 17
Auseinandersetzung 24
Ausreichende Versorgung 29
Außer Gefecht setzen 42
Äußere Wirklichkeit 27
Authentische Gefühle 45
Authentizität 25
Autonomie 22, 27, 31
Autonomieentwicklung 81
Bannbotschaften 77
Bedeutung des Problems 40
Bedingt negative Zuwendung 56
Bedingte Zuwendung 55
Bedürfnis nach Struktur 58
Bedürfnis nach Zugehörigkeit 59
Bedürfnis nach Zuwendung/Anerkennung 54
Bedürftigkeit 30
Beeinträchtigung 27
Belastung 26
Bemurmeln 148
Beobachtungen 30
Berne 22
Beschämungen 24
Bewusstheit 22
Beziehung 27
Beziehungs- und Bindungsfähigkeit 21
Beziehungsbedürfnisse 61
Bezugsrahmen 28, 79
Bildungsauftrag 14
Bindungserfahrungen 27
Bindungsstörung des Kindesalters mit
  Enthemmung (F94.2)' 27
Bindungsstörungen 26
Bindungsverhalten 27
Blockierende oder tangentiale
  Transaktionen 39
Botschaften 31
Chronifizierte Belastung 26
Chronifizierung 26
Counter-Injunctions 77
Defizitär 17
Demütigungen 17
Denkstörungen 41
  der systemischen Vernetzung 16
Der Tag in seinem Ablauf 165
Destruktive Eltern-Ich-Anteile 105
DGTA 176
Diagnostik 29
Differenzierende Pädagogik 18
Dissoziation 26
Drama-Dreieck 68
Dyadische Beziehungen 83
Dysfunktionalität 27
Dysfunktionales Muster, 15
Dysfunktionales/störendes Verhalten 21
Ebenen der Diagnostik 30
Effektive Vertragsarbeit 129
Eingliederungshilfen 18
Einschärfungen 74
Einschätzungen 30
Eltern 18
Elternarbeit 167
Elternberatung 168
Eltern-Ich 34
Eltern-Ich-Trübung 96
Emotionale Kompetenz 42, 51
Emotionale Verletzlichkeit 23
Empathie 55
Empathische Grundhaltung 144
Empathische und standhaltende Beziehung 15
Entbehrungen 17
Entfaltung des Menschseins 24
Entlastung 30
Entmutigungen 23
Ent-Trübung 95
Entwicklung 26
Entwicklung. 25
Entwicklungsaufgaben 30

Entwicklungspsychologische Perspektive 109
Entwicklungsthemen 26
Erfahrung, 27
Erfolgreich und selbstbestimmt 23
Eric Berne 22
Erlaubnis, Schutz und Stärke 91
Erlaubnisse 110
Ermutigung 22
Ersatzobjekt 151
Erwachsenen-Ich 34
Erziehung, Bildung und Heilung 14
Erziehungsberatung 18
Erziehungsverträge 132
Eskalationen 30
Essen als Nähren 164
Essen und Genährt-Werden 163
Exakte Grenzziehung 28
Existenz des Problems 40
Existenziell 15
Existenzielle Angst 21
Externe Mechanismen 41
Familiäre Ressourcen 174
Familien- und Systemaufstellungen 60
Findelhaus 17
Flucht 30
Fördernde Botschaften 110
Freies Spiel 58
Fremdunterbringung 18
Freude 47
Frühe Beziehungs- und Welterfahrungen 15
Frühe Entscheidungen 31, 74
Frühe Prägungen 23
Frühkindlich 15
Fünf-Faktoren-Modell der
Persönlichkeitspsychologie 23
Funktionalität 27
Funktionsmodell 35
Ganzwerdung 109
Gefühle 25
Geheimes Herrschaftswissen 32
Gekreuzte Transaktionen 36
Genesungsprozess 27
Gerechtigkeitsbilanz 83
Geschäftsvertrag 128
geschützter Nähe 22
Geselligkeit 23
Gesellschaft 19
gesellschaftlicher Prozess, 25
Gesundheit 27
Gewalt 27
Gewalttätige Eskalationen 29
Gewissenhaftigkeit 23
Gottesebenbildlichkeit 24
Grandiosität 40
Grenzen 14
Großeinrichtungen 18
Grundbedürfnisse 52
Grundbotschaften und Einschärfungen 74
Grundüberzeugungen 22
Gruppenentwicklung 154
Gutes Zuhören 138
Halt geben 27
Handlungsfähigkeit 21
Handlungskompetenz 25
Handlungsoptionen 29
Heilende Entwicklung 26
Heilendes Milieu 14
(heil-)pädagogischer Vertrag 128
, Lösungsansätze 27
, unversehrt 26
, traumatische Geschichte 28
, übernommene Gefühle 50
, übertragene Verzweiflung 14
, Kohärenz 25
Heilsame Orten 16
Heimerziehung 18
Hilfsangebote 18
Historische Perspektive 30
Humanistische Psychologie 6
Humanistische Psychotherapie 22, 28
Hunger nach Strokes 54
Hypothesen 29, 86
Ich-Gestaltung 24
Identitätsarbeit 25
Individualdiagnostik 31
Individualität 24
Individualpsychologisch 109
Informationen 30
Innere Wirklichkeit 27
Innerpsychische Dynamik 16
Innovationszyklen 23
Integrität 26
Interne Mechanismen 39
Interventionen 15, 25
Intimität 22, 58
intrapsychische Dynamik? 30
intrapsychischen Dynamik 31
Isolation 17
Kinder- und Jugendhilfegesetz 18
Kindeswohl 18

Kind-Ich 34
Kind-Ich-Trübung 97
KJHG 18
Kohärentes Selbst 25
Kollektives Eltern-Ich 127
Kommunikation 16, 86
Kommunikation und Beziehungsgestaltung 33
Kommunikationsmuster 31
Kommunikationsregel 36
Kompetenzen 23
Kompetenzentwicklung 24, 52
Kongruenz 38, 55
Konkretes Handeln 27
Konstruktive Zusammenarbeit 172
Konterdynamik 78
Körperliche oder seelische Ganzheit 26
Kraft
  zum Da-Sein, Stadium 1 111
  zum Kraft zum Denken, Stadium 3 115
  zum Geschicktsein, Stadium 5 119
  zum Tun, Stadium 2 113
  zur Erneuerung, Stadium 6 120
  zur Ichfindung (Identität), Stadium 4 117
  zur Wiederaufbereitung, Stadium 7 122
Krankheit, 26, 27
Krankheitswertiger Charakter 26
Kränkungen 25
Kreisläufe der Kraft 109
Kriminell 17
Kritisches Eltern-Ich 35
Kultur 31
Lebens- und Beziehungsraum 154
Lebensereignisse 31
Lebensgeschichte 30
Lernfähigkeit 22
Linderung 26
Lösbarkeit des Problems 40
Loyalität 79
Machtkampfphase 59
Mangelnde Versorgung 30
Maschen 49
Menschenbild der Transaktionsanalyse 16
Methodenkompetenz 15
Milieu 15
Missachtung 21
Murmelrunde 148
Mutterintrojekt 105
Narrative 32
Netzwerksymbiosen 81
Neu-Entscheidungen 99
Nichtstun 41
Normative Bilder 24
Normen 23
Not-Verträge/Lebensvertrag 134
Nutzen der Spiele 66
Nützlichkeit 24
Opfer 68
Ordnung und Struktur als Grundbedürfnis 83
Orientierungssystem 79
Öse 67
Pädagogische Beziehung 15, 124
Pädagogischen Handeln 29
Paradigmenwechsel 18
Passivität 39
Payoff 68
Permission, Protection und Potency – die drei P's 91
Persönliche Entwicklung 31
Persönlichkeitsmodell 33
Phänomenologische Perspektive 30
Physis und Autonomie 90
Plastik-Strokes 56
Polyadische Beziehungen 84
Posttraumatische Belastungsstörungen 26
Prägungen, reflektiert 109
Prinzip des guten Grundes 69
Problemdefinitionen 31
Professionelles Handeln 29
Provokation 30
Psychologisches Spiel 58
Psycho-physiologische Reaktionen 44
Psychosoziale Zugänge 28
Psychotherapie 25
Qualitätsmerkmale 25
  der Diagnostik 32
Racket 49
Rahmen 159
Reaktion 36
Re-Childing 102
Recht auf Versorgung 17
Recht jedes Kindes auf Erziehung 17
Reflektierte Maßnahmen 15
Reformpädagogische Ansätzen 17
Regression 104
Reichsjugendwohlfahrtsgesetz 17
Reifung 26
Re-Inszenierung 30, 157
Re-Parenting 102, 104
Respektierendes, wertschätzendes Elternbild 108

Ressourcen 27
RetterIn 68
Rituale 58, 159
Rollen, 23
Rücksichtnahme 23
Rückzug 58
Schädigungen 17, 27
Scham 47
Schmerz 27, 46
Schwarze Pädagogik 18
Schwer erziehbar 17
Schweregrade von Spielen 65
Schwierige Jugendliche 31
Schwierige Verhaltensweisen 15
Sehnsucht 27
Selbstbild 21
Selbstheilungsfähigkeit 16
Selbstschutz 144
Selbstverantwortung 16
Selbstverwirklichung 28
Selbstwertempfinden 21
Selbstwirksamkeit 16
Setting 16
Sicherheit 30
Sinnvolle Diagnostik 32
Situative Verträge 133
Skript 26
Skript und Bezugsrahmen 72
Skriptentstehung 73
Skriptinterventionen 26
Skriptmuster 31
Skripttypen 78
Skriptüberzeugungen 67
Soziale Perspektive 30
Soziale Hintergründen 31
Sozialer/systemischer Kontext 30
Sozialisation 23
Sozialisationsprozess 24
Sozialpsychologische Aspekte 65
Sozioökonomische Bedingungen 25
Spiele 58, 64
Spiele
  1. Grades 66
  2. Grades 66
  3. Grades 66
  im Kontext 66
Spieleröffnung 67
Spontaneität 22
Stationäre Jugendhilfe 16
Stationären Kinder- und Jugendhilfe 5
Stigmatisierung 29
Stimulation 53
Stimulus 36, 52
Strokefilter 57
Stroke-Kultur 57
Strokes 52
Struktur 31, 52, 58
Strukturmodell 2. Ordnung 81
Suchterkrankung 29
Symbiose
  1. Ordnung 81
  2. Ordnung 81
Systemische Aspekte 79
Systemische Bedingungen 31
Therapeutisch 25
Therapieformen 28
Tiefe und Wirksamkeit 16
Tiefenpsychologische Modelle 31
Transaktion 36
transaktionsanalytisch-heilpädagogisches Konzept 16
Transgenerationale Mehrpersonen-konstellation 79
Trauer 27, 45
Traumatisierungen 31
Trübung 95
Überanpassung 41
Überdetaillieren 41
Übergeneralisierung 41
Übergriffe 27
Umgang mit
  authentischen Gefühlen 143
  Bedürfnissen 147
  Ersatz-Gefühlen 145
  Gefühlen 142
  Regeln 152
  übernommenen Gefühlen 146
Unbedingt positive Zuwendung 55
Unbedingte Zuwendung 55
Unbewusste Glaubenssätze 57
Unfähigkeit 30
Unterstützung 18
Veränderung – Wachstum 90
Veränderungsfähigkeit 22
Verbalisierung 27
Verbesserung 26
Verdeckte Loyalität 80
Verdeckte Transaktionen 38
VerfolgerIn 68
Verhaltensperspektive 30

Verlassenheitserlebnisse 31
Verlässliche Verantwortung 29
Verlusterfahrungen 30
Vernachlässigung 27
vernetzte Symbiosen 82
Vernichtung 17
Versagen 32
Verschlimmerung 26
Versorgung der PädagogInnen 151
Vertrag, heilpädagogisch 128
Verträge gestalten 125
Verunsicherung 23
Verwahrlosung 17
Verwahrpädagogik 18
Verwechslung von Phantasie und Realität 41
Vorbilder 23
Wachstum 28
Wahrnehmen 27
Weltbilder 23
Werte- und Entwicklungsquadrat 153
Wut 27
Zeitstrukturierung 58
Zeitvertreib 58
Ziele entwickeln 125
Zielorientierung. 54
Zielvorstellung 27
Zuhören 27, 136
Zuhören
  und Heilen 141
  und Verändern 139
Zurückweisungen 27
Zuwendung 14, 151
Zuwendungsmangel 57
Zwangssterilisation 17

Literatur

Adler, Helmut (2001): Formen der Eltern- und Familienarbeit in der Jugendhilfe (1) – Kooperationsansätze. In: *Unsere Jugend* Heft 4, S. 149-158, herausgegeben von Ingeborg Becker-Textor und Martin R. Textor

Berne, Eric (1957): Ego State in Psychotherapy, American Journal of Psychotherapy II, S. 293-309

Berne, Eric (1968 a): ‚Staff – Patient Staff Conferences' American Journal of Psychiatry 125(3), S. 286-293

Berne, Eric (1967): Spiele der Erwachsenen: Psychologie der menschlichen Beziehungen, 1. Auflage. Reinbek, Rowohlt

Berne, Eric (1971): Spielarten und Spielregeln der Liebe, 1. Auflage. Reinbek, Rowohlt

Berne, Eric (1975/1972): Was sagen Sie, nachdem sie „Guten Tag" gesagt haben? 1. Auflage. München, Kindler

Berne, Eric (1991/1957): Transaktionsanalyse der Intuition Ein Beitrag zur Ich-Psychologie, 1. Auflage. Paderborn, Junfermann

Berne, Eric (2006/1961): Die Transaktionsanalyse in der Psychotherapie, 1. Auflage. Paderborn, Junfermann

Bernstein, Saul und Lowy, Louis (1969): Untersuchungen zur sozialen Gruppenarbeit, 7. Auflage. Freiburg, Lambertus

Bettelheim, Bruno (1971): „Liebe allein genügt nicht". Stuttgart, Klett Cotta

Berufsgenossenschaft für Gesundheitsdienst und Wohlfahrtspflege (BGW) (2018) Hamburg Kinder- und Jugendhilfe in Deutschland Ein Datenbericht 2018 Erstveröffentlichung 02/2018, Stand 08/2018©

Bollas, Christopher (1997): Der Schatten des Objekts, S. 21. Stuttgart, Klett Cotta

Boszormenyi-Nagy, Ivan und Spark, Geraldine M. (1981): Unsichtbare Bindungen. Die Dynamik familiärer Systeme. Stuttgart, Klett Cotta

Capoferri, Cristina (2014): The Collective Parent: Theory and Process, TAJ, Vol 44, 2

Clarkson, Petruska (1996): Transaktionsanalytische Psychotherapie, S. 123 ff., 1. Auflage. Freiburg, Herder

Cowles-Boyd, Laura und Boyd Harry S. (1980a): Play as a Time Structure in TAJ Vol. 10, 1

Cowles-Boyd, Laura und Boyd, Harry S. (1980b): Playing with games: The game/play shift. TAJ 10, 3

Cornell, Bill (2016): Kummer, Trauer und deren Bedeutung in persönlicher Sicht in ZTA, 4, S. 243. Paderborn, Junfermann

Crossman, Pat (1966): Permission and Protection. TAB 7

Graf Dürckheim, Karlfried (1984): Der Alltag als Übung, S. 28. Bern

English, Fanita (1971): Rackets and real feelings, part I TAJ 1, 4, S. 227-230

English, Fanita (1972): Rackets and real feelings, part II TAJ 2, 1, S. 23-25

English, Fanita (1985): Der Dreiecksvertrag ZTA 2, 2, S. 106-108

Erskine, Richard G. und Zalcman, Marilyn J. (1979): Das Maschensystem in Neues aus der Transaktionsanalyse 3,11, S. 151-168

Erskine, Richard G. (1993): Inquiry, Attunement, and Involvement in the Psychotherapy of Dissociation TAJ 23, 4, S. 168-190

Erskine, Richard G. (1995): Scham und Selbstgerechtigkeit Transaktionsanalytische Sichtweisen und Interventionen ZTA 12, 2, S. 29-60

Freud, Anna (1980): Kindliche Entwicklung Gesammelte Werke Band IX, 1. Auflage. München, Kindler

Germanier-Biedermann, Corinne (2012): Lea und die Kopfzwerge. Eigenverlag

Goulding, Mary. M. und Goulding, Robert L. (1981): Neuentscheidung: Ein Modell der Psychotherapie. Stuttgart, Klett-Cotta

Hagehülsmann, Heinrich (1999): Heil, Heilung, Heiligung: Zur Beziehung von Theologie, Psychotherapie und Spiritualität. In J.E. Schnorrenberg (Hrsg.), Spiritualität: Orientierung-Klärung-Vertiefung. Ffm.-Bockenheim, VAS

Hagehülsmann, Heinrich und Hagehülsmann, Ute (2008): Beziehungsorientierte Transaktionsanalyse in ZTA 1/2008, S. 66. Paderborn, Junfermann

Hagehülsmann, Heinrich, Hagehülsmann, Ute, (1998): Der Mensch im Spannungsfeld seiner Organisation, Paderborn, Junfermann

Hennig, Gudrun und Pelz, Georg (1997): Transaktionsanalyse, Lehrbuch für Therapie und Beratung, 1. Auflage. Freiburg, Herder

Hoyer, Diane und Hyatt, Laura (2015/2008): Arbeit mit Kindern und Eltern, in: Tudor, K. (Hrsg.): Erwachsen dem Kind Eltern sein, 1. Auflage. Konstanz: dgta edition

Hüther, Gerald (2003): Kinder brauchen Wurzeln – zum Verhältnis von Bindung und Bildung". Düsseldorf, Patmos

James, Muriel (1974): Self-reparenting: theory and process TAJ 4,3, S. 32-39

Jecht-Hennig, Gudrun und Kauka, Elke (2015): ein Schritt zurück – zwei nach vorne… Rechilding und Childing – Psychotherapie von Kind-Ich-Zuständen in: Zukunft denken – Wandel gestalten, 1. Auflage. Lengerich, Pabst Science Publishers

Jecht, Gudrun und Kauka, Elke (2017): Spielerisch arbeiten, 1. Auflage. Oldenburg, Junfermann

Kahler, Taibi (1978): Transactional Analysis Revisited Little Rock Arkansas Human Development, 1. Auflage. Publications

Kappeler, Manfred und Hering, Sabine (2017): Geschichte der Kindheit im Heim S. 13 FH Potsdam

Karpman, Steven B. (1968): Fairy Tales and Script Drama Analysis TAB 7, 26, S. 51-56

Keupp, Heiner (2002): Identitätsarbeit als Lebenskunst – eine Perspektive für die psychosoziale Beratung, in: Nestmann, F. und Engel, F. (Hrsg.): „Die Zukunft der Beratung". Tübingen, dgvt

Kornyeyeva, Lena (2017) Emotionale Kompetenz nach Claude Steiner: Eine kurze

Einführung, in: Liebe ist die Antwort. Beiträge aus Psychotherapie, Pädagogischer Psychologie, Familienpsychologie, Wirtschaftspsychologie, Sozialpsychologie. Deutscher Psychologen Verlag, Berlin

Levin, Pamela (1988): Cycles of Power – A user's guide to the seven seasons of life, Ukiah California,

Mahr, Albrecht (Hrsg.) (2003): „Konfliktfelder – wissende Felder" Heidelberg, Carl-Auer

Marks, Stephan (2015): „Scham – die tabuisierte Emotion", 1. Auflage. Düsseldorf, Patmos

Marks, Stephan (2016): Vortrag in Oldenburg

Miller, Alice (1983): Am Anfang war Erziehung, 1. Auflage. Frankfurt am Main, Suhrkamp

Montuschi, Ferdinando (2008): Skriptintervention im Schulalltag, in ZTA 1, S. 72. Paderborn, Junfermann

Mountain, Anita (2015/2008): Milieu-Therapie in der TA in Erwachsen dem Kind Eltern sein, 1. Auflage. Konstanz, dgta edition

Mücke, Klaus (2001): Probleme sind Lösungen S. 93. Potsdam, ÖkoSystemeVerlag

Plassmann, Reinhard (2019): Psychotherapie der Emotionen S. 42, 1. Auflage. Gießen, Psychosozial

Schiff, Aaron Wolfe und Schiff, Jacqui Lee (1977): Passivität, Neues aus der TA,

Schiff, Jacqui Lee et al. (1975): Cathexis Reader Transactional Analysis Treatment of Psychosis, 1. Auflage. New York, Harper & Row

Schiffer, Eckhard (2001): Wie Gesundheit entsteht, 1. Auflage. Weinheim/Basel, Beltz

Schlegel, Leonhard (1993): Transaktionale Analyse, 3. Auflage. UTB Tübingen, Francke

Schlegel, Leonhard (1993): Handwörterbuch der Transaktionsanalyse, 1. Auflage, S. 68 f. Freiburg, Herder

Omer, Haim und von Schlippe, Arist (2010): Stärke statt Macht. Göttingen, Vandenhoeck + Ruprecht

Schmidtchen, Stephan (1991): Klientenzentrierte Spiel- und Familientherapie, S. 17. Weinheim, Beltz

Schneider, Johann (2002): Auf dem Weg zum Ziel S. 95, 1. Auflage. Paderborn, Junfermann

Schnorrenberg, Jo E. (Hrsg.) (1999): Psychotherapie und Spiritualität. In J.E in Spiritualität: Orientierung-Klärung-Vertiefung. Ffm.-Bockenheim: VAS

Spitz, René A. (1976): Vom Säugling zum Kleinkind, 5. Auflage. Stuttgart, Ernst Klett

Steiner Claude M. (1974): Radical Therapist/Rough Times Collective: The Radical Therapist. Harmondsworth, Penguin

Steiner Claude M. (1968): transactional analysis as a treatment philosophy TAB 7

Steiner, Claude M. (1971): The Stroke Economy TAJ 1, 3, S. 9-15

Steiner, Claude M. (1982): Wie man Lebenspläne verändert, 1. Auflage. Paderborn, Junfermann

Stierlin, (2005) Gerechtigkeit in nahen Beziehungen, S. 37, 1. Auflage. Heidelberg, Carl-Auer

Textor, Martin R. (1999): Bildung Erziehung, Betreuung, in: Unsere Jugend, 51(12), S. 527-533. München/Basel, Ernst Reinhardt

Wandel, Fritz (1977): Erziehung im Unterricht Schulpädagogische Anwendung der Transaktionsanalyse Stuttgart Urban TA

Weiß, Wilma (2011): Philipp sucht sein Ich: Zum pädagogischen Umgang mit Traumata in den Erziehungshilfen. Weinheim/Basel, Beltz Juventa

Winnicott, Donald W. (1974): Vom Spiel zur Kreativität, 1. Auflage. Stuttgart, Klett-Cotta

Wollams, Stan und Brown, Michael (1978): Transactional Analysis, 1. Auflage. Huron Valley, Institute Press

http://www.akjstat.tu-dortmund.de/fileadmin/Analysen/Jugendhilfe_insgesamt/AKJStat_-Empirische_Befunde_DJHT_2017.pdf, download 25.2.2020

Matthias Euteneuer | Mathias Schwabe |
Uwe Uhlendorff | David Vust
Die Systemische Interaktionstherapie und -beratung in den Erziehungshilfen
Theorie und Praxis eines elternaktivierenden Ansatzes
2020, 260 Seiten, broschiert
ISBN: 978-3-7799-6186-4
Auch als E-BOOK erhältlich

Der Ansatz der Systemischen Interaktionstherapie und -beratung (SIT) hat sich in unterschiedlichen Jugendhilfesettings etabliert. Es handelt sich um eine jugendhilfespezifische Form einer systemischen, lösungsorientierten Sozialen Arbeit mit besonders belasteten Familien, u.a. auch mit Kindeswohlgefährdung.
Die Autoren stellen den SIT-Ansatz zunächst versiert und praxisnah vor. Im Anschluss diskutieren sie auf der Basis einer systematischen Evaluation dessen Wirkungsweise und Nachhaltigkeit anhand von konkreten laufenden und bereits abgeschlossenen SIT-Hilfen. Grundlage dafür sind stets die Perspektiven der Eltern sowie der Mitarbeiter/innen in SIT-Hilfen und Jugendamt. Über kritische Beurteilungen und Empfehlungen SIT-spezifischer Methoden hinaus gelingt den Autoren eine Analyse darüber, ob und inwiefern mit dem SIT-Ansatz Belastungen im Familienalltag reduziert und Ressourcen der Alltagsbewältigung erschlossen werden können.

Michael Behr | Dorothea Hüsson |
Hans-Jürgen Luderer | Susanne Vahrenkamp
Gespräche hilfreich führen
Band 2: Psychosoziale Problemlagen und psychische Störungen in personzentrierter Beratung und Gesprächspsychotherapie
2020, 490 Seiten, broschiert
ISBN: 978-3-7799-3166-9
Auch als E-BOOK erhältlich

Der Band vermittelt die Grundkompetenzen für die personzentrierte Beratung und Psychotherapie, und zwar dargeboten in einer modernen, schlanken Form, mit vielen Beratungsbeispielen und Hintergrundinformationen. Für komplexere beraterische Herausforderungen und für die Psychotherapie wird anwendungsbezogen praktisches Wissen gegeben, das aber auch für andere Fachkräfte über den humanistischen Bereich hinaus interessant ist. Zunächst werden das allgemeine und das personzentrierte Vorgehen für die wichtigsten psychischen Störungen und psychosozialen Problemlagen behandelt, und zwar so, dass dies auch die Vorbereitung auf die Heilpraktikerprüfung stützt. Hinzu kommen die Kapitel zu psycho-sozialen Problemlagen. Diese beiden Hauptteile werden ergänzt von einer Diskussion des immanenten Widerspruchs des personzentriert-ganzheitlichen Menschenbildes und einer störungs- und problemlagenspezifischen Sicht – einschließlich Fragen der Diagnostik – sowie von Kapiteln zu settingspezifischem Vorgehen, der Wirksamkeit und zu Rechtsfragen.

www.beltz.de
Beltz Juventa · Werderstraße 10 · 69469 Weinheim